La edad de la inocencia

Edith Wharton

PAGES PLANET PUBLISHING

Published by

PAGES PLANET PUBLISHING

Email: pagesplanetpublishing@gmail.com

For details or inquiries, please reach out to the publisher at the email above.

First published by Pages Planet Publishing in 2024

Libro I

I.

Una tarde de enero de principios de los años setenta, Christine Nilsson cantaba Fausto en la Academia de Música de Nueva York.

Aunque ya se hablaba de la erección, en remotas distancias metropolitanas «por encima de los cuarenta», de un nuevo teatro de ópera que compitiera en costo y esplendor con los de las grandes capitales europeas, el mundo de la moda se contentaba con volver a reunirse cada invierno en los raídos palcos rojos y dorados de la sociable vieja Academia. Los conservadores lo apreciaban por ser pequeño e inconveniente, y por lo tanto mantener alejada a la "nueva gente" a la que Nueva York comenzaba a temer y, sin embargo, se sentía atraída; y los sentimentales se aferraban a ella por sus asociaciones históricas, y los musicales por su excelente acústica, cualidad siempre tan problemática en las salas construidas para la audición de música.

Era la primera vez que Madame Nilsson aparecía aquel invierno, y lo que la prensa diaria ya había aprendido a describir como «un público excepcionalmente brillante» se había reunido para escucharla, transportada a través de las calles resbaladizas y nevadas en broughams privados, en el espacioso landau familiar, o en el más humilde pero más cómodo «coupé marrón». Llegar a la Ópera en un coupé marrón era una forma casi tan honorable de llegar como en el propio carruaje; y la salida por el mismo medio tenía la inmensa ventaja de permitir (con una alusión juguetona a los principios democráticos) trepar al primer medio de transporte Brown en la fila, en lugar de esperar hasta que la nariz congestionada y fría del propio cochero brillara bajo el pórtico de la Academia. Fue una de las intuiciones más magistrales del gran mozo de cuadra descubrir que los americanos quieren alejarse de la diversión incluso más rápido de lo que quieren llegar a ella.

Cuando Newland Archer abrió la puerta del fondo del palco del club, el telón acababa de subir a la escena del jardín. No había ninguna razón por la que el joven no hubiera acudido antes, porque había cenado a las siete, a solas con su madre y su hermana, y después se había quedado fumando un cigarro en la biblioteca gótica con estanterías vidriadas de nogal negro y sillas con remates, que era la única habitación de la casa donde la señora Archer permitía fumar. Pero, en primer lugar, Nueva York era una metrópoli, y perfectamente consciente de que en las metrópolis "no era la cosa" llegar temprano a la ópera; y lo que era o no era "la cosa" jugaba un papel tan importante en la Nueva York de Newland Archer como los inescrutables terrores totémicos que habían regido los destinos de sus antepasados miles de años atrás.

La segunda razón de su retraso fue personal. Había perdido el tiempo con su cigarro porque en el fondo era un diletante, y pensar en un placer por venir a menudo le proporcionaba una satisfacción más sutil que su realización. Esto era especialmente cierto cuando el placer era delicado, como lo eran en su mayoría los placeres; y en esta ocasión, el momento que esperaba era tan raro y exquisito en calidad que... bueno, si hubiera programado su llegada de acuerdo con el director de escena de la prima donna, no habría podido entrar en la Academia en un momento más significativo que el momento en que ella estaba cantando: «Él me ama, no me ama... ¡ME AMA!... ¡ME AMA!... y rociando los pétalos de margarita que caían con notas tan claras como el rocío.

Cantó, por supuesto, «M'ama!» y no «él me ama», ya que una ley inalterable e incuestionable del mundo musical exigía que el texto alemán de las óperas francesas cantadas por artistas suecos se tradujera al italiano para una comprensión más clara del público angloparlante. Esto le parecía tan natural a Newland Archer como todas las demás convenciones en las que se había moldeado su vida: como el deber de usar dos pinceles de lomo plateado con su monograma en esmalte azul para separar su cabello, y de nunca aparecer en sociedad sin una flor (preferiblemente una gardenia) en el ojal.

"M'ama... non m'ama ..." cantó la prima donna, y «¡M'ama!», con un último estallido de amor triunfante, mientras apretaba la despeinada margarita contra sus labios y alzaba sus grandes ojos hacia el semblante sofisticado del pequeño Fausto-Capoul moreno, que intentaba en vano, con un ajustado jubón de terciopelo púrpura y un gorro de plumas, parecer tan puro y verdadero como su ingenua víctima.

Newland Archer, apoyado en la pared del fondo del palco del club, apartó los ojos del escenario y escudriñó el lado opuesto de la casa. Justo enfrente de él estaba el palco de la anciana señora Manson Mingott, cuya monstruosa obesidad le había impedido desde hacía mucho tiempo asistir a la Ópera, pero que siempre estaba representada en las noches de moda por algunos de los miembros más jóvenes de la familia. En esta ocasión, el frente de la caja fue ocupado por su nuera, la Sra. Lovell Mingott, y su hija, la Sra. Welland; Y un poco retraída, detrás de estas matronas brocadas, estaba sentada una joven vestida de blanco, con los ojos fijos en los amantes del escenario. Mientras el «¡M'ama!» de Madame Nilsson retumbaba sobre la casa silenciosa (las cajas siempre dejaban de hablar durante la Canción de las Margaritas), un rosa cálido subió a la mejilla de la muchacha, cubrió su frente hasta las raíces de sus hermosas trenzas y cubrió la joven pendiente de su pecho hasta la línea donde se unía con un modesto tucker de tul sujeto con una sola gardenia. Bajó los ojos hacia el inmenso ramo de lirios de los valles que tenía en las rodillas, y Newland Archer vio que las yemas de sus dedos enguantados de blanco tocaban suavemente las flores. Exhaló un suspiro de vanidad satisfecha y sus ojos volvieron al escenario.

No se había escatimado en gastos en el escenario, que fue reconocido como muy hermoso incluso por personas que compartían su conocimiento con los teatros de la Ópera de París y Viena. El primer plano, a las luces, estaba cubierto con una tela verde esmeralda. A media distancia, montículos simétricos de musgo verde lanoso, delimitados por aros de croquet, formaban la base de arbustos en forma de naranjos, pero tachonados de grandes rosas rosadas y rojas. Pensamientos gigantescos, considerablemente más grandes que las rosas, y muy parecidos a los limpiaplumas florales hechos por las feligresas para los clérigos de moda, brotaban del musgo bajo los rosales; y aquí y allá una margarita injertada en una rama de rosa, florecida con una exuberancia profética de los lejanos prodigios del señor Luther Burbank.

En el centro de este jardín encantado, Madame Nilsson, vestida de cachemir blanco con rasos azules pálidos, una retícula que colgaba de un cinturón azul y grandes trenzas amarillas cuidadosamente dispuestas a cada lado de su camisa de muselina, escuchaba con los ojos bajos el apasionado cortejo del señor Capoul y fingía una ingenua incomprensión de sus designios cada vez que, de palabra o de mirada, Señaló persuasivamente la ventana de la planta baja de la pulcra villa de ladrillo que se proyectaba oblicuamente desde el ala derecha.

«¡Querida!», pensó Newland Archer, volviendo la mirada a la joven de los lirios de los valles. "Ni siquiera adivina de qué se trata". Y contempló su rostro joven y absorto con un estremecimiento de poseosidad en el que el orgullo por su propia iniciación masculina se mezclaba con una tierna reverencia por su abismal pureza. "Leeremos Fausto juntos... por los lagos italianos..." Pensó, confundiendo un tanto confusamente la escena de su proyectada luna de miel con las obras maestras de la literatura que sería su varonil privilegio revelar a su esposa. No fue hasta esa tarde cuando May Welland le hizo adivinar que a ella «le importaba» (la frase consagrada de Nueva York de la confesión de soltera), y ya su imaginación, adelantándose al anillo de compromiso, al beso de compromiso y a la marcha de Lohengrin, la imaginaba a su lado en alguna escena de la antigua brujería europea.

No deseaba en lo más mínimo que la futura señora Newland Archer fuera una simplón. Su intención era que ella (gracias a su esclarecedora compañía) desarrollara un tacto social y una prontitud de ingenio que le permitieran mantenerse firme con las mujeres casadas más populares del «grupo más joven», en el que era costumbre reconocida atraer el homenaje masculino mientras lo desalentaba juguetonamente. Si hubiera escarbado hasta el fondo de su vanidad (como a veces casi lo hacía), habría encontrado allí el deseo de que su esposa fuera tan sabia en el mundo y tan ansiosa de agradar como la dama casada cuyos encantos habían mantenido su fantasía durante dos años ligeramente agitados; Sin que, por supuesto, se diera la menor señal de la fragilidad que había estado a punto de estropear la vida de aquel infeliz ser y que había trastocado sus propios planes para todo un invierno.

Cómo se iba a crear este milagro de fuego y hielo, y cómo sostenerse en un mundo duro, nunca se había tomado el tiempo de pensarlo; Pero se contentó con mantener su punto de vista sin analizarlo, pues sabía que era el de todos los caballeros cuidadosamente cepillados, de cintura blanca y floreados en el ojal, que se sucedían en el palco del club, intercambiaban saludos amistosos con él y volvían sus gafas de ópera críticamente hacia el círculo de damas que eran el producto del sistema. En cuestiones intelectuales y artísticas, Newland Archer se sentía claramente superior a estos especímenes escogidos de la antigua gentileza neoyorquina; Probablemente había leído más, había pensado más e incluso había visto mucho más del mundo que cualquier otro hombre de la historia. Individualmente traicionaron su inferioridad; pero agrupados representaban a "Nueva York", y el hábito de la solidaridad masculina le hizo aceptar su doctrina en todas las cuestiones llamadas morales. Instintivamente sintió que, en este aspecto, sería problemático —y también de bastante mala educación— emprender su propio intento.

—¡Bien, por mi alma! —exclamó Lawrence Lefferts, apartando bruscamente su catalejo del escenario—. Lawrence Lefferts era, en general, la principal autoridad en "forma" en Nueva York. Probablemente había dedicado más tiempo que nadie al estudio de esta intrincada y fascinante cuestión; pero el estudio por sí solo no podía dar cuenta de su completa y fácil competencia. No había más que mirarle, desde la inclinación de su frente calva y la curva de su hermoso bigote rubio hasta los largos pies de charol en el otro extremo de su persona delgada y elegante, para darse cuenta de que el conocimiento de la «forma» debía ser congénito en alguien que supiera llevar tan bien vestido con tanta ligereza y llevar tal altura con tanta gracia holgazana. Como un joven admirador había dicho una vez de él: "Si alguien puede decirle a un hombre cuándo usar una corbata negra con ropa de noche y cuándo no, es Larry Lefferts". Y en la cuestión de los zapatos de tacón frente a los "Oxfords" de charol, su autoridad nunca había sido discutida.

—¡Dios mío! —exclamó—; y en silencio le entregó su vaso al viejo Sillerton Jackson.

Newland Archer, siguiendo la mirada de Lefferts, vio con sorpresa que su exclamación había sido ocasionada por la entrada de una nueva figura en el palco de la anciana señora Mingott. Era la de una mujer joven y delgada, un poco menos alta que May Welland, con el pelo castaño creciendo en rizos apretados alrededor de las sienes y sujeto por una estrecha banda de diamantes. La sugerencia de este tocado, que le daba lo que entonces se llamaba un "aspecto josefino", se llevó a cabo en el corte del vestido de terciopelo azul oscuro, recogido bajo su pecho de manera bastante teatral por una faja con un gran broche anticuado. La portadora de este inusual vestido, que parecía completamente inconsciente de la atención que estaba atrayendo, se quedó un momento en el centro del palco, discutiendo con la señora Welland la conveniencia de ocupar el lugar de esta última en la esquina delantera derecha; luego cedió con una leve sonrisa y se sentó en fila con la cuñada de la señora Welland, la señora Lovell Mingott, que estaba instalada en la esquina opuesta.

El señor Sillerton Jackson había devuelto el cristal de ópera a Lawrence Lefferts. Todo el club se volvió instintivamente, esperando oír lo que el anciano tenía que decir; porque el viejo señor Jackson era una autoridad tan grande en «familia» como Lawrence Lefferts lo era en «forma». Conocía todas las ramificaciones de los primos de Nueva York; y no sólo podía dilucidar cuestiones tan complicadas como la de la conexión entre los Mingotts (a través de los Thorleys) con los Dallas de Carolina del Sur, y la de la relación de la rama mayor de los Thorleys de Filadelfia con los

Chiversos de Albany (que en ningún caso deben confundirse con los Chiversos Manson de University Place), sino que también podía enumerar las características principales de cada familia: como, por ejemplo, la fabulosa tacañería de las líneas más jóvenes de Lefferts (las de Long Island); o la fatal tendencia de los Rushworth a hacer parejas tontas; o la locura que se repetía en cada segunda generación de los Chiversos de Albany, con los que sus primos neoyorquinos siempre se habían negado a casarse, con la desastrosa excepción de la pobre Medora Manson, que, como todo el mundo sabía... pero entonces su madre era una Rushworth.

Además de este bosque de árboles genealógicos, el señor Sillerton Jackson llevaba entre sus estrechas sienes huecas, y bajo su suave mata de pelo plateado, un registro de la mayoría de los escándalos y misterios que habían ardido bajo la superficie imperturbable de la sociedad neoyorquina en los últimos cincuenta años. Su información se extendía hasta tal punto, y su memoria era tan agudamente retentiva, que se suponía que era el único hombre que podría haberle dicho quién era realmente Julius Beaufort, el banquero, y qué había sido del apuesto Bob Spicer, el padre de la anciana señora Manson Mingott, que había desaparecido tan misteriosamente (con una gran suma de dinero fiduciario) menos de un año después de su matrimonio. el mismo día en que una bella bailarina española que había estado deleitando al público en el viejo teatro de la Ópera de la Batería se había embarcado para Cuba. Pero estos misterios, y muchos otros, estaban estrechamente guardados en el pecho del señor Jackson; Porque no sólo su agudo sentido del honor le prohibía repetir cualquier cosa que se le dijera en privado, sino que era plenamente consciente de que su reputación de discreción aumentaba sus posibilidades de averiguar lo que quería saber.

El palco del club, por lo tanto, esperó en visible suspenso mientras el señor Sillerton Jackson devolvía el vaso de ópera de Lawrence Lefferts. Por un momento, escudriñó en silencio al atento grupo a través de sus transparentes ojos azules dominados por viejos párpados veteados; luego le dio un giro pensativo a su bigote y dijo simplemente: "No pensé que los Mingott se lo hubieran probado".

II.

Newland Archer, durante este breve episodio, se había visto sumido en un extraño estado de vergüenza.

Era molesto que el palco que atraía toda la atención de los hombres neoyorquinos fuera aquel en el que su prometida estaba sentada entre su madre y su tía; y por un momento no pudo identificar a la dama del traje Imperio, ni imaginar por qué su presencia creaba tanta excitación entre los iniciados. Entonces amaneció sobre él, y con ella vino un momentáneo arrebato de indignación. No, en efecto; ¡Nadie hubiera pensado que los Mingotts se lo habrían probado!

Pero lo habían hecho; indudablemente lo habían hecho; porque los comentarios en voz baja no dejaban duda en la mente de Archer de que la joven era prima de May Welland, a la prima a la que siempre se refería en la familia como «la pobre Ellen Olenska». Archer sabía que había llegado de repente de Europa uno o dos días antes; incluso había oído decir a la señorita Welland (no con desaprobación) que había ido a ver a la pobre Ellen, que se quedaba con la anciana señora Mingott. Archer aprobaba por completo la solidaridad familiar, y una de las cualidades que más admiraba en los Mingott era su resuelta defensa de las pocas ovejas negras que su intachable ganado había producido. No había nada mezquino ni poco generoso en el corazón del joven, y se alegró de que su futura esposa no se viera impedida por una falsa mojigatería de ser amable (en privado) con su infeliz prima; pero recibir a la condesa Olenska en el círculo familiar era una cosa diferente de presentarla en público, en la Ópera de todos los lugares, y en el mismo palco con la joven cuyo compromiso con él, Newland Archer, se anunciaría dentro de unas semanas. No, se sentía como se sentía el viejo Sillerton Jackson; ¡No creía que los Mingott se lo hubieran probado!

Sabía, por supuesto, que cualquier hombre que se atreviera (dentro de los límites de la Quinta Avenida) se atrevería a que la anciana señora Manson Mingott, la matriarca de la línea, se atreviera. Siempre había admirado a la alta y poderosa anciana que, a pesar de no haber sido más que Catherine Spicer de Staten Island, con un padre misteriosamente desacreditado, y sin dinero ni posición suficiente para hacer olvidar a la gente, se había aliado con el jefe de la rica línea de los Mingott, había casado a dos de sus hijas con «extranjeros» (un marqués italiano y un banquero inglés); y puso el broche de oro a sus audacias construyendo una gran casa de piedra de color crema pálido (cuando la arenisca marrón parecía ser la única prenda como una levita por la tarde) en un desierto inaccesible cerca del Parque Central.

Las hijas extranjeras de la anciana señora Mingott se habían convertido en una leyenda. Nunca volvieron a ver a su madre, y siendo ésta, como muchas personas de mente activa y voluntad dominante, sedentaria y corpulenta en sus hábitos, había permanecido filosóficamente en casa. Pero la casa de color crema (que se suponía que estaba inspirada en los hoteles privados de la aristocracia parisina) estaba allí como una prueba visible de su coraje moral; y entronizaba en ella, entre muebles y recuerdos prerrevolucionarios de las Tullerías de Luis Napoleón (donde había brillado en su edad madura), tan plácidamente como si no hubiera nada peculiar en vivir encima de la calle Treinta y cuatro, o en tener ventanas francesas que se abrían como puertas en lugar de hojas que se levantaban.

Todo el mundo (incluido el señor Sillerton Jackson) estaba de acuerdo en que la vieja Catherine nunca había tenido belleza, un don que, a los ojos de Nueva York, justificaba todo éxito y excusaba un cierto número de fracasos. La gente poco amable decía que, al igual que su homónimo imperial, había ganado su camino hacia el éxito por la fuerza de voluntad y la dureza de corazón, y una especie de descaro arrogante que de alguna manera estaba justificado por la extrema decencia y dignidad de su vida privada. El señor Manson Mingott había muerto cuando ella sólo tenía veintiocho años, y había «atado» el dinero con una precaución adicional nacida de la desconfianza general hacia los Spicer; pero su joven y audaz viuda siguió su camino sin miedo, se mezcló libremente en la sociedad extranjera, se casó con sus hijas en ya sabe qué círculos corruptos y de moda, se codeó con duques y embajadores, se asoció familiarmente con los papistas, entretuvo a cantantes de ópera y fue amiga íntima de Madame Taglioni; y todo el tiempo (como Sillerton Jackson fue el primero en proclamar) nunca había habido un soplo en su reputación; el único aspecto, añadía siempre, en que difería de la anterior Catalina.

La señora Manson Mingott había conseguido hacía mucho tiempo desatar la fortuna de su marido, y había vivido en la opulencia durante medio siglo; Pero los recuerdos de sus primeros apuros la habían hecho excesivamente ahorrativa, y aunque, cuando compraba un vestido o un mueble, se cuidaba de que fuera de los mejores, no se atrevía a gastar mucho en los placeres transitorios de la mesa. Por lo tanto, por razones totalmente diferentes, su comida era tan pobre como la de la señora Archer, y sus vinos no hacían nada para redimirla. Sus parientes consideraban que la penuria de su mesa desacreditaba el apellido Mingott, que siempre había estado asociado al buen vivir; pero la gente seguía acudiendo a ella a pesar de los "platos hechos" y el champán sin gas, y en respuesta a las protestas de su hijo Lovell (que intentaba recuperar el crédito familiar teniendo al mejor chef de Nueva York) solía decir entre risas: "¿De qué sirven dos buenos cocineros en una familia, ¿ahora que me he casado con las chicas y no puedo comer salsas?"

Newland Archer, mientras meditaba sobre estas cosas, había vuelto una vez más los ojos hacia la caja de Mingott. Vio que la señora Welland y su cuñada se enfrentaban a su semicírculo de críticos con el aplomo mingotiano que la vieja Catherine había inculcado a toda su tribu, y que sólo May Welland delataba, con un color intensificado (tal vez debido al conocimiento de que la estaba observando), un sentido de la gravedad de la situación. En cuanto a la causa del alboroto, se sentó graciosamente en su rincón del palco, con los ojos fijos en el escenario, y revelando, mientras se inclinaba hacia adelante, un poco más de hombro y pecho de lo que Nueva York estaba acostumbrada a ver, al menos en las damas que tenían razones para desear pasar desapercibidas.

Pocas cosas le parecían a Newland Archer más terribles que una ofensa contra el «Gusto», esa divinidad lejana de la que la «Forma» era el mero representante visible y vicegerente. El rostro pálido y serio de la señora Olenska apelaba a su fantasía como adecuada para la ocasión y a su desdichada situación; Pero la forma en que su vestido (que no tenía prótesis) se desprendía de sus delgados hombros lo sorprendió y lo inquietó. Detestaba la idea de que May Welland estuviera expuesta a la influencia de una joven tan descuidada de los dictados del gusto.

—Después de todo —oyó que uno de los hombres más jóvenes empezaba a correr detrás de él (todo el mundo hablaba de las escenas de Mefistófeles y Marta)—, después de todo, ¿qué ha pasado?

—Bueno, ella lo dejó; Nadie intenta negarlo".

—Es un bruto horrible, ¿verdad? —continuó el joven indagador, un Thorley sincero, que evidentemente se estaba preparando para entrar en las listas como campeón de la dama.

"Lo peor; Lo conocí en Niza", dijo Lawrence Lefferts con autoridad. Un tipo blanco medio paralítico y burlón, con la cabeza bastante guapa, pero los ojos con muchas pestañas. Bueno, te diré algo así: cuando no estaba con mujeres, coleccionaba porcelana. Pagar cualquier precio por ambos, lo entiendo".

Hubo una carcajada general, y el joven campeón dijo: "Bueno, entonces——?"

—Pues bien; Ella se fue con su secretaria.

—Oh, ya veo. El rostro del campeón cayó.

"Sin embargo, no duró mucho: oí hablar de ella unos meses después viviendo sola en Venecia. Creo que Lovell Mingott salió a buscarla. Dijo que ella estaba desesperadamente infeliz. Está bien, pero eso de hacerla desfilar en la Ópera es otra cosa.

—Quizá —aventuró el joven Thorley— sea demasiado infeliz para quedarse en casa.

Esto fue recibido con una risa irreverente, y el joven se sonrojó profundamente, y trató de parecer como si hubiera querido insinuar lo que las personas conocedoras llamaban un "doble sentido".

—Bueno, de todos modos es extraño haber traído a la señorita Welland —dijo alguien en voz baja, mirando de reojo a Archer—.

"Oh, eso es parte de la campaña: las órdenes de la abuela, sin duda", se rió Lefferts. Cuando la anciana hace algo, lo hace a fondo.

El acto estaba terminando y había un revuelo general en el palco. De repente, Newland Archer se sintió impulsado a una acción decisiva. El deseo de ser el primer hombre en entrar en el palco de la señora Mingott, de proclamar al mundo que esperaba su compromiso con May Welland y de ayudarla a superar cualquier dificultad en la que la situación anómala de su prima pudiera involucrarla; Este impulso había anulado bruscamente todos los escrúpulos y vacilaciones, y lo había enviado a toda prisa a través de los pasillos rojos hacia el otro lado de la casa.

Al entrar en el palco, sus ojos se encontraron con los de la señorita Welland, y vio que ella había comprendido al instante sus motivos, aunque la dignidad familiar, que ambos consideraban una virtud tan elevada, no le permitía decírselo. Los personajes de su mundo vivían en una atmósfera de vagas implicaciones y pálidas delicadezas, y el hecho de que él y ella se entendieran sin decir una palabra le pareció al joven que los acercaba más de lo que lo habría hecho cualquier explicación. Sus ojos le dijeron: "Ya ves por qué mamá me trajo", y él respondió: "No lo hubiera hecho por nada del mundo que te hubieras alejado".

—¿Conoce usted a mi sobrina, la condesa Olenska? —preguntó la señora Welland mientras estrechaba la mano de su futuro yerno. Archer hizo una reverencia sin extender la mano, como era costumbre al ser presentado a una dama; y Ellen Olenska inclinó ligeramente la cabeza, manteniendo sus propias manos enguantadas pálidas entrelazadas sobre su enorme abanico de plumas de águila. Después de saludar a la señora Lovell Mingott, una gran dama rubia vestida con un raso chirriante, se sentó al lado de su prometida y dijo en voz baja: —Espero que le haya dicho a la señora Olenska que estamos comprometidos. Quiero que todo el mundo lo sepa, quiero que me permitan anunciarlo esta noche en el baile.

El rostro de la señorita Welland se puso sonrosado como el amanecer, y lo miró con ojos radiantes. —Si puedes persuadir a mamá —dijo—; "Pero, ¿por qué deberíamos cambiar lo que ya está establecido?" Él no contestó más que lo que le devolvieron los ojos, y ella añadió, sonriendo aún más confiadamente: -Dígale usted mismo a mi prima: le doy permiso. Dice que solía jugar contigo cuando eras niño.

Ella le abrió paso empujando la silla hacia atrás, y con prontitud y un poco ostentosamente, con el deseo de que toda la casa viera lo que estaba haciendo, Archer se sentó al lado de la condesa Olenska.

—Solíamos jugar juntos, ¿verdad? —preguntó ella, volviendo sus ojos graves hacia los de él. "Eras un chico horrible y me besaste una vez detrás de una puerta; pero era de tu prima Vandie Newland, que nunca me miró, de la que estaba enamorado. Su mirada recorrió la curva de herradura de las cajas. —Ah, cómo me lo devuelve todo esto a mí... veo a todo el mundo aquí en calzoncillos y pantaloncillos —dijo ella, con su acento ligeramente extranjero, volviendo los ojos a su rostro—.

A pesar de lo agradable que era su expresión, el joven se sorprendió de que reflejaran tan indecorosamente una imagen del augusto tribunal ante el que, en ese mismo momento, se juzgaba su caso. Nada podría ser de peor gusto que la ligereza fuera de lugar; y él respondió con cierta rigidez: "Sí, has estado fuera mucho tiempo".

"Oh, siglos y siglos; tanto tiempo —dijo—, que estoy segura de que estoy muerta y enterrada, y que este viejo y querido lugar es el cielo, lo cual, por razones que no podía definir, le pareció a Newland Archer una forma aún más irrespetuosa de describir la sociedad neoyorquina.

III.

Invariablemente sucedía de la misma manera.

La señora Julius Beaufort, en la noche de su baile anual, nunca dejaba de aparecer en la Ópera; de hecho, siempre daba su baile en una noche de ópera para enfatizar su completa superioridad sobre los cuidados domésticos, y su posesión de un personal de sirvientes competentes para organizar cada detalle del entretenimiento en su ausencia.

La casa de los Beaufort era una de las pocas en Nueva York que poseía un salón de baile (era anterior incluso a la de la señora Manson Mingott y a la de los Headly Chiverses); y en una época en que empezaba a pensarse por «provinciano» poner un «estrépito» sobre el suelo del salón y trasladar los muebles al piso de arriba, la posesión de un salón de baile que no se usaba para otro propósito, y que se dejaba durante trescientos sesenta y cuatro días del año a la oscuridad cerrada, con sus sillas doradas apiladas en un rincón y su candelabro en una bolsa; esta indudable superioridad se sentía para compensar lo que era lamentable en el pasado de Beaufort.

La señora Archer, a quien le gustaba acuñar su filosofía social en axiomas, había dicho una vez: «Todos tenemos nuestra gente común favorita...», y aunque la frase era atrevida, su verdad era admitida secretamente en más de un seno exclusivo. Pero los Beaufort no eran precisamente comunes; Algunas personas dijeron que eran incluso peores. La señora Beaufort pertenecía, en efecto, a una de las familias más honradas de América; había sido la encantadora Regina Dallas (de la rama de Carolina del Sur), una belleza sin un centavo introducida en la sociedad neoyorquina por su prima, la imprudente Medora Manson, que siempre estaba haciendo lo incorrecto por el motivo correcto. Cuando uno estaba emparentado con los Manson y los Rushworth, tenía un "droit de cité" (como lo llamaba el señor Sillerton Jackson, que había frecuentado las Tullerías) en la sociedad neoyorquina; pero ¿no se perdía al casarse con Julio Beaufort?

La pregunta era: ¿quién era Beaufort? Pasaba por un inglés, era agradable, guapo, malhumorado, hospitalario e ingenioso. Había llegado a América con cartas de recomendación del yerno inglés de la anciana señora Manson Mingott, el banquero, y rápidamente se había hecho un puesto importante en el mundo de los negocios; pero sus costumbres se habían disipado, su lengua era amarga, sus antecedentes eran misteriosos; y cuando Medora Manson anunció el compromiso de su primo con él, se sintió como un acto más de locura en el largo historial de imprudencias de la pobre Medora.

Pero la locura de sus hijos se justifica tan a menudo como la sabiduría, y dos años después del matrimonio de la joven señora Beaufort se admitió que tenía la casa más distinguida de Nueva York. Nadie sabía exactamente cómo se había logrado el milagro. Era indolente, pasiva, el cáustico hasta la llamaba torpe; pero vestida como un ídolo, cubierta de perlas, haciéndose más joven, más rubia y más hermosa cada año, se sentó en el pesado palacio de piedra marrón del señor Beaufort, y atrajo a todo el mundo allí sin mover su dedo meñique enjoyado. Los sabios decían que era el propio Beaufort quien entrenaba a los sirvientes, enseñaba al cocinero nuevos platos, les decía a los jardineros qué flores de invernadero debían cultivar para la mesa y los salones, seleccionaba a los invitados, preparaba el ponche de la sobremesa y dictaba las pequeñas notas que su esposa escribía a sus amigos. Si lo hacía, estas actividades domésticas se realizaban en privado, y presentaba al mundo el aspecto de un millonario descuidado y hospitalario que entraba en su salón con el desapego de un invitado y decía: «Las gloxinias de mi mujer son una maravilla, ¿verdad? Creo que los saca de Kew.

El secreto del señor Beaufort, según la gente, era la forma en que llevaba las cosas. Estaba muy bien susurrar que la casa bancaria internacional en la que había estado empleado le había «ayudado» a abandonar Inglaterra; Disipó ese rumor con la misma facilidad que los demás —aunque la conciencia comercial de Nueva York no era menos sensible que su norma moral—, lo llevó todo lo que tenía por delante, y toda Nueva York, a sus salones, y desde hacía más de veinte años la gente decía que iba a casa de los Beaufort con el mismo tono de seguridad que si dijera que iba a casa de la señora Manson Mingott. y con la satisfacción añadida de saber que obtendrían patos calientes de lona y vinos añejos, en lugar de tibios Veuve Clicquot sin un año y croquetas calentadas de Filadelfia.

La señora Beaufort, entonces, había aparecido en su palco, como de costumbre, justo antes de la Canción de las Joyas; y cuando, de nuevo como de costumbre, se levantó al final del tercer acto, se cubrió los hombros con su capa de ópera y desapareció, Nueva York supo que eso significaba que media hora más tarde comenzaría el baile.

La casa de Beaufort era una de las que los neoyorquinos se enorgullecían de mostrar a los extranjeros, especialmente en la noche del baile anual.

Los Beaufort habían sido de los primeros habitantes de Nueva York en poseer su propia alfombra de terciopelo rojo y hacerla rodar por los escalones por sus propios lacayos, bajo su propio toldo, en lugar de alquilarla con la cena y las sillas del salón de baile. También habían inaugurado la costumbre de dejar que las damas se quitaran las capas en el vestíbulo, en lugar de subir arrastrando los pies hasta el dormitorio de la anfitriona y volver a rizarse el cabello con la ayuda del quemador de gas; Se entiende que Beaufort dijo que suponía que todos los amigos de su esposa tenían criadas que se aseguraban de que estuvieran bien peinados cuando salían de casa.

Entonces la casa había sido audazmente planeada con un salón de baile, de modo que, en lugar de pasar por un estrecho pasadizo para llegar a él (como en casa de los Chiverses), uno marchaba solemnemente por un panorama de salones enfilados (el verde mar, el carmesí y el bouton d'or), viendo desde lejos los lustros de muchas velas reflejados en el pulido parquet, y más allá las profundidades de un invernadero donde las camelias y los helechos arborescentes arqueaban su costoso follaje sobre asientos negros y bambú dorado.

Newland Archer, como correspondía a un joven de su posición, entró un poco tarde. Había dejado su abrigo a los lacayos con medias de seda (las medias eran una de las pocas fatuidades de Beaufort), había pasado un rato en la biblioteca tapizada con cuero español y amueblada con Buhl y malaquita, donde algunos hombres charlaban y se ponían los guantes de baile, y por fin se había unido a la fila de invitados que la señora Beaufort recibía en el umbral del salón carmesí.

Archer estaba claramente nervioso. No había vuelto a su club después de la Ópera (como solían hacer los jóvenes), pero, como la noche era buena, había caminado un buen trecho por la Quinta Avenida antes de volver en dirección a la casa de los Beaufort. Definitivamente temía que los Mingott estuvieran yendo demasiado lejos; que, de hecho, podrían tener órdenes de la abuela Mingott de llevar a la condesa Olenska al baile.

Por el tono del palco del club se había dado cuenta de lo grave que sería ese error; y, aunque estaba más decidido que nunca a «llevar las cosas hasta el final», se sentía menos caballerosamente ansioso por defender al primo de su prometida que antes de su breve charla en la Ópera.

Al dirigirse al salón del bouton d'or (donde Beaufort había tenido la audacia de colgar «Amor victorioso», el tan discutido desnudo de

Bouguereau), Archer encontró a la señora Welland y a su hija de pie cerca de la puerta del salón de baile. Las parejas ya se deslizaban por el suelo: la luz de las velas de cera caía sobre las faldas de tul giratorias, sobre las cabezas de niña coronadas de modestas flores, sobre las elegantes aigrettes y adornos de los peinados de las jóvenes casadas, y sobre el brillo de las camisas muy vidriadas y los guantes de glaseado fresco.

La señorita Welland, evidentemente a punto de unirse a los bailarines, colgaba en el umbral, con sus lirios de los valles en la mano (no llevaba ningún otro ramo), su rostro un poco pálido, sus ojos ardiendo con una cándida emoción. Un grupo de jóvenes y muchachas se reunieron a su alrededor, y hubo muchos apretones de manos, risas y bromas, en las que la señora Welland, de pie ligeramente apartada, arrojó la luz de una aprobación calificada. Era evidente que la señorita Welland estaba en el acto de anunciar su compromiso, mientras que su madre mostraba el aire de reticencia paterna que se consideraba adecuado para la ocasión.

Archer se detuvo un momento. Fue por su expreso deseo que se hizo el anuncio, y sin embargo, no fue así como hubiera deseado que se conociera su felicidad. Proclamarla en el calor y el ruido de un salón de baile abarrotado era robarle la fina flor de privacidad que debería pertenecer a las cosas más cercanas al corazón. Su alegría era tan profunda que esta difuminación de la superficie dejaba intacta su esencia; Pero también le hubiera gustado mantener la superficie pura. Fue una especie de satisfacción descubrir que May Welland compartía este sentimiento. Sus ojos huyeron hacia los suyos suplicantes, y su mirada dijo: "Recuerda, estamos haciendo esto porque es lo correcto".

Ninguna apelación podría haber encontrado una respuesta más inmediata en el pecho de Archer; pero deseaba que la necesidad de su acción hubiera sido representada por alguna razón ideal, y no simplemente por la pobre Ellen Olenska. El grupo que rodeaba a la señorita Welland le abrió paso con significativas sonrisas, y después de recibir su parte de las felicitaciones, arrastró a su prometida al centro del salón de baile y le rodeó la cintura con el brazo.

—Ahora no tendremos que hablar —dijo él, sonriendo a sus cándidos ojos, mientras se alejaban flotando en las suaves olas del Danubio Azul—
.

Ella no respondió. Sus labios temblaron en una sonrisa, pero los ojos permanecieron distantes y serios, como si estuvieran inclinados a una visión inefable. —Querida —susurró Archer, estrechándola contra él: se dio cuenta de que las primeras horas de estar comprometidos, aunque transcurrieran en un salón de baile, tenían algo grave y sacramental. ¡Qué nueva vida iba a ser, con esa blancura, ese resplandor, esa bondad a nuestro lado!

Terminado el baile, los dos, como correspondía a una pareja prometida, entraron en el conservatorio; y sentado detrás de una alta cortina de helechos arborescentes y camelias, Newland se llevó la mano enguantada a los labios.

—Ya ves que hice lo que me pediste —dijo ella—.

"Sí: no podía esperar", respondió sonriendo. Al cabo de un momento añadió: "Solo que desearía que no hubiera tenido que ser en un baile".

—Sí, lo sé. Ella lo miró comprensivamente. —Pero después de todo... incluso aquí estamos solos, ¿verdad?

—¡Oh, querido, siempre! —exclamó Archer—.

Evidentemente ella siempre iba a entender; Siempre iba a decir lo correcto. El descubrimiento hizo rebosar la copa de su felicidad, y prosiguió alegremente: "Lo peor de todo es que quiero besarte y no puedo". Mientras hablaba, echó una rápida ojeada al invernadero, se cercioró de su momentánea intimidad y, al cogerla junto a él, ejerció una presión fugitiva sobre sus labios. Para contrarrestar la audacia de este proceder, la condujo a un sofá de bambú en una parte menos apartada del invernadero y, sentándose a su lado, arrancó un lirio de los valles de su ramo. Se sentó en silencio, y el mundo se extendía como un valle iluminado por el sol a sus pies.

—¿Se lo dijiste a mi prima Ellen? —preguntó de pronto, como si hablara en sueños.

Se despertó y recordó que no lo había hecho. Alguna repugnancia invencible a hablar de tales cosas con la extraña mujer extranjera había frenado las palabras de sus labios.

—No, después de todo no tuve la oportunidad —dijo, mintiendo apresuradamente—.

—Ah. Parecía decepcionada, pero suavemente resuelta a ganar su punto. —Debes, pues, que tú tampoco lo hice; y no me gustaría que ella pensara...

"Por supuesto que no. ¿Pero no eres tú, después de todo, la persona indicada para hacerlo?

Reflexionó sobre esto. —Si lo hubiera hecho en el momento adecuado, sí, pero ahora que ha habido un retraso, creo que debe explicar que le pedí que se lo dijera en la Ópera, antes de que habláramos de ello con todos los presentes. De lo contrario, podría pensar que me había olvidado de ella. Verá, ella es más de la familia, y ha estado fuera tanto tiempo que es bastante sensible.

Archer la miró brillantemente. "¡Querido y gran ángel! Por supuesto que se lo diré. Echó una mirada un poco aprensiva hacia el abarrotado salón de baile. "Pero todavía no la he visto. ¿Ha venido?

—No; En el último momento decidió no hacerlo".

—¿En el último minuto? —repitió él, traicionando su sorpresa de que ella hubiera considerado alguna vez la alternativa posible.

"Sí. Es muy aficionada a bailar —respondió la joven con sencillez—. "Pero de repente decidió que su vestido no era lo suficientemente elegante para un baile, aunque nos pareció tan hermoso; Y entonces mi tía tuvo que llevarla a casa".

—Oh, bueno... —dijo Archer con feliz indiferencia—. Nada en su prometida le complacía más que su resuelta determinación de llevar hasta el límite aquel ritual de ignorar lo «desagradable» en el que ambos habían sido educados.

—Ella sabe tan bien como yo —reflexionó— la verdadera razón por la que su prima se ha ausentado; pero nunca le dejaré ver por la menor señal que soy consciente de que hay una sombra de sombra en la reputación de la pobre Ellen Olenska.

IV.

En el transcurso del día siguiente se intercambió la primera de las habituales visitas de esponsales. El ritual neoyorquino era preciso e inflexible en tales asuntos; y, de acuerdo con ella, Newland Archer fue primero con su madre y su hermana a visitar a la señora Welland, después de lo cual él, la señora Welland y May se dirigieron a casa de la anciana señora Manson Mingott para recibir la bendición de esa venerable antepasada.

Una visita a la señora Manson Mingott siempre era un episodio divertido para el joven. La casa en sí misma ya era un documento histórico, aunque, por supuesto, no tan venerable como otras antiguas casas familiares en University Place y la parte baja de la Quinta Avenida. Eran del más puro 1830, con una sombría armonía de alfombras adornadas con guirnaldas de rosas de col, consolas de palisandro, chimeneas de arco redondo con repisas de mármol negro e inmensas estanterías vidriadas de caoba; mientras que la anciana señora Mingott, que había construido su casa más tarde, había desechado los enormes muebles de su época y había mezclado con las reliquias de Mingott la frívola tapicería del Segundo Imperio. Tenía la costumbre de sentarse en una ventana de su sala de estar en la planta baja, como si esperara tranquilamente que la vida y la moda fluyeran hacia el norte, hacia sus solitarias puertas. No parecía tener prisa por hacerlos llegar, porque su paciencia era igualada por su confianza. Estaba segura de que pronto las vallas publicitarias, las canteras, los salones de una sola planta, los invernaderos de madera en jardines deshilachados y las rocas desde las que las cabras observaban la escena, se desvanecerían ante el avance de residencias tan majestuosas como la suya, tal vez (porque era una mujer imparcial) aún más majestuosas; y que los adoquines sobre los que chocaban los viejos ómnibus serían reemplazados por un asfalto liso, como el que la gente decía haber visto en París. Mientras tanto, a medida que todos los que quería ver acudían a ella (y podía llenar sus habitaciones con la misma facilidad que los Beaufort, y sin añadir un solo elemento al menú de sus cenas), no sufría de su aislamiento geográfico.

La inmensa acumulación de carne que había descendido sobre ella en la madurez de su vida como un diluvio de lava sobre una ciudad condenada al fracaso, la había transformado de una mujercita regordeta y activa con un pie y un tobillo cuidadosamente torneados en algo tan vasto y augusto como un fenómeno natural. Había aceptado esta sumersión tan filosóficamente como todas sus otras pruebas, y ahora, en su extrema vejez, fue recompensada presentando a su espejo una extensión casi sin arrugas de carne firme y blanca, en cuyo centro sobrevivían los rastros de un pequeño rostro como si esperara ser excavado. Un tramo de papada lisa conducía a las vertiginosas profundidades de un pecho aún nevado velado por muselinas níveas que se sostenían en su lugar mediante un retrato en miniatura del difunto señor Mingott; Y alrededor y abajo, ola tras ola de seda negra se alejaba por los bordes de un amplio sillón, con dos diminutas manos blancas que se posaban como gaviotas en la superficie de las olas.

La carga de la carne de la señora Manson Mingott hacía tiempo que le había impedido subir y bajar escaleras, y con su independencia característica había hecho de sus salas de recepción el piso de arriba y se había establecido (en flagrante violación de todas las propiedades neoyorquinas) en la planta baja de su casa; De modo que, mientras te sentabas con ella en la ventana de su salón, captabas (a través de una puerta que siempre estaba abierta y un portiere de damasco amarillo con la espalda enrollada) la inesperada vista de un dormitorio con una enorme cama baja tapizada como un sofá, y una mesa de tocador con volantes de encaje frívolos y un espejo con marco dorado.

Sus visitantes quedaban sorprendidos y fascinados por la extrañeza de este arreglo, que recordaba escenas de la ficción francesa, y los incentivos arquitectónicos para la inmoralidad como el simple estadounidense nunca había soñado. Así vivían las mujeres con amantes en las viejas sociedades perversas, en apartamentos con todas las habitaciones de un solo piso y todas las propinidades indecentes que describían sus novelas. A Newland Archer (que había situado secretamente las escenas de amor de «Monsieur de Camors» en el dormitorio de la señora Mingott) le divertía imaginar su vida intachable llevada en la puesta en escena del adulterio; Pero se dijo a sí mismo, con gran admiración, que si un amante hubiera sido lo que ella quería, la intrépida mujer también lo habría tenido.

Para alivio general, la condesa Olenska no estuvo presente en el salón de su abuela durante la visita de la pareja de novios. La señora Mingott dijo que había salido; lo cual, en un día de luz solar tan deslumbrante, y a la «hora de las compras», parecía en sí mismo algo poco delicado para una mujer comprometida. Pero, en cualquier caso, les ahorró la vergüenza de su presencia y la tenue sombra que su desdichado pasado podría proyectar sobre su radiante futuro. La visita transcurrió con éxito, como era de esperar. La anciana señora Mingott estaba encantada con el compromiso, que, habiendo sido previsto desde hacía mucho tiempo por parientes vigilantes, había sido cuidadosamente transmitido en consejo de familia; Y el anillo de compromiso, un zafiro grande y grueso engastado en garras invisibles, encontró su admiración incondicional.

—Es el nuevo escenario: por supuesto que muestra la piedra maravillosamente, pero parece un poco desnuda a los ojos anticuados —había explicado la señora Welland, con una mirada de soslayo conciliadora a su futuro yerno—.

"¿Ojos anticuados? Espero que no te refieras a la mía, querida. Me gustan todas las novedades -dijo la antepasada, levantando la piedra hacia sus pequeños orbes brillantes, que ningún anteojo había desfigurado jamás-. —Muy guapo —añadió ella, devolviéndole la joya—; "Muy liberal. En mi época se consideraba suficiente un camafeo engastado en perlas. Pero es la mano la que hace saltar el anillo, ¿no es así, mi querido señor Archer? -y agitó una de sus diminutas manos, con pequeñas uñas puntiagudas y rollos de grasa envejecida que rodeaban la muñeca como brazaletes de marfil-. "La mía fue modelada en Roma por el gran Ferrigiani. Tendrías que haber hecho lo de May: sin duda lo hará, hija mía. Su mano es grande —son estos deportes modernos los que abren las articulaciones—, pero la piel es blanca.—¿Y cuándo será la boda? —interrumpió, fijando los ojos en el rostro de Archer—.

—Oh... —murmuró la señora Welland, mientras el joven, sonriendo a su prometida, respondía—: Tan pronto como sea posible, con tal de que me apoye usted, señora Mingott.

—Hay que darles tiempo para que se conozcan un poco mejor, mamá —intervino la señora Welland, con la debida afectación de desgana—; A lo que la antepasada replicó: "¿Se conocen? ¡Fiddlesticks! Todo el mundo en Nueva York siempre ha conocido a todo el mundo. Deja que el joven se salga con la suya, querida mía; No esperes hasta que la burbuja se acabe del vino. Cásate con ellos antes de la Cuaresma; Es posible que me contagie de neumonía cualquier invierno, y quiero dar el desayuno de la boda.

Estas sucesivas declaraciones fueron recibidas con las debidas expresiones de diversión, incredulidad y gratitud; y la visita se interrumpía en una vena de leve broma cuando se abrió la puerta para dejar entrar a la condesa Olenska, que entró con bonete y manto seguida de la inesperada figura de Julio Beaufort.

Hubo un murmullo primo de placer entre las damas, y la señora Mingott le tendió el modelo de Ferrigiani al banquero. "¡Ja! ¡Beaufort, este es un raro favor! (Tenía una extraña forma extranjera de dirigirse a los hombres por sus apellidos).

"Gracias. Ojalá sucediera más a menudo —dijo el visitante con su estilo fácil y arrogante—. "En general, estoy muy atado; pero conocí a la condesa Ellen en Madison Square, y fue lo suficientemente amable como para dejarme caminar a casa con ella.

—¡Ah, espero que la casa esté más alegre ahora que Ellen está aquí! —exclamó la señora Mingott con un glorioso descaro—. —Siéntate, siéntate, Beaufort: levanta el sillón amarillo; ahora que te tengo, quiero un buen chisme. Escuché que tu pelota era magnífica; y tengo entendido que usted invitó a la señora Lemuel Struthers? Bueno, tengo curiosidad por ver a la mujer yo mismo.

Se había olvidado de sus parientes, que se adentraban en el vestíbulo bajo la guía de Ellen Olenska. La anciana señora Mingott siempre había profesado una gran admiración por Julius Beaufort, y había una especie de parentesco en su manera fría y dominante y en sus atajos a través de las convenciones. Ahora sentía una gran curiosidad por saber qué había decidido a los Beaufort a invitar (por primera vez) a la señora Lemuel Struthers, la viuda del lustre de zapatos de Struthers, que había regresado el año anterior de una larga estancia iniciática en Europa para sitiar la pequeña ciudadela de Nueva York. —Por supuesto, si tú y Regina la invitáis, la cosa está resuelta. Bueno, necesitamos sangre nueva y dinero nuevo, y he oído que sigue siendo muy guapa —declaró la anciana carnívora—.

En el vestíbulo, mientras la señora Welland y May se ponían las pieles, Archer vio que la condesa Olenska lo miraba con una leve sonrisa inquisitiva.

– Por supuesto que ya lo sabes... de May y de mí -dijo él, respondiendo a su mirada con una risa tímida-. Me regañó por no haberte dado las noticias anoche en la Ópera: tenía órdenes suyas de decirte que estábamos comprometidos, pero no pude, entre esa multitud.

La sonrisa pasó de los ojos de la condesa Olenska a sus labios: parecía más joven, más parecida a la Ellen Mingott morena de su infancia. "Por supuesto que lo sé; Sí. Y estoy muy contento. Pero uno no cuenta esas cosas primero en una multitud". Las damas estaban en el umbral y ella extendió su mano.

—Adiós; ven a verme algún día —dijo, sin dejar de mirar a Archer—.

En el carruaje, camino por la Quinta Avenida, hablaban sin rodeos de la señora Mingott, de su edad, de su espíritu y de todos sus maravillosos atributos. Nadie aludió a Ellen Olenska; pero Archer sabía que la señora Welland estaba pensando: «Es un error que se vea a Ellen, al día siguiente de su llegada, desfilando por la Quinta Avenida a la hora más concurrida con Julius Beaufort...», y el joven mismo añadió mentalmente: «Y ella debería saber que un hombre que acaba de comprometerse no se pasa el tiempo visitando a mujeres casadas. Pero me atrevo a decir que en el set en el que ha vivido, nunca hacen nada más". Y, a pesar de los puntos de vista cosmopolitas de los que se enorgullecía, daba gracias al cielo por ser neoyorquino y estar a punto de aliarse con uno de los suyos.

V.

A la noche siguiente, el viejo señor Sillerton Jackson vino a cenar con los Archer.

La señora Archer era una mujer tímida y se alejaba de la sociedad; pero a ella le gustaba estar bien informada de lo que hacía. Su viejo amigo, el señor Sillerton Jackson, aplicaba a la investigación de los asuntos de sus amigos la paciencia de un coleccionista y la ciencia de un naturalista; y su hermana, la señorita Sophy Jackson, que vivía con él y era entretenida por todas las personas que no podían conseguir a su hermano tan codiciado, traía a casa chismes menores que llenaban útilmente los vacíos de su cuadro.

Por lo tanto, cada vez que sucedía algo que la señora Archer quería saber, le pedía al señor Jackson que cenara; y como honraba a pocas personas con sus invitaciones, y como ella y su hija Janey eran un excelente público, el señor Jackson solía venir él mismo en lugar de enviar a su hermana. Si hubiera podido dictar todas las condiciones, habría elegido las noches en que Newland estaba fuera; no porque el joven no le gustara (los dos se llevaban muy bien en su club), sino porque el viejo anecdótico a veces sentía, por parte de Newland, una tendencia a sopesar sus pruebas que las damas de la familia nunca mostraban.

El señor Jackson, si la perfección hubiera sido alcanzable en la tierra, también habría pedido que la comida de la señora Archer fuera un poco mejor. Pero Nueva York, hasta donde la mente del hombre podía viajar, se había dividido en los dos grandes grupos fundamentales: los Mingott, los Manson y todo su clan, que se preocupaban por la comida, la ropa y el dinero, y la tribu Archer-Newland-van-der-Luyden, que se dedicaban a los viajes, a la horticultura y a la mejor ficción, y despreciaban las formas más groseras del placer.

Al fin y al cabo, no se podía tenerlo todo. Si cenabas con los Lovell Mingotts, conseguías vinos de lona, de tortuga y de añada; en Adeline Archer's se podía hablar de paisajes alpinos y de "El fauno de mármol"; y por suerte el Arquero Madeira había dado la vuelta al Cabo. Por lo tanto, cuando llegaba una llamada amistosa de la señora Archer, el señor Jackson, que era un verdadero ecléctico, solía decirle a su hermana: «He estado un poco gotosa desde mi última cena en casa de los Lovell Mingotts; me vendrá bien hacer dieta en casa de Adeline».

La señora Archer, que había sido viuda durante mucho tiempo, vivía con su hijo y su hija en la calle Veintiocho Oeste. Un piso superior estaba dedicado a Newland, y las dos mujeres se apretujaron en habitaciones más estrechas abajo. En una armonía sin nubes de gustos e intereses, cultivaban helechos en las cajas wardianas, hacían encajes de macramé y bordados de lana sobre lino, coleccionaban artículos vidriados revolucionarios estadounidenses, se suscribían a "Good Words" y leían las novelas de Ouida por el bien de la atmósfera italiana. (Preferían las que trataban de la vida campesina, por las descripciones de los paisajes y los sentimientos más agradables, aunque en general les gustaban las novelas sobre personas de la sociedad, cuyos motivos y hábitos eran más comprensibles, hablaban severamente de Dickens, que «nunca había dibujado a un caballero», y consideraban a Thackeray menos cómodo en el gran mundo que Bulwer, quien, sin embargo, empezaba a ser considerado anticuado). La señora y la señorita Archer eran grandes amantes de los paisajes. Era lo que principalmente buscaban y admiraban en sus ocasionales viajes al extranjero; considerando la arquitectura y la pintura como temas para los hombres, y principalmente para las personas cultas que leen a Ruskin. La señora Archer había nacido en Newland, y madre e hija, que eran como hermanas, eran, como se decía, las dos «verdaderas Newlands»; alto, pálido y de hombros ligeramente redondos, con narices largas, sonrisas dulces y una especie de distinción caída como la de ciertos retratos descoloridos de Reynolds. Su semejanza física habría sido completa si un anciano no hubiera estirado el brocado negro de la señora Archer, mientras que las popelinas marrones y moradas de la señorita Archer colgaban, con el paso de los años, cada vez más holgadas en su cuerpo virgen.

Mentalmente, la semejanza entre ellos, como Newland sabía, era menos completa de lo que sus gestos idénticos a menudo la hacían parecer. La larga costumbre de vivir juntos en una intimidad mutuamente dependiente les había dado el mismo vocabulario y la misma costumbre de comenzar sus frases «Mamá piensa» o «Janey piensa», según que una u otra quisiera expresar una opinión propia; pero en realidad, mientras que la serena falta de imaginación de la señora Archer descansaba fácilmente en lo aceptado y familiar, Janey estaba sujeta a sobresaltos y aberraciones de fantasía que brotaban de manantiales de romance reprimido.

Madre e hija se adoraban y reverenciaban a su hijo y hermano; y Archer los amaba con una ternura que se hacía componjosa y acrítica por el sentido de su exagerada admiración y por su secreta satisfacción en ella.

Después de todo, pensaba que era bueno para un hombre que su autoridad fuera respetada en su propia casa, incluso si su sentido del humor a veces le hacía cuestionar la fuerza de su mandato.

En esta ocasión, el joven estaba muy seguro de que el señor Jackson preferiría que cenara fuera; Pero tenía sus propias razones para no hacerlo.

Por supuesto, el viejo Jackson quería hablar de Ellen Olenska, y por supuesto la señora Archer y Janey querían oír lo que él tenía que contar. Los tres se sentirían un poco avergonzados por la presencia de Newland, ahora que se había dado a conocer su posible relación con el clan Mingott; Y el joven esperó con divertida curiosidad a ver cómo sortearían la dificultad.

Empezaron, oblicuamente, hablando de la señora Lemuel Struthers.

—Es una lástima que los Beaufort se lo hayan preguntado —dijo la señora Archer con dulzura—. "Pero luego Regina siempre hace lo que él le dice; y BEAUFORT...

—A Beaufort se le escapan ciertos matices —dijo el señor Jackson, inspeccionando cautelosamente el sábalo asado y preguntándose por milésima vez por qué el cocinero de la señora Archer siempre quemaba las huevas hasta convertirlas en cenizas—. (Newland, que había compartido su asombro durante mucho tiempo, siempre podía detectarlo en la expresión de melancólica desaprobación del anciano).

—Oh, necesariamente; Beaufort es un hombre vulgar -dijo la señora Archer-. "Mi abuelo Newland siempre le decía a mi madre: 'Hagas lo que hagas, no dejes que te presenten a ese tal Beaufort a las chicas'. Pero al menos ha tenido la ventaja de asociarse con caballeros; en Inglaterra también, dicen. Es todo muy misterioso... —Miró a Janey y se detuvo—. Ella y Janey conocían todos los pliegues del misterio de Beaufort, pero en público la señora Archer seguía asumiendo que el tema no era para solteros.

—Pero esta señora Struthers —continuó la señora Archer—; —¿Qué dijiste que era, Sillerton?

"De una mina, o más bien de la taberna que está en la cabecera del pozo. Luego con Living Wax-Works, de gira por Nueva Inglaterra. Después de que la policía desmanteló ESO, dicen que ella vivió... —El señor Jackson, a su vez, miró a Janey, cuyos ojos comenzaron a sobresalir por debajo de sus párpados prominentes—. Todavía había pausas para ella en el pasado de la señora Struthers.

—Entonces —continuó el señor Jackson (y Archer se dio cuenta de que se preguntaba por qué nadie le había dicho al mayordomo que nunca cortara pepinos con un cuchillo de acero)—, entonces llegó Lemuel Struthers. Dicen que su anunciante usó la cabeza de la niña para los carteles de betún para zapatos; su cabello es intensamente negro, ya sabes, al estilo egipcio. De todos modos, él, finalmente, se casó con ella. Había volúmenes de insinuaciones en la forma en que se espaciaba el "eventualmente", y a cada sílaba se le daba su debido acento.

—Oh, bueno, en el paso al que hemos llegado hoy en día, no importa —dijo la señora Archer con indiferencia—. Las damas no estaban realmente interesadas en la señora Struthers en ese momento; el tema de Ellen Olenska era demasiado fresco y demasiado absorbente para ellos. De hecho, el nombre de la señora Struthers había sido presentado por la señora Archer sólo para que pronto pudiera decir: —¿Y la nueva prima de Newland, la condesa Olenska? ¿Ella también estaba en el baile?

Había un leve toque de sarcasmo en la referencia a su hijo, y Archer lo sabía y lo había esperado. Incluso la señora Archer, que rara vez se sentía excesivamente complacida con los acontecimientos humanos, se había alegrado por completo del compromiso de su hijo. («Sobre todo después de ese estúpido asunto con la señora Rushworth», como le había comentado a Janey, aludiendo a lo que una vez le había parecido a Newland una tragedia de la que su alma siempre llevaría la cicatriz.)

No había mejor partido en Nueva York que May Welland, mira la pregunta desde el punto que elijas. Por supuesto, tal matrimonio era sólo a lo que Newland tenía derecho; pero los jóvenes son tan tontos e incalculables, y algunas mujeres tan intrigantes y sin escrúpulos, que era nada menos que un milagro ver al único hijo de uno a salvo más allá de la Isla de las Sirenas y en el refugio de una domesticidad intachable.

Todo esto lo sentía la señora Archer, y su hijo sabía que lo sentía; pero también sabía que ella se había sentido perturbada por el anuncio prematuro de su compromiso, o más bien por la causa; Y era por esa razón, porque en general era un amo tierno e indulgente, que se había quedado en casa esa noche. "No es que no apruebe el espíritu de cuerpo de los Mingotts; pero no veo por qué el compromiso de Newland se ha de mezclar con las idas y venidas de esa mujer Olenska —refunfuñó la señora Archer a Janey, la única testigo de sus ligeros lapsos de perfecta dulzura—.

Se había comportado maravillosamente —y en su hermoso comportamiento era insuperable— durante la visita a la señora Welland; pero Newland sabía (y su prometida sin duda lo adivinaba) que durante toda la visita, ella y Janey estuvieron nerviosamente atentas a la posible intrusión de Madame Olenska; y cuando salieron juntos de la casa, ella se había permitido decir a su hijo: «Agradezco que Augusta Welland nos haya recibido a solas».

Estos indicios de perturbación interna conmovieron a Archer tanto más cuanto que él también sentía que los Mingott habían ido demasiado lejos. Pero, como iba en contra de todas las reglas de su código que la madre y el hijo debían aludir a lo que era lo más importante en sus pensamientos, él simplemente respondió: "Oh, bueno, siempre hay una fase de fiestas familiares por la que pasar cuando uno se compromete, y cuanto antes termine, mejor". Al oír esto, su madre se limitó a fruncir los labios bajo el velo de encaje que colgaba de su sombrero de terciopelo gris, ribeteado de uvas escarchadas.

Su venganza, pensó, su venganza legítima, consistiría en «atraer» al señor Jackson esa noche con la condesa Olenska; y, habiendo cumplido públicamente con su deber como futuro miembro del clan Mingott, el joven no tuvo inconveniente en oír hablar de la dama en privado, excepto que el tema ya empezaba a aburrirle.

El señor Jackson se había servido una rebanada del tibio filete que el triste mayordomo le había entregado con una mirada tan escéptica como la suya, y había rechazado la salsa de champiñones después de un olfateo apenas perceptible. Parecía desconcertado y hambriento, y Archer pensó que probablemente terminaría su comida con Ellen Olenska.

El señor Jackson se reclinó en su silla y alzó la vista hacia los Archers, Newlands y van der Luydens, a la luz de las velas, colgados en marcos oscuros en las paredes oscuras.

—¡Ah, cuánto le gustaba a tu abuelo Archer una buena cena, mi querido Newland! —dijo, con los ojos fijos en el retrato de un joven regordete y corpulento, vestido con un cepo y un abrigo azul, con la vista de una casa de campo de columnas blancas a sus espaldas—. "Bueno, bueno, bueno... ¡Me pregunto qué habría dicho a todos estos matrimonios extranjeros!"

La Sra. Archer ignoró la alusión a la cocina ancestral y el Sr. Jackson continuó con deliberación: "No, ella NO estuvo en el baile".

—Ah... —murmuró la señora Archer, en un tono que implicaba—: Tenía esa decencia.

—Quizá los Beaufort no la conozcan —sugirió Janey, con su malicia ingenua—.

El señor Jackson dio un leve sorbo, como si hubiera estado saboreando la Madeira invisible. Puede que la señora Beaufort no, pero Beaufort sí lo sabe, porque esta tarde toda Nueva York la ha visto caminando con él por la Quinta Avenida.

—Misericordia... —gimió la señora Archer, percibiendo evidentemente la inutilidad de tratar de atribuir las acciones de los extranjeros a un sentido de la delicadeza—.

—Me pregunto si por la tarde llevará un sombrero redondo o un sombrero —especuló Janey—. Sé que en la Ópera llevaba puesto terciopelo azul oscuro, perfectamente liso y liso, como un camisón.

-¡Janey! -exclamó su madre-. y la señorita Archer se sonrojó y trató de parecer audaz.

—De todos modos, era de mejor gusto no ir al baile —continuó la señora Archer—.

Un espíritu de perversidad movió a su hijo a replicar: "No creo que fuera una cuestión de gustos con ella. May dijo que tenía la intención de ir, y luego decidió que el vestido en cuestión no era lo suficientemente elegante.

La señora Archer sonrió ante la confirmación de su inferencia. —Pobre Ellen —se limitó a comentar—; Y agregó con compasión: "Siempre debemos tener en cuenta la educación excéntrica que Medora Manson le dio. ¿Qué se puede esperar de una chica a la que se le permitió vestir de satén negro en su baile de presentación?

-¡Ah!, ¿no me acuerdo de ella en él! -dijo el señor Jackson-. y añadió: «¡Pobre muchacha!», en el tono de quien, mientras disfrutaba del recuerdo, había comprendido perfectamente en ese momento lo que presagiaba la vista.

—Es extraño —comentó Janey— que haya conservado un nombre tan feo como Ellen. Debería haberlo cambiado por Elaine. Echó un vistazo alrededor de la mesa para ver el efecto de esto.

Su hermano se echó a reír. – ¿Por qué Elaine?

"No lo sé; suena más, más polaco —dijo Janey, sonrojada—.

"Suena más llamativo; y eso no puede ser lo que ella desea -dijo la señora Archer a distancia-.

—¿Por qué no? —interrumpió su hijo, volviéndose súbitamente discutidor—. "¿Por qué no debería llamar la atención si así lo decide? ¿Por qué iba a escabullirse como si fuera ella misma la que se hubiera deshonrado a sí misma? Es la "pobre Ellen", sin duda, porque tuvo la mala suerte de hacer un matrimonio miserable; pero no veo que esa sea una razón para esconder la cabeza como si ella fuera la culpable".

—Ésa, supongo —dijo el señor Jackson, especulativo—, es la línea que los Mingott piensan seguir.

El joven enrojeció. —No tuve que esperar a que me dieran su señal, si eso es lo que quiere decir, señor. Madame Olenska ha tenido una vida infeliz: eso no la convierte en una paria.

—Hay rumores —empezó a decir el señor Jackson, mirando a Janey—.

—Oh, lo sé: la secretaria —le tomó el joven—. Tonterías, madre; Janey es adulta. Dicen, ¿no es cierto —prosiguió— que el secretario la ayudó a librarse de su bruto marido, que la tenía prácticamente prisionera? Bueno, ¿y si lo hiciera? Espero que no haya un solo hombre entre nosotros que no hubiera hecho lo mismo en un caso así.

El señor Jackson miró por encima del hombro para decirle al triste mayordomo: "Quizás... esa salsa... solo un poco, después de todo..."; luego, después de haberse ayudado, comentó: "Me han dicho que está buscando una casa. Ella quiere vivir aquí.

—He oído que quiere divorciarse —dijo Janey con valentía—.

—¡Espero que lo haga! —exclamó Archer—.

La palabra había caído como una bomba en la atmósfera pura y tranquila del comedor Archer. La señora Archer alzó sus delicadas cejas en la particular curva que significaba: «El mayordomo...», y el joven, consciente del mal gusto de hablar en público de asuntos tan íntimos, se apresuró a hablar de su visita a la anciana señora Mingott.

Después de la cena, según una costumbre inmemorial, la señora Archer y Janey arrastraron sus largas cortinas de seda hasta el salón, donde, mientras los caballeros fumaban abajo, se sentaron junto a una lámpara Carcel con un globo grabado, frente a frente a una mesa de palisandro con una bolsa de seda verde debajo, y cosidas en los dos extremos de una banda de tapicería de flores del campo destinada a adornar una silla «ocasional» en el salón de la joven señora Newland Arquero.

Mientras se desarrollaba este rito en el salón, Archer sentó al señor Jackson en un sillón cerca del fuego de la biblioteca gótica y le entregó un cigarro. El señor Jackson se hundió en el sillón con satisfacción, encendió su cigarro con perfecta confianza (fue Newland quien los compró) y, estirando sus delgados tobillos hasta las brasas, dijo: —¿Dice usted que la secretaria se limitó a ayudarla a escapar, mi querido amigo? Bueno, él todavía la estaba ayudando un año después, entonces; porque alguien los conoció viviendo juntos en Lausana.

Newland enrojeció. "¿Vivir juntos? Bueno, ¿por qué no? ¿Quién tenía derecho a rehacer su vida si ella no lo había hecho? Estoy harta de la hipocresía que enterraría viva a una mujer de su edad si su marido prefiere vivir con rameras".

Se detuvo y se alejó enojado para encender su cigarro. —Las mujeres deberían ser libres, tan libres como nosotras —declaró, haciendo un descubrimiento del que estaba demasiado irritado como para medir las terribles consecuencias—.

El señor Sillerton Jackson estiró los tobillos más cerca de las brasas y emitió un silbido sardónico.

—Bueno —dijo después de una pausa—, parece que el conde Olenski es de su opinión; porque nunca oí que hubiera movido un dedo para recuperar a su esposa.

VI

Aquella noche, después de que el señor Jackson se hubo marchado y las damas se hubieron retirado a su dormitorio con cortinas de chintz, Newland Archer se dirigió pensativo a su estudio. Una mano vigilante, como de costumbre, había mantenido vivo el fuego y la lámpara recortada; y la habitación, con sus filas y filas de libros, sus estatuillas de bronce y acero de "Los Esgrimistas" en la repisa de la chimenea y sus numerosas fotografías de cuadros famosos, tenía un aspecto singularmente hogareño y acogedor.

Mientras se dejaba caer en su sillón cerca del fuego, sus ojos se posaron en una gran fotografía de May Welland, que la joven le había regalado en los primeros días de su romance, y que ahora había desplazado a todos los demás retratos de la mesa. Con una nueva sensación de asombro, miró la frente franca, los ojos serios y la boca alegre e inocente de la joven criatura cuya alma iba a ser. Aquel aterrador producto del sistema social al que pertenecía y en el que creía, la joven que no sabía nada y lo esperaba todo, le devolvía la mirada como a un extraño a través de los rasgos familiares de May Welland; Y una vez más se dio cuenta de que el matrimonio no era el fondeadero seguro que le habían enseñado a pensar, sino un viaje por mares desconocidos.

El caso de la condesa Olenska había removido viejas convicciones y las había hecho vagar peligrosamente por su mente. Su propia exclamación: "Las mujeres deberían ser libres, tan libres como nosotras", golpeó la raíz de un problema que en su mundo se acordó considerar como inexistente. Las mujeres agradables, por muy agraviadas que fueran, nunca reclamarían el tipo de libertad que él quería decir, y los hombres de mente generosa como él estaban, por lo tanto, en el calor de la discusión, más caballerosamente dispuestos a concedérsela. Tales generosidades verbales eran, de hecho, sólo un disfraz de las inexorables convenciones que ataban las cosas y ataban a la gente al viejo patrón. Pero aquí se comprometió a defender, por parte del primo de su prometida, una conducta que, por parte de su propia esposa, lo justificaría para invocar sobre ella todos los truenos de la Iglesia y el Estado. Por supuesto, el dilema era puramente hipotético; dado que no era un noble polaco de la guardia negra, era absurdo especular cuáles serían los derechos de su esposa si él lo fuera. Pero Newland Archer era demasiado imaginativo para no pensar que, en su caso y en el de May, la corbata pudiera arder por razones mucho menos groseras y palpables. ¿Qué podían saber realmente él y ella el uno del otro, ya que era su deber, como hombre «decente», ocultarle su pasado, y el de ella, como muchacha casadera, no tener ningún pasado que ocultar? ¿Qué pasaría si, por alguna de las razones más sutiles que contarían con ambos, se cansaran el uno del otro, se malinterpretaran o se irritaran mutuamente? Pasó revista a los matrimonios de sus amigos, los supuestamente felices, y no vio ninguno que respondiera, ni remotamente, a la apasionada y tierna camaradería que imaginaba como su relación permanente con May Welland. Se dio cuenta de que semejante cuadro presuponía, por su parte, la experiencia, la versatilidad, la libertad de juicio, que había sido cuidadosamente educada para no poseer; Y con un escalofrío de presentimiento vio que su matrimonio se convertía en lo que eran la mayoría de los otros matrimonios que lo rodeaban: una asociación aburrida de intereses materiales y sociales unidos por la ignorancia por un lado y la hipocresía por el otro. Lawrence Lefferts se le presentó como el marido que más había realizado plenamente este envidiable ideal. Como correspondía al sumo sacerdote de la forma, había formado una esposa tan completamente a su conveniencia que, en los momentos más conspicuos de sus frecuentes aventuras amorosas con las esposas de otros hombres, ella andaba sonriente inconsciencia, diciendo que «Lawrence era tan espantosamente estricto»; y se sabía que se sonrojaba indignada, y apartaba la mirada, cuando alguien aludía en su presencia al hecho de que Julio Beaufort (como correspondía a un «extranjero» de dudosa procedencia) tenía lo que en Nueva York se conocía como «otro establecimiento».

Archer trató de consolarse con la idea de que él no era tan imbécil como Larry Lefferts, ni May tan tonto como la pobre Gertrude; Pero, después de todo, la diferencia era de inteligencia y no de normas. En realidad, todos vivían en una especie de mundo jeroglífico, donde lo real nunca se decía ni se hacía, ni siquiera se pensaba, sino que sólo se representaba mediante un conjunto de signos arbitrarios; como cuando la señora Welland, que sabía exactamente por qué Archer la había presionado para que anunciara el compromiso de su hija en el baile de Beaufort (y en realidad no había esperado que él lo hiciera menos), se sintió obligada a simular reticencia y el aire de haber tenido la mano forzada, como en los libros sobre el hombre primitivo que las personas de cultura avanzada comenzaban a leer, La novia salvaje es arrastrada con gritos fuera de la tienda de sus padres.

El resultado, por supuesto, fue que la joven que era el centro de este elaborado sistema de mistificación siguió siendo la más inescrutable por su misma franqueza y seguridad. Era franca, pobrecita, porque no tenía nada que ocultar, segura porque no sabía nada de lo que protegerse; Y sin mejor preparación que ésta, iba a ser sumergida de la noche a la mañana en lo que la gente llamaba evasivamente "los hechos de la vida".

El joven estaba sincera pero plácidamente enamorado. Se deleitaba en el radiante aspecto de su prometida, en su salud, en su equitación, en su gracia y rapidez en los juegos, y en el tímido interés por los libros y las ideas que empezaba a desarrollar bajo su guía. (Había avanzado lo suficiente como para unirse a él en la ridiculización de los Idilios del Rey, pero no para sentir la belleza de Ulises y los Comedores de Loto.) Era directa, leal y valiente; tenía sentido del humor (como lo demostraba principalmente el hecho de que se reía de sus chistes); Y sospechó, en el fondo de su alma que miraba inocentemente, un resplandor de sentimiento que sería una alegría despertar. Pero después de haber dado la breve vuelta a ella, regresó, desanimado por la idea de que toda aquella franqueza e inocencia no eran más que un producto artificial. La naturaleza humana inexperta no era franca e inocente; Estaba lleno de los giros y defensas de una astucia instintiva. Y se sentía oprimido por esta creación de pureza ficticia, tan astutamente fabricada por una conspiración de madres, tías, abuelas y antepasados muertos hacía mucho tiempo, porque se suponía que era lo que él quería, a lo que tenía derecho, para poder ejercer su placer señorial en romperla como una imagen hecha de nieve.

Había cierta trivialidad en estas reflexiones: eran las habituales de los jóvenes cuando se acercaba el día de su boda. Pero, por lo general, iban acompañadas de una sensación de compunción y autohumillación de la que Newland Archer no sentía rastro. No podía deplorar (como los héroes de Thackeray lo exasperaban tan a menudo) que no tuviera una página en blanco para ofrecer a su novia a cambio de la inmaculada que ella le iba a dar. No podía eludir el hecho de que, si él hubiera sido educado como ella, no habrían sido más aptos para orientarse que los niños del bosque; Tampoco podía, a pesar de todas sus ansiosas cavilaciones, ver ninguna razón honesta (es decir, ninguna que no tuviera relación con su propio placer momentáneo y la pasión de la vanidad masculina) por la que a su novia no se le hubiera permitido la misma libertad de experiencia que a él.

Tales preguntas, a tal hora, estaban destinadas a vagar por su mente; pero era consciente de que su incómoda persistencia y precisión se debían a la inoportuna llegada de la condesa Olenska. Allí estaba, en el momento mismo de su compromiso —un momento para pensamientos puros y esperanzas sin nubes— envuelto en una espiral de escándalo que planteaba todos los problemas especiales que hubiera preferido dejar pasar. —¡Cuelguen a Ellen Olenska! —refunfuñó, mientras cubría el fuego y empezaba a desnudarse—. Realmente no podía ver por qué el destino de ella tenía la menor influencia en el suyo; Sin embargo, tenía la vaga sensación de que no había hecho más que empezar a medir los riesgos del campeonato que su compromiso le había impuesto.

Unos días después cayó el cerrojo.

Los Lovell Mingotts habían enviado tarjetas para lo que se conocía como «una cena formal» (es decir, tres lacayos adicionales, dos platos para cada plato y un ponche romano en el medio), y habían encabezado sus invitaciones con las palabras «Para conocer a la condesa Olenska», de acuerdo con la hospitalaria moda estadounidense, que trata a los extraños como si fueran miembros de la realeza. o al menos como sus embajadores.

Los invitados habían sido seleccionados con una audacia y un discernimiento en los que los iniciados reconocían la mano firme de Catalina la Grande. Asociados a personajes inmemoriales como los Selfridge Merrys, a los que se preguntaba en todas partes porque siempre lo habían sido, los Beaufort, sobre los que había un reclamo de parentesco, y el señor Sillerton Jackson y su hermana Sophy (que iban a donde su hermano le dijera), eran algunos de los más elegantes y, sin embargo, más irreprochables del grupo dominante de «jóvenes casados»; los Lawrence Lefferts, la señora Lefferts Rushworth (la encantadora viuda), los Harry Thorley, los Reggie Chiverse y el joven Morris Dagonet y su esposa (que era una van der Luyden). De hecho, la compañía estaba perfectamente surtida, ya que todos los miembros pertenecían al pequeño grupo interno de personas que, durante la larga temporada de Nueva York, se divertían juntas día y noche con un entusiasmo aparentemente no disminuido.

Cuarenta y ocho horas después había sucedido lo increíble; todos habían rechazado la invitación de los Mingott, excepto los Beaufort, el viejo señor Jackson y su hermana. El desaire intencionado fue enfatizado por el hecho de que incluso los Reggie Chiverses, que eran del clan Mingott, estaban entre los que lo infligían; y por la redacción uniforme de las notas, en todas las cuales los escritores "lamentaron no poder aceptar", sin el argumento atenuante de un "compromiso previo" que prescribía la cortesía ordinaria.

La sociedad neoyorquina era, en aquellos días, demasiado pequeña y demasiado escasa en sus recursos, para que cada uno de sus integrantes (incluidos los mozos de cuadra, los mayordomos y los cocineros) no supiera exactamente en qué noches la gente estaba libre; y así fue posible que los destinatarios de las invitaciones de la señora Lovell Mingott dejaran cruelmente clara su determinación de no reunirse con la condesa Olenska.

El golpe fue inesperado; pero los Mingott, como era su costumbre, lo afrontaron con gallardía. La señora Lovell Mingott confió el caso a la señora Welland, quien a su vez se lo confió a Newland Archer; el cual, enardecido por el ultraje, apeló apasionada y autoritariamente a su madre; la cual, después de un doloroso período de resistencia interior y de contemporaneidad exterior, sucumbió a sus instancias (como siempre lo hacía), e inmediatamente abrazó su causa con una energía redoblada por sus vacilaciones anteriores, se puso su sombrero de terciopelo gris y dijo: «Iré a ver a Louisa van der Luyden».

La Nueva York de la época de Newland Archer era una pirámide pequeña y resbaladiza, en la que, hasta entonces, apenas se había hecho una fisura ni se había logrado un punto de apoyo. En su base había una base firme de lo que la señora Archer llamaba "gente sencilla"; una honorable pero oscura mayoría de familias respetables que (como en el caso de los Spicer, los Lefferts o los Jackson) habían sido elevadas por encima de su nivel por matrimonio con uno de los clanes dominantes. La gente, decía siempre la señora Archer, no era tan particular como solía ser; y con la vieja Catherine Spicer gobernando un extremo de la Quinta Avenida, y Julius Beaufort el otro, no se podía esperar que las viejas tradiciones duraran mucho más.

Firmemente reduciéndose hacia arriba de este sustrato rico pero discreto estaba el grupo compacto y dominante que los Mingotts, Newlands, Chiverses y Mansons representaban tan activamente. La mayoría de la gente los imaginaba como la cúspide de la pirámide; pero ellos mismos (al menos los de la generación de la señora Archer) eran conscientes de que, a los ojos del genealogista profesional, sólo un número aún menor de familias podía reclamar esa eminencia.

"No me cuenten", les decía la señora Archer a sus hijos, "toda esta basura de los periódicos modernos sobre una aristocracia neoyorquina. Si hay uno, ni los Mingott ni los Manson pertenecen a él; no, ni los Newlands ni los Chiverses tampoco. Nuestros abuelos y bisabuelos no eran más que respetables comerciantes ingleses u holandeses, que venían a las colonias para hacer fortuna, y se quedaban aquí porque les iba muy bien. Uno de sus bisabuelos firmó la Declaración, y otro era general del estado mayor de Washington, y recibió la espada del general Burgoyne después de la batalla de Saratoga. Estas son cosas de las que estar orgulloso, pero no tienen nada que ver con el rango o la clase. Nueva York siempre ha sido una comunidad comercial, y no hay en ella más de tres familias que puedan reclamar un origen aristocrático en el verdadero sentido de la palabra.

La señora Archer y su hijo y su hija, como todos los habitantes de Nueva York, sabían quiénes eran esos seres privilegiados: los Dagonet de Washington Square, que procedían de una antigua familia de condado inglesa aliada con los Pitt y los Fox; los Lanning, que se habían casado con los descendientes del conde de Grasse, y los van der Luydens, descendientes directos del primer gobernador holandés de Manhattan, y emparentados por matrimonios prerrevolucionarios con varios miembros de la aristocracia francesa y británica.

Los Lannings sobrevivieron sólo en la persona de dos señoritas Lannings, muy ancianas pero vivaces, que vivían alegres y reminiscentes entre retratos familiares y Chippendale; los Dagonet eran un clan considerable, aliado de los mejores nombres de Baltimore y Filadelfia; pero los van der Luyden, que estaban por encima de todos ellos, se habían desvanecido en una especie de crepúsculo supraterrestre, del que sólo emergieron impresionantes dos figuras; las del Sr. y la Sra. Henry van der Luyden.

La señora Henry van der Luyden se llamaba Louisa Dagonet, y su madre era nieta del coronel du Lac, de una antigua familia de las Islas del Canal, que había luchado bajo las órdenes de Cornwallis y se había establecido en Maryland, después de la guerra, con su esposa, lady Angelica Trevenna, quinta hija del conde de St. Austrey. El vínculo entre los Dagonets, los du Lacs de Maryland, y sus aristocráticos parientes de Cornualles, los Trevennas, siempre había sido estrecho y cordial. El señor y la señora van der Luyden habían visitado más de una vez al actual jefe de la casa de Trevenna, el duque de St. Austrey, en su casa de campo de Cornualles y en St. Austrey en Gloucestershire; y Su Gracia había anunciado con frecuencia su intención de volver algún día a su visita (sin la duquesa, que temía el Atlántico).

El señor y la señora van der Luyden dividían su tiempo entre Trevenna, su residencia en Maryland, y Skuytercliff, la gran finca del Hudson que había sido una de las concesiones coloniales del gobierno holandés al famoso primer gobernador, y de la que el señor van der Luyden era todavía «Patroon». Su gran y solemne casa de Madison Avenue rara vez abría sus puertas, y cuando llegaban a la ciudad sólo recibían en ella a sus amigos más íntimos.

—Me gustaría que me acompañaras, Newland —dijo su madre, deteniéndose de repente en la puerta del coupé marrón—. "Louisa te quiere; y, por supuesto, es por mi querida May que doy este paso, y también porque, si no nos unimos todos, no quedará tal cosa como la Sociedad".

VII.

La señora Henry van der Luyden escuchó en silencio el relato de su prima, la señora Archer.

Era muy conveniente decir de antemano que la señora van der Luyden siempre guardaba silencio y que, aunque no era comprometida por naturaleza y formación, era muy amable con las personas que realmente le gustaban. Incluso la experiencia personal de estos hechos no siempre era una protección contra el frío que descendía sobre uno en el salón de Madison Avenue de techos altos y paredes blancas, con los sillones brocados pálidos tan obviamente descubiertos para la ocasión, y la gasa aún velando los adornos de la repisa de la chimenea y el hermoso marco tallado de la "Lady Angelica du Lac" de Gainsborough.

El retrato de la señora van der Luyden realizado por Huntington (en terciopelo negro y punta veneciana) se enfrentaba al de su encantadora antepasada. Generalmente se le consideraba "tan fino como un Cabanel" y, aunque habían transcurrido veinte años desde su ejecución, seguía siendo "una semejanza perfecta". De hecho, la señora van der Luyden, que estaba sentada debajo de ella escuchando a la señora Archer, podría haber sido la hermana gemela de la mujer rubia y todavía joven, recostada contra un sillón dorado ante una cortina verde. La señora van der Luyden todavía vestía de terciopelo negro y punta veneciana cuando entraba en sociedad, o más bien (ya que nunca salía a cenar) cuando abría de par en par sus propias puertas para recibirlo. Su cabello rubio, que se había desvanecido sin volverse gris, todavía estaba dividido en puntos planos superpuestos en su frente, y la nariz recta que dividía sus ojos azul pálido estaba solo un poco más pellizcada alrededor de las fosas nasales que cuando se había pintado el retrato. De hecho, siempre le pareció a Newland Archer que se había conservado de manera bastante espantosa en la atmósfera sin aire de una existencia perfectamente irreprochable, como los cuerpos atrapados en los glaciares mantienen durante años una vida rosada en la muerte.

Como toda su familia, estimaba y admiraba a la señora van der Luyden; pero su dulzura le resultaba menos accesible que la severidad de algunas de las viejas tías de su madre, solteronas feroces que decían «No» por principio antes de saber lo que se les iba a preguntar.

La actitud de la señora van der Luyden no decía ni sí ni no, pero siempre parecía inclinarse a la clemencia hasta que sus delgados labios, vacilando en la sombra de una sonrisa, dieron la respuesta casi invariable: «Primero tendré que hablar de esto con mi marido».

Ella y el señor van der Luyden eran tan exactamente iguales que Archer a menudo se preguntaba cómo, después de cuarenta años de la más estrecha conyugalidad, dos identidades tan fusionadas se habían separado lo suficiente como para algo tan controvertido como una conversación. Pero como ninguno de los dos había llegado nunca a una decisión sin precederla con este misterioso cónclave, la señora Archer y su hijo, después de exponer su caso, esperaron resignados la conocida frase.

Sin embargo, la señora van der Luyden, que rara vez había sorprendido a nadie, ahora los sorprendía extendiendo su larga mano hacia la cuerda de la campana.

—Creo —dijo ella— que me gustaría que Henry oyera lo que me has dicho.

Apareció un lacayo, a quien añadió con gravedad: "Si el señor van der Luyden ha terminado de leer el periódico, le ruego que tenga la amabilidad de venir".

Dijo «leer el periódico» en el tono en que la esposa de un ministro podría haber dicho: «Presidir una reunión de gabinete», no por arrogancia de espíritu, sino porque la costumbre de toda una vida y la actitud de sus amigos y parientes, la habían llevado a considerar que el menor gesto del señor van der Luyden tenía una importancia casi sacerdotal.

La prontitud con que ella actuaba demostraba que consideraba el caso tan apremiante como la señora Archer; pero, para que no se pensara que se había comprometido de antemano, añadió con la mirada más dulce: —Henry siempre disfruta de verte, querida Adeline; y querrá felicitar a Newland".

Las puertas dobles se habían vuelto a abrir solemnemente, y entre ellas apareció el señor Henry van der Luyden, alto, delgado y vestido con levita, con el pelo rubio desteñido, una nariz recta como la de su esposa y la misma expresión de dulzura congelada en unos ojos que eran simplemente de un gris pálido en lugar de un azul pálido.

El señor van der Luyden saludó a la señora Archer con una afabilidad cousin, felicitó a Newland en voz baja en el mismo idioma que el de su esposa, y se sentó en uno de los sillones de brocado con la sencillez de un soberano reinante.

—Acababa de terminar de leer el Times —dijo, juntando las yemas de sus largos dedos—. "En la ciudad, mis mañanas están tan ocupadas que me resulta más conveniente leer los periódicos después del almuerzo".

—Ah, hay mucho que decir a favor de ese plan... De hecho, creo que mi tío Egmont solía decir que le resultaba menos agitador no leer los periódicos de la mañana hasta después de la cena —dijo la señora Archer en tono receptivo—.

—Sí: mi buen padre aborrecía la prisa. Pero ahora vivimos en un apuro constante -dijo el señor van der Luyden en tono mesurado, mirando con agradable deliberación la gran habitación amortajada que para Archer era una imagen tan completa de sus propietarios-.

—¿Pero espero que hayas terminado de leer, Henry? —intervino su esposa—.

—Bastante, bastante —la tranquilizó—.

—Entonces me gustaría que Adeline te dijera...

—Oh, es realmente la historia de Newland —dijo su madre sonriendo—; y procedió a repetir una vez más el monstruoso relato de la afrenta infligida a la señora Lovell Mingott.

—Por supuesto —terminó—, Augusta Welland y Mary Mingott sintieron que, especialmente en vista del compromiso de Newland, usted y Henry DEBERÍAN SABERLO.

—Ah... —dijo el señor van der Luyden, respirando hondo—.

Hubo un silencio durante el cual el tic-tac del monumental reloj ormolu sobre la repisa de la chimenea de mármol blanco se hizo tan fuerte como el estruendo de un cañón. Archer contempló con asombro las dos figuras esbeltas y descoloridas, sentadas una al lado de la otra en una especie de rigidez virreinal, portavoces de alguna remota autoridad ancestral que el destino les obligó a ejercer, cuando tanto hubieran preferido vivir en la sencillez y el aislamiento, arrancando malezas invisibles de los perfectos céspedes de Skuytercliff y jugando juntos a la Paciencia por las noches.

El Sr. van der Luyden fue el primero en tomar la palabra.

—¿De verdad cree que esto se debe a alguna... a alguna interferencia intencionada de Lawrence Lefferts? —preguntó, volviéndose hacia Archer.

—Estoy seguro de ello, señor. Larry se ha esforzado más de lo habitual últimamente —si a la prima Louisa no le importa que lo mencione—, teniendo un romance bastante duro con la esposa del jefe de correos de su pueblo, o con alguien por el estilo; y cada vez que la pobre Gertrude Lefferts empieza a sospechar algo, y tiene miedo de los problemas, monta un alboroto de este tipo, para mostrar lo terriblemente moral que es, y habla a voz en cuello sobre la impertinencia de invitar a su esposa a conocer a personas que no desea que conozca. Simplemente está usando a Madame Olenska como un pararrayos; Lo he visto intentar lo mismo a menudo antes".

—¡Los LEFFERTS! —dijo la señora van der Luyden—.

—¡Los LEFFERTS!... —repitió la señora Archer—. ¿Qué habría dicho el tío Egmont de que Lawrence Lefferts se pronunciara sobre la posición social de cualquiera? Muestra a lo que la sociedad ha llegado".

—Esperamos que no se haya llegado a eso —dijo el señor van der Luyden con firmeza—.

—¡Ah, si tú y Louisa salierais más! —suspiró la señora Archer—.

Pero al instante se dio cuenta de su error. Los van der Luyden eran mórbidamente sensibles a cualquier crítica de su existencia aislada. Eran los árbitros de la moda, el Tribunal de Última Instancia, y lo sabían, y se inclinaban ante su suerte. Pero como eran personas tímidas y retraídas, sin ninguna inclinación natural por su parte, vivían todo lo que podían en la soledad selvática de Skuytercliff, y cuando llegaban a la ciudad, rechazaban todas las invitaciones con el pretexto de la salud de la señora van der Luyden.

Newland Archer acudió al rescate de su madre. Todo el mundo en Nueva York sabe lo que tú y tu prima Louisa representais. Por eso la señora Mingott pensó que no debía permitir que este desaire a la condesa Olenska pasara sin consultarle.

La señora van der Luyden miró a su marido, que a su vez le devolvió la mirada.

—Es el principio que no me gusta —dijo el señor van der Luyden—. "En la medida en que un miembro de una familia conocida esté respaldado por esa familia, debe considerarse definitivo".

—A mí me parece que sí —dijo su mujer, como si estuviera produciendo un nuevo pensamiento—.

—No tenía ni idea —continuó el señor van der Luyden— de que las cosas hubieran llegado a tal punto. Hizo una pausa y volvió a mirar a su esposa. —Se me ocurre, querida, que la condesa Olenska es ya una especie de parentesco, a través del primer marido de Medora Manson. En cualquier caso, lo será cuando Newland se case. Se volvió hacia el joven: —¿Ha leído usted el Times de esta mañana, Newland?

—Vaya, sí, señor —dijo Archer, que solía tirar media docena de papeles con su café de la mañana—.

El marido y la mujer se miraron de nuevo. Sus pálidos ojos se entrelazaban en una prolongada y seria consulta; entonces una leve sonrisa revoloteó en el rostro de la señora van der Luyden. Evidentemente lo había adivinado y aprobado.

El señor van der Luyden se volvió hacia la señora Archer. Si la salud de Louisa le hubiera permitido cenar fuera —me gustaría que se lo dijera a la señora Lovell Mingott—, ella y yo habríamos estado encantados de ocupar el lugar de los Lawrence Lefferts en su cena. Hizo una pausa para dejar que la ironía de esto se asimilara. —Como usted sabe, esto es imposible. —La señora Archer asintió con simpatía—. Pero Newland me dice que ha leído el Times de esta mañana; por lo tanto, probablemente ha visto que el pariente de Luisa, el duque de St. Austrey, llega la próxima semana a Rusia. Viene a inscribir su nueva balandra, la Ginebra, en la regata de la Copa Internacional del próximo verano; y también para hacer una pequeña sesión de tiro de lona en Trevenna. El señor van der Luyden volvió a hacer una pausa y continuó con creciente benevolencia: —Antes de llevarlo a Maryland, estamos invitando a algunos amigos a reunirse con él aquí, solo una pequeña cena, con una recepción después. Estoy seguro de que Louisa se alegrará tanto como yo si la condesa Olenska nos permite incluirla entre nuestros invitados. Se levantó, inclinó su largo cuerpo con una rígida amabilidad hacia su primo, y añadió: —Creo que tengo la autoridad de Louisa para decir que ella misma dejará la invitación a cenar cuando salga en breve: con nuestras cartas, por supuesto, con nuestras cartas.

La señora Archer, que sabía que esto era una insinuación de que las castañas de diecisiete manos que nunca se esperaban estaban en la puerta, se levantó con un apresurado murmullo de agradecimiento. La señora van der Luyden le sonreía con la sonrisa de Ester intercediendo ante Asuero; Pero su marido levantó una mano en señal de protesta.

—No hay nada que agradecerme, querida Adeline; Nada de nada. Este tipo de cosas no deben suceder en Nueva York; no lo hará, mientras pueda evitarlo —pronunció con soberana dulzura mientras dirigía a sus primos hacia la puerta—.

Dos horas más tarde, todo el mundo sabía que la gran barca de muelle C en la que la señora van der Luyden tomaba el aire a todas las estaciones había sido vista en la puerta de la vieja señora Mingott, donde se entregaba un gran sobre cuadrado; y aquella noche, en la Ópera, el señor Sillerton Jackson pudo declarar que el sobre contenía una tarjeta en la que se invitaba a la condesa Olenska a la cena que los van der Luyden iban a ofrecer la semana siguiente a su primo, el duque de St. Austrey.

Algunos de los hombres más jóvenes del palco intercambiaron una sonrisa ante este anuncio, y miraron de reojo a Lawrence Lefferts, que estaba sentado descuidadamente en la parte delantera del palco, tirando de su largo bigote rubio, y que comentó con autoridad, mientras la soprano se detenía: «Nadie más que Patti debería intentar la Sonnambula».

VIII.

En Nueva York había consenso general en que la condesa Olenska había «perdido su aspecto».

Había aparecido allí por primera vez, en la niñez de Newland Archer, como una niña de nueve o diez años, brillantemente bonita, de la que la gente decía que «debería ser pintada». Sus padres habían sido vagabundos continentales, y después de una infancia errante los había perdido a ambos, y había sido tomada a cargo por su tía, Medora Manson, también vagabunda, que regresaba a Nueva York para "establecerse".

La pobre Medora, viuda repetidas veces, volvía siempre a casa para establecerse (cada vez en una casa menos costosa), y traía consigo un nuevo marido o un hijo adoptivo; Pero al cabo de unos meses, invariablemente se separaba de su marido o se peleaba con su pupilo, y, después de haberse deshecho de su casa sin pérdidas, emprendía de nuevo sus andanzas. Como su madre había sido una Rushworth, y su último matrimonio infeliz la había ligado a uno de los chiversos locos, Nueva York miraba con indulgencia sus excentricidades; Pero cuando regresó con su pequeña sobrina huérfana, cuyos padres habían sido populares a pesar de su lamentable gusto por los viajes, la gente pensó que era una lástima que la hermosa niña estuviera en esas manos.

Todo el mundo estaba dispuesto a ser amable con la pequeña Ellen Mingott, aunque sus mejillas enrojecidas y sus rizos apretados le daban un aire de alegría que parecía impropio de una niña que todavía debería haber sido vestida de negro por sus padres. Una de las muchas peculiaridades de Medora era burlar las reglas inalterables que regulaban el luto americano, y cuando bajó del vapor, su familia se escandalizó al ver que el velo de crespón que llevaba para su propio hermano era siete pulgadas más corto que los de sus cuñadas, mientras que la pequeña Ellen estaba vestida con cuentas de merino carmesí y ámbar. como un expósito gitano.

Pero Nueva York se había resignado tanto tiempo a Medora que sólo unas pocas ancianas meneaban la cabeza ante las ropas chillonas de Ellen, mientras que sus otros parientes caían bajo el encanto de su gran color y su buen humor. Era una cosita intrépida y familiar, que hacía preguntas desconcertantes, hacía comentarios precoces y poseía artes extravagantes, como bailar un baile de mantones españoles y cantar canciones de amor napolitanas con una guitarra. Bajo la dirección de su tía (cuyo verdadero nombre era la señora Thorley Chivers, pero que, habiendo recibido un título papal, había retomado el patronímico de su primer marido, y se llamaba a sí misma la marquesa Manson, porque en Italia podía convertirlo en Manzoni), la niña recibió una educación costosa pero incoherente, que incluía "dibujar a partir del modelo, " algo nunca soñado antes, y tocar el piano en quintetos con músicos profesionales.

Por supuesto, nada bueno podía salir de esto; y cuando, unos años más tarde, el pobre Chivers murió finalmente en un manicomio, su viuda (cubierta de extrañas malezas) volvió a levantar las estacas y se fue con Ellen, que se había convertido en una muchacha alta y huesuda de ojos llamativos. Durante algún tiempo no se supo más de ellos; luego llegó la noticia del matrimonio de Ellen con un noble polaco inmensamente rico de fama legendaria, a quien había conocido en un baile en las Tullerías, y de quien se decía que tenía establecimientos principescos en París, Niza y Florencia, un yate en Cowes y muchas millas cuadradas de rodaje en Transilvania. Desapareció en una especie de apoteosis sulfurosa, y cuando unos años más tarde Medora volvió de nuevo a Nueva York, sometida, empobrecida, de luto por un tercer marido y en busca de una casa aún más pequeña, la gente se asombró de que su sobrina rica no hubiera podido hacer algo por ella. Luego llegó la noticia de que el matrimonio de Ellen había terminado en desastre, y que ella misma regresaba a casa para buscar descanso y olvido entre sus parientes.

Estas cosas pasaron por la mente de Newland Archer una semana más tarde, mientras observaba a la condesa Olenska entrar en el salón van der Luyden la noche de la trascendental cena. La ocasión era solemne, y él se preguntaba un poco nervioso cómo se las llevaría a cabo. Llegó bastante tarde, con una mano todavía sin guantes, y atándose un brazalete alrededor de la muñeca; sin embargo, entró sin ninguna apariencia de prisa o vergüenza en el salón en el que estaba reunida la compañía más escogida de Nueva York.

En el centro de la habitación se detuvo, mirando a su alrededor con boca grave y ojos sonrientes; y en ese instante Newland Archer rechazó el veredicto general sobre su apariencia. Era cierto que su resplandor inicial había desaparecido. Las mejillas rojas habían palidecido; Era delgada, gastada, un poco mayor que su edad, que debía de ser de casi treinta años. Pero había en ella la misteriosa autoridad de la belleza, una seguridad en el porte de la cabeza, en el movimiento de los ojos, que, sin ser en lo más mínimo teatral, parecían a los suyos altamente entrenados y llenos de un poder consciente. Al mismo tiempo, sus modales eran más sencillos que la mayoría de las damas presentes, y mucha gente (como se enteró más tarde de Janey) se sintieron decepcionados de que su apariencia no fuera más «elegante», porque el estilo era lo que más valoraba Nueva York. Era, tal vez, reflexionó Archer, porque su temprana vivacidad había desaparecido; Porque era tan callada, callada en sus movimientos, en su voz y en los tonos de su voz grave. Nueva York esperaba algo mucho más razonable en una mujer joven con semejante historia.

La cena fue un asunto formidable. Cenar con los van der Luyden no era, en el mejor de los casos, un asunto fácil, y cenar allí con un duque que era su primo era casi una solemnidad religiosa. A Archer le agradaba pensar que sólo un viejo neoyorquino podía percibir el matiz de diferencia (para Nueva York) entre ser simplemente un duque y ser el duque de van der Luydens. Nueva York acogía con calma a los nobles descarriados, e incluso (excepto en el conjunto de los Struthers) con cierta altivez desconfiada; pero cuando presentaron credenciales como éstas, fueron recibidos con una cordialidad anticuada que habrían estado muy equivocados al atribuir únicamente a su posición en Debrett. Era precisamente por esas distinciones que el joven apreciaba su vieja Nueva York, incluso mientras le sonreía.

Los van der Luyden habían hecho todo lo posible para enfatizar la importancia de la ocasión. La placa de du Lac Sevres y la placa de Jorge II de Trevenna estaban fuera; también lo fue el van der Luyden "Lowestoft" (Compañía de las Indias Orientales) y el Derby de la Corona de Dagonet. La señora van der Luyden se parecía más que nunca a un Cabanel, y la señora Archer, con las perlas y esmeraldas de su abuela, le recordaba a su hijo una miniatura de Isabey. Todas las damas llevaban puestas sus joyas más hermosas, pero era característico de la casa y de la ocasión que éstas estuvieran en su mayoría en ambientes bastante pesados y anticuados; y la vieja señorita Lanning, a la que habían persuadido para que viniera, llevaba en realidad los camafeos de su madre y un chal rubio español.

La condesa Olenska era la única joven en la cena; sin embargo, cuando Archer examinó los rostros ancianos regordetes y lisos entre sus collares de diamantes y sus imponentes plumas de avestruz, le parecieron curiosamente inmaduros en comparación con los de ella. Le asustaba pensar en lo que debía de haber sido la creación de sus ojos.

El duque de St. Austrey, que estaba sentado a la derecha de su anfitriona, fue naturalmente la figura principal de la noche. Pero si la condesa Olenska era menos llamativa de lo que se esperaba, el duque era casi invisible. Siendo un hombre bien educado, no había acudido a la cena (como otro visitante ducal reciente) con una chaqueta de tiro; Pero sus ropas de noche eran tan raídas y holgadas, y las llevaba con tal aire de estar hechas en casa, que (con su forma de sentarse encorvada y la vasta barba que se extendía sobre la parte delantera de su camisa) apenas daba la impresión de estar en traje de cena. Era bajo, de hombros redondos, quemado por el sol, con una nariz gruesa, ojos pequeños y una sonrisa sociable; Pero rara vez hablaba, y cuando lo hacía lo hacía en un tono tan bajo que, a pesar de los frecuentes silencios de expectación en torno a la mesa, sus comentarios se perdían para todos, excepto para sus vecinos.

Cuando los hombres se unieron a las damas después de la cena, el duque se acercó directamente a la condesa Olenska, se sentaron en un rincón y se sumergieron en una animada conversación. Ninguno de los dos parecía darse cuenta de que el duque debía haber presentado primero sus respetos a la señora Lovell Mingott y a la señora Headly Chivers, y la condesa había conversado con ese amable hipocondríaco, el señor Urban Dagonet de Washington Square, quien, para tener el placer de conocerla, había roto su regla fija de no salir a cenar entre enero y abril. Los dos charlaron juntos durante casi veinte minutos; entonces la condesa se levantó y, caminando sola por el amplio salón, se sentó al lado de Newland Archer.

No era costumbre en los salones de Nueva York que una dama se levantara y se alejara de un caballero para buscar la compañía de otro. La etiqueta exigía que ella esperara, inmóvil como un ídolo, mientras los hombres que deseaban conversar con ella se sucedían a su lado. Pero, al parecer, la condesa no era consciente de haber infringido ninguna regla; se sentó a gusto en un rincón del sofá junto a Archer, y lo miró con los ojos más amables.

—Quiero que me hables de May —dijo—.

En lugar de contestarle, le preguntó: —¿Conocía usted antes al duque?

—Oh, sí, solíamos verlo todos los inviernos en Niza. Es muy aficionado al juego, solía venir mucho a la casa. Lo dijo de la manera más sencilla, como si hubiera dicho: "Le gustan las flores silvestres"; y al cabo de un momento añadió con franqueza: —Creo que es el hombre más aburrido que he conocido.

Esto agradó tanto a su compañero que olvidó la ligera conmoción que le había causado su comentario anterior. Era innegablemente emocionante conocer a una dama que encontraba aburrido al duque de los van der Luydens y se atrevía a expresar esa opinión. Deseaba interrogarla, oír más sobre la vida que sus palabras descuidadas le habían dado una visión tan esclarecedora; Pero temía evocar recuerdos angustiosos, y antes de que pudiera pensar en algo que decir, ella se había desviado de nuevo a su tema original.

"May es una querida; No he visto a ninguna joven en Nueva York tan guapa y tan inteligente. ¿Estás muy enamorado de ella?

Newland Archer enrojeció y se echó a reír. "Tanto como puede ser un hombre".

Ella continuó considerándolo pensativamente, como para no perder ningún matiz de significado en lo que él dijo: —¿Crees que, entonces, hay un límite?

—¿A estar enamorado? ¡Si lo hay, no lo he encontrado!"

Ella brillaba de simpatía. —Ah... ¿es real y verdaderamente un romance?

"¡El más romántico de los romances!"

"¡Qué delicia! Y lo descubristeis todo por vosotros mismos, ¿no estaba arreglado para vosotros en lo más mínimo?

Archer la miró con incredulidad. —¿Ha olvidado —preguntó con una sonrisa— que en nuestro país no permitimos que se nos arreglen matrimonios?

Un rubor oscuro subió a su mejilla, y él se arrepintió instantáneamente de sus palabras.

—Sí —contestó ella—, lo había olvidado. Debes perdonarme si a veces cometo estos errores. No siempre recuerdo que aquí todo es bueno, que era, que era malo en el lugar de donde vengo". Ella miró a su abanico vienés de plumas de águila, y él vio que le temblaban los labios.

—Lo siento mucho —dijo impulsivamente—; "pero tú estás entre amigos aquí, ¿sabes?"

—Sí, lo sé. Dondequiera que voy, tengo esa sensación. Por eso volví a casa. Quiero olvidarme de todo lo demás, volver a ser un americano completo, como los Mingott y los Welland, y tú y tu encantadora madre, y todas las demás buenas personas que están aquí esta noche. Ah, aquí está May llegando, y querrás darte prisa en ir a verla -añadió, pero sin moverse-; Y sus ojos se apartaron de la puerta para posarse en el rostro del joven.

Los salones empezaban a llenarse de invitados a la sobremesa y, siguiendo la mirada de la señora Olenska, Archer vio entrar a May Welland con su madre. Con su vestido blanco y plateado, con una corona de flores plateadas en el cabello, la chica alta parecía una Diana recién salida de la persecución.

—Oh —dijo Archer—, tengo tantos rivales; Ya ves que ya está rodeada. Ahí está el Duque que está siendo presentado".

—Entonces quédate conmigo un poco más —dijo la señora Olenska en voz baja, tocándole la rodilla con su abanico emplumado—. Era el toque más leve, pero lo estremecía como una caricia.

—Sí, déjame quedarme —respondió en el mismo tono, sin saber casi nada de lo que decía—; pero en ese momento se acercó el señor van der Luyden, seguido del viejo señor Urban Dagonet. La condesa los saludó con su grave sonrisa, y Archer, sintiendo la mirada admonitoria de su anfitrión sobre él, se levantó y cedió su asiento.

Madame Olenska le tendió la mano como para despedirse de él.

-Mañana, pues, después de las cinco, te esperaré -dijo ella-; y luego se volvió para dejar sitio al señor Dagonet.

—Mañana... —se oyó Archer repetir a sí mismo, aunque no había habido ningún compromiso, y durante su conversación ella no le había dado ninguna pista de que deseara volver a verlo.

Al alejarse, vio a Lawrence Lefferts, alto y resplandeciente, conduciendo a su esposa para ser presentado; y oyó decir a Gertrude Lefferts, mientras sonreía a la condesa con su gran sonrisa inadvertida: «Pero creo que íbamos juntas a la escuela de baile cuando éramos niñas...» Detrás de ella, esperando su turno para nombrarse ante la condesa, Archer se fijó en varias parejas recalcitrantes que se habían negado a reunirse con ella en casa de la señora Lovell Mingott. Como observó la señora Archer: cuando los van der Luyden elegían, sabían cómo dar una lección. Lo asombroso era que eligieran tan raramente.

El joven sintió un roce en su brazo y vio a la señora van der Luyden mirándolo desde la pura eminencia del terciopelo negro y los diamantes de la familia. —Ha sido usted muy amable, querido Newland, dedicarse tan desinteresadamente a la señora Olenska. Le dije a tu primo Henry que realmente debía venir al rescate.

Él se dio cuenta de que le sonreía vagamente, y ella añadió, como si fuera condescendiente con su timidez natural: —Nunca he visto a May más guapa. El duque piensa que es la chica más guapa de la habitación.

IX.

La condesa Olenska había dicho: «Después de las cinco»; y a la hora y media, Newland Archer tocó el timbre de la casa de estuco descascarado con una glicina gigante estrangulando su débil balcón de hierro fundido, que había alquilado, en la calle Veintitrés Oeste, a la vagabunda Medora.

Sin duda, era un barrio extraño en el que haberse instalado. Pequeños modistas, rellenadores de pájaros y "gente que escribía" eran sus vecinos más cercanos; y más adelante en la calle desaliñada, Archer reconoció una casa de madera en ruinas, al final de un camino empedrado, en la que un escritor y periodista llamado Winsett, con quien solía cruzarse de vez en cuando, había mencionado que vivía. Winsett no invitaba a la gente a su casa; pero una vez se lo había señalado a Archer en el curso de un paseo nocturno, y éste se había preguntado, con un poco de escalofrío, si las humanidades estaban tan mezquinamente alojadas en otras capitales.

La propia morada de Madame Olenska fue redimida de su mismo aspecto sólo por un poco más de pintura en los marcos de las ventanas; y mientras Archer reunía su modesto frente, se dijo a sí mismo que el conde polaco debía de haberle robado su fortuna así como sus ilusiones.

El joven había pasado un día insatisfactorio. Había almorzado con los Welland, con la esperanza de llevar a May a dar un paseo por el parque. Quería tenerla para él, decirle lo encantadora que había estado la noche anterior y lo orgulloso que estaba de ella, y presionarla para que apresurara su matrimonio. Pero la señora Welland le había recordado con firmeza que la ronda de visitas familiares no había terminado y, cuando él insinuó que adelantaría la fecha de la boda, levantó las cejas de reproche y suspiró: —Doce docenas de todo, bordadas a mano...

Apiñados en el landau familiar, rodaron de una puerta tribal a otra, y Archer, cuando terminó la ronda de la tarde, se separó de su prometida con la sensación de que había sido exhibido como un animal salvaje astutamente atrapado. Suponía que sus lecturas de antropología le hacían tener una visión tan tosca de lo que, después de todo, era una demostración simple y natural del sentimiento familiar; pero cuando recordó que los Welland no esperaban que la boda se celebrara hasta el otoño siguiente, y se imaginó lo que sería su vida hasta entonces, una humedad se apoderó de su espíritu.

—Mañana —le dijo la señora Welland—, haremos los Chiversos y los Dallas; Y se dio cuenta de que ella estaba repasando sus dos familias por orden alfabético, y que sólo estaban en el primer cuarto del alfabeto.

Tenía la intención de comunicarle a May la petición de la condesa Olenska —más bien de su orden— de que la visitara esa tarde; Pero en los breves momentos en que estuvieron solos, había tenido cosas más urgentes que decir. Además, le parecía un poco absurdo aludir al asunto. Sabía que May quería especialmente que él fuera amable con su prima; ¿No era ese deseo el que había apresurado el anuncio de su compromiso? Le dio la extraña sensación de pensar que, de no haber sido por la llegada de la condesa, podría haber sido, si no todavía un hombre libre, al menos un hombre menos irrevocablemente comprometido. Pero May así lo había querido, y él se sintió de alguna manera liberado de más responsabilidades y, por lo tanto, en libertad, si así lo deseaba, de visitar a su prima sin decírselo.

Mientras estaba en el umbral de Madame Olenska, la curiosidad era su sentimiento más predominado. Estaba desconcertado por el tono con el que ella lo había llamado; Llegó a la conclusión de que era menos sencilla de lo que parecía.

Abrió la puerta una doncella morena de aspecto extranjero, con un pecho prominente bajo un alegre pañuelo, a la que imaginó vagamente que era siciliana. Ella le dio la bienvenida con todos sus dientes blancos, y respondiendo a sus preguntas con un movimiento de cabeza de incomprensión, lo condujo a través del estrecho vestíbulo hasta un salón bajo iluminado por la chimenea. La habitación estaba vacía, y ella lo dejó, durante un buen rato, preguntándose si había ido a buscar a su señora, o si no había entendido para qué estaba allí, y pensó que podría ser para dar cuerda al reloj, del que se dio cuenta de que el único ejemplar visible se había detenido. Sabía que las razas del sur se comunicaban entre sí en el lenguaje de la pantomima, y se sintió mortificado al encontrar sus encogimiento de hombros y sonrisas tan ininteligibles. Al fin volvió con una lámpara; y Archer, después de haber compuesto entretanto una frase de Dante y Petrarca, evocó la respuesta: «La signora e fuori; ma verra subito"; lo que él interpretó como lo siguiente: "Ella está fuera, pero pronto lo verás".

Lo que vio, mientras tanto, con la ayuda de la lámpara, era el encanto sombrío y desvaído de una habitación diferente a cualquier habitación que hubiera conocido. Sabía que la condesa Olenska había traído consigo algunas de sus posesiones —pedazos de escombros, como ella los llamaba— y éstos, supuso, estaban representados por unas mesitas delgadas de madera oscura, un delicado bronce griego en la chimenea y un trozo de damasco rojo clavado en el papel pintado descolorido detrás de un par de cuadros de aspecto italiano en marcos viejos.

Newland Archer se enorgullecía de su conocimiento del arte italiano. Su niñez había estado saturada de Ruskin, y había leído todos los libros más recientes: John Addington Symonds, el "Euphorion" de Vernon Lee, los ensayos de P. G. Hamerton y un nuevo y maravilloso volumen llamado "El Renacimiento" de Walter Pater. Hablaba con facilidad de Botticelli, y hablaba de Fra Angelico con una leve condescendencia. Pero estos cuadros le desconcertaban, porque no se parecían a nada de lo que estaba acostumbrado a mirar (y por lo tanto podía ver) cuando viajaba por Italia; Y quizás, también, su capacidad de observación se vio mermada por la rareza de encontrarse en aquella extraña casa vacía, donde al parecer nadie le esperaba. Lamentaba no haber informado a May Welland de la petición de la condesa Olenska, y estaba un poco perturbado por la idea de que su prometida pudiera ir a ver a su prima. ¿Qué pensaría ella si lo encontrara sentado allí con el aire de intimidad que implica esperar solo en el crepúsculo junto a la chimenea de una dama?

Pero como había llegado, pensaba esperar; Y se dejó caer en una silla y estiró los pies hasta los troncos.

Era extraño haberlo convocado de esa manera y luego olvidarlo; pero Archer se sintió más curioso que mortificado. La atmósfera de la habitación era tan diferente de cualquier otra que hubiera respirado que la conciencia de sí mismo se desvaneció en el sentido de la aventura. Había estado antes en salones tapizados con damasco rojo, con cuadros «de la escuela italiana»; lo que le llamó la atención fue la forma en que la desvencijada casa de alquiler de Medora Manson, con su fondo marchito de hierba de la pampa y estatuillas de Rogers, se había transformado, con un giro de la mano y el hábil uso de algunas propiedades, en algo íntimo, «extranjero», sutilmente sugestivo de viejas escenas y sentimientos románticos. Trató de analizar el truco, de encontrar una pista en la forma en que estaban agrupadas las sillas y las mesas, en el hecho de que en el delgado jarrón que tenía a su lado sólo se habían colocado dos rosas Jacqueminot (de las que nadie compraba nunca menos de una docena), y en el vago perfume que no era el que se pone en los pañuelos. sino más bien como el aroma de un bazar lejano, un olor hecho de café turco y ámbar gris y rosas secas.

Su mente se desvió hacia la cuestión de cómo sería el salón de May. Sabía que el señor Welland, que se estaba comportando «muy bien», ya tenía el ojo puesto en una casa recién construida en la calle Treinta y nueve Este. Se pensaba que el barrio era remoto, y la casa estaba construida con una espantosa piedra de color amarillo verdoso que los arquitectos más jóvenes empezaban a emplear como protesta contra la piedra rojiza cuyo tono uniforme cubría Nueva York como una salsa fría de chocolate; Pero la plomería era perfecta. A Archer le hubiera gustado viajar, para aplazar la cuestión de la vivienda; pero, aunque los Welland aprobaban una luna de miel prolongada en Europa (tal vez incluso un invierno en Egipto), se mantuvieron firmes en cuanto a la necesidad de una casa para la pareja que regresaba. El joven sintió que su destino estaba sellado: durante el resto de su vida subiría todas las tardes entre las rejas de hierro fundido de aquel umbral amarillo verdoso, y pasaría a través de un vestíbulo pompeyano a un vestíbulo con un revestimiento de madera amarilla barnizada. Pero más allá de eso, su imaginación no podía viajar. Sabía que el salón de arriba tenía un ventanal, pero no podía imaginar cómo se las arreglaría May. Se sometió alegremente a los mechones de satén púrpura y amarillos del salón Welland, a sus falsas mesas de Buhl y a sus vitrinas doradas llenas de sajón moderno. No veía ninguna razón para suponer que ella querría algo diferente en su propia casa; y su único consuelo era pensar que probablemente ella le dejaría arreglar su biblioteca a su antojo, que sería, por supuesto, con muebles «sinceros» de Eastlake y las sencillas estanterías nuevas sin puertas de cristal.

La criada de pechos redondos entró, corrió las cortinas, apartó un tronco y dijo consoladoramente: Cuando se hubo marchado, Archer se levantó y empezó a deambular. ¿Debería esperar más? Su posición se estaba volviendo bastante insensata. Tal vez había entendido mal a Madame Olenska, tal vez ella no lo había invitado después de todo.

Por los adoquines de la tranquila calle llegaba el repiqueteo de los cascos de un escalador; Se detuvieron ante la casa, y él alcanzó a abrir la puerta de un carruaje. Abrió las cortinas y miró hacia el crepúsculo. Frente a él había una farola y, a su luz, vio el compacto brougham inglés de Julio Beaufort, tirado por un gran ruano, y al banquero que descendía de él y ayudaba a la señora Olenska.

Beaufort estaba de pie, sombrero en mano, diciendo algo que su compañero pareció negar; Luego se dieron la mano, y él saltó a su carruaje mientras ella subía los escalones.

Cuando entró en la habitación, no mostró sorpresa al ver a Archer allí; La sorpresa parecía la emoción a la que era menos adicta.

"¿Qué te parece mi divertida casa?", preguntó. "Para mí es como el cielo".

Mientras hablaba, desató su pequeño sombrero de terciopelo y, arrojándolo con su larga capa, se quedó mirándolo con ojos meditativos.

—Lo has arreglado deliciosamente —replicó él, consciente de la planitud de las palabras, pero aprisionado en lo convencional por su deseo devorador de ser simple y llamativo—.

"Oh, es un pobre lugarcito. Mis parientes lo desprecian. Pero, en cualquier caso, es menos sombría que la de los van der Luydens.

Las palabras le provocaron una descarga eléctrica, pues pocos eran los espíritus rebeldes que se habrían atrevido a llamar sombría la majestuosa casa de los van der Luydens. Los privilegiados que podían entrar en ella se estremecían allí y hablaban de ella como "hermosa". Pero de repente se alegró de que ella hubiera dado voz al escalofrío general.

—Es delicioso lo que has hecho aquí —repitió—.

—Me gusta la casita —admitió ella—; pero supongo que lo que me gusta es la bendición de que esté aquí, en mi propio país y en mi propia ciudad; y luego, de estar solo en ella". Hablaba tan bajo que apenas oyó la última frase; pero en su torpeza lo aceptó.

—¿Te gusta tanto estar solo?

—Sí; siempre y cuando mis amigos eviten que me sienta solo". Se sentó cerca del fuego, dijo: «Nastasia traerá el té enseguida», y le hizo señas para que volviera a su sillón, añadiendo: «Veo que ya has elegido tu rincón».

Inclinándose hacia atrás, cruzó los brazos detrás de la cabeza y miró el fuego bajo los párpados caídos.

—Esta es la hora que más me gusta, ¿no es así?

Un sentido adecuado de su dignidad le hizo contestar: "Tenía miedo de que te hubieras olvidado de la hora. Beaufort debe haber sido muy absorbente".

Parecía divertida. —¿Por qué..., has esperado mucho? El señor Beaufort me llevó a ver varias casas, ya que parece que no se me va a permitir quedarme en ésta. Pareció descartar de su mente tanto a Beaufort como a él mismo, y prosiguió: —Nunca he estado en una ciudad en la que parezca haber tal sentimiento en contra de vivir en des quartiers excentriques. ¿Qué importa dónde se vive? Me han dicho que esta calle es respetable.

"No está de moda".

"¡A la moda! ¿Pensáis tanto en eso? ¿Por qué no hacer las propias modas? Pero supongo que he vivido de manera demasiado independiente; en cualquier caso, quiero hacer lo que todos ustedes hacen: quiero sentirme cuidada y segura".

Se sintió conmovido, como lo había estado la noche anterior cuando ella habló de su necesidad de orientación.

"Eso es lo que tus amigos quieren que sientas. Nueva York es un lugar terriblemente seguro", añadió con un destello de sarcasmo.

"Sí, ¿no? Eso se siente", exclamó, extrañando la burla. "Estar aquí es como si te llevaran de vacaciones cuando una ha sido una buena niña y ha hecho todas sus lecciones".

La analogía era bien intencionada, pero no le agradó del todo. No le importaba hablar frívolamente de Nueva York, pero no le gustaba oír a nadie más adoptar el mismo tono. Se preguntó si no habría empezado a darse cuenta de lo potente que era el motor y de lo cerca que había estado de aplastarla. La cena de los Lovell Mingotts, remendada in extremis por todo tipo de adversidades sociales, debería haberle enseñado la estrechez de su escape; pero, o bien no se había dado cuenta desde el principio de haber evitado el desastre, o bien lo había perdido de vista en el triunfo de la noche de van der Luyden. Archer se inclinó por la primera teoría; se imaginó que su Nueva York seguía siendo completamente indiferenciada, y la conjetura le enredó.

—Anoche —dijo—, Nueva York se preparó para ti. Los van der Luyden no hacen nada a medias.

"No: ¡qué amables son! Fue una fiesta muy bonita. Todo el mundo parece tenerles una gran estima".

Las condiciones no eran adecuadas; Podría haber hablado de esa manera de una fiesta de té en casa de la querida señorita Lannings.

—Los van der Luydens —dijo Archer, sintiéndose pomposo mientras hablaba— son la influencia más poderosa de la sociedad neoyorquina. Desgraciadamente, debido a su salud, reciben muy raramente".

Ella desjuntó las manos de detrás de la cabeza y lo miró meditativamente.

—¿No es acaso esa la razón?

—¿La razón...?

"Por su gran influencia; que se hacen tan raros".

Se sonrojó un poco, la miró fijamente, y de repente sintió la penetración de la observación. De un plumazo había pinchado a los van der Luyden y se habían desplomado. Se rió y los sacrificó.

Nastasia trajo el té, con tazas japonesas sin asa y pequeños platos cubiertos, colocando la bandeja sobre una mesa baja.

—Pero usted me explicará estas cosas, me dirá todo lo que debería saber —continuó la señora Olenska, inclinándose hacia delante para entregarle su taza—.

"Eres tú quien me lo dice; abriendo los ojos a cosas que había mirado durante tanto tiempo que había dejado de verlas".

Sacó una pequeña pitillera dorada de uno de sus brazaletes, se la tendió y se fumó un cigarrillo ella misma. En la chimenea había largos vertederos para alumbrarlos.

"Ah, entonces los dos podemos ayudarnos mutuamente. Pero quiero ayuda mucho más. Tienes que decirme lo que tengo que hacer.

Estaba en la punta de la lengua para responder: «No se le vea conduciendo por las calles con Beaufort...», pero se estaba sumergiendo demasiado en la atmósfera de la habitación, que era la atmósfera de ella, y dar un consejo de ese tipo habría sido como decirle a alguien que estaba regateando rosas en Samarcanda que siempre habría que provenir de árticos para el invierno de Nueva York. Nueva York parecía mucho más lejana que Samarcanda, y si realmente iban a ayudarse mutuamente, ella estaba prestando lo que podría ser el primero de sus servicios mutuos al hacerle mirar objetivamente a su ciudad natal. Visto así, como a través del extremo equivocado de un telescopio, parecía desconcertantemente pequeño y distante; pero luego desde Samarcanda lo haría.

Una llama salió de los troncos y ella se inclinó sobre el fuego, estirando sus delgadas manos tan cerca de él que un tenue halo brilló alrededor de las uñas ovaladas. La luz tocó para rojizar los rizos de cabello oscuro que escapaban de sus trenzas, e hizo que su pálido rostro palideciera.

—Hay mucha gente que te dirá lo que tienes que hacer —replicó Archer, oscuramente envidioso de ellos—.

—Oh... ¿todas mis tías? ¿Y mi querida abuelita? Consideró la idea con imparcialidad. "Todos están un poco molestos conmigo por haberme arreglado para mí mismo, especialmente la pobre abuelita. Quería tenerme con ella; pero yo tenía que ser libre... -Le impresionó esta manera ligera de hablar de la formidable Catherine, y se conmovió al pensar en lo que debía de haber dado a madame Olenska esta sed de libertad incluso de la más solitaria. Pero la idea de Beaufort lo carcomía.

—Creo que entiendo cómo te sientes —dijo—. "Aun así, tu familia puede aconsejarte; explicar las diferencias; mostrarte el camino".

Levantó sus finas cejas negras. "¿Es Nueva York un laberinto? Lo pensé de arriba abajo, como la Quinta Avenida. ¡Y con todas las calles transversales numeradas!" Ella pareció adivinar su leve desaprobación al respecto, y añadió, con la rara sonrisa que encantó todo su rostro: —¡Si supieras cuánto me gusta precisamente por eso: los altibajos y las grandes etiquetas honestas en todo!

Vio su oportunidad. "Todo puede estar etiquetado, pero no todo el mundo lo está".

—Quizás. Puede que simplifique demasiado, pero me advertirás si lo hago. Ella se apartó del fuego para mirarlo. "Solo hay dos personas aquí que me hacen sentir como si entendieran lo que quiero decir y pudieran explicarme las cosas: usted y el señor Beaufort".

Archer hizo una mueca de dolor al unir los nombres, y luego, con un rápido reajuste, comprendió, simpatizó y se compadeció. Debió de vivir tan cerca de los poderes del mal que aún respiraba más libremente en su aire. Pero como ella sentía que él también la comprendía, su tarea consistiría en hacerla ver a Beaufort tal como era en realidad, con todo lo que representaba, y aborrecerlo.

Él respondió gentilmente: "Entiendo. Pero al principio no sueltes las manos de tus viejas amigas: me refiero a las mujeres mayores, a tu abuela

Mingott, a la señora Welland, a la señora van der Luyden. Les gustas y te admiran, quieren ayudarte".

Ella negó con la cabeza y suspiró. —¡Oh, lo sé, lo sé! Pero con la condición de que no escuchen nada desagradable. La tía Welland lo expresó con esas mismas palabras cuando lo intenté... ¿Nadie quiere saber la verdad aquí, señor Archer? ¡La verdadera soledad es vivir entre todas estas personas amables que solo le piden a uno que finja!" Ella se llevó las manos a la cara, y él vio sus delgados hombros sacudidos por un sollozo.

—¡Madame Olenska!... ¡Oh, no lo hagas, Ellen! —exclamó él, levantándose y inclinándose sobre ella—. Bajó una de sus manos, apretándola y frotándola como las de un niño mientras murmuraba palabras tranquilizadoras; Pero al cabo de un instante se liberó y lo miró con las pestañas mojadas.

—¿Aquí tampoco llora nadie? Supongo que no hay necesidad de hacerlo, en el cielo -dijo ella, enderezándose las trenzas sueltas con una sonrisa y inclinándose sobre la tetera-. Estaba grabado a fuego en su conciencia que la había llamado «Ellen», que la había llamado así dos veces; y que ella no se había dado cuenta. A lo lejos, por el telescopio invertido, vio la tenue figura blanca de May Welland, en Nueva York.

De repente, Nastasia asomó la cabeza para decir algo en su rico italiano.

Madame Olenska, de nuevo con una mano en el pelo, lanzó una exclamación de asentimiento —un «Gia-gia» fulgurante— y el duque de St. Austrey entró, pilotando una tremenda dama de pelucas negras y plumas rojas vestida con pieles rebosantes.

—Mi querida condesa, he traído a una vieja amiga mía a verla, la señora Struthers. No la invitaron a la fiesta anoche, y quiere conocerte.

El duque sonrió al grupo, y Madame Olenska avanzó con un murmullo de bienvenida hacia la extraña pareja. Parecía no tener ni idea de lo extrañamente emparejados que eran, ni de la libertad que el duque se había tomado al llevar a su compañero, y para hacerle justicia, como Archer percibió, el duque parecía ignorarlo él mismo.

—Por supuesto que quiero conocerte, querida —exclamó la señora Struthers con una voz redonda y ondulante que combinaba con sus atrevidas plumas y su peluca de bronce—. "Quiero conocer a todos los que son jóvenes, interesantes y encantadores. Y el duque me dice que a usted le gusta la música, ¿no es así, duque? ¿Eres pianista, creo? Bueno, ¿quieres oír a Sarasate tocar mañana por la noche en mi casa? Sabes que tengo algo que hacer todos los domingos por la noche: es el día en que Nueva York no sabe qué hacer consigo misma, y por eso le digo: 'Ven y diviértete'. Y el duque pensó que te tentarías con Sarasate. Encontrarás a varios de tus amigos.

El rostro de la señora Olenska se iluminó de placer. "¡Qué amable! ¡Qué bien que el duque piense en mí! Acercó una silla a la mesa de té y la señora Struthers se hundió en ella deliciosamente. —Por supuesto que estaré demasiado contento de venir.

—Está bien, querida. Y traiga a su joven caballero con usted. -La señora Struthers le tendió la mano a Archer-. No puedo nombrarte, pero estoy seguro de que te he conocido, he conocido a todo el mundo, aquí, en París o en Londres. ¿No te dedicas a la diplomacia? Todos los diplomáticos acuden a mí. ¿A ti también te gusta la música? Duque, debes estar seguro de traerlo.

El duque dijo «Rather» desde el fondo de su barba, y Archer se retiró con una rígida reverencia circular que le hizo sentirse tan lleno de espinas dorsales como un colegial colegial acomplejado entre ancianos descuidados e inadvertidos.

No se arrepintió del desenlace de su visita: sólo deseó que hubiera llegado antes y que le hubiera ahorrado un cierto derroche de emoción. Al salir en la noche invernal, Nueva York volvió a ser vasta e inminente, y May Welland se convirtió en la mujer más hermosa de ella. Se dirigió a su floristería para enviarle la caja diaria de lirios de los valles que, para su confusión, descubrió que había olvidado esa mañana.

Mientras escribía una palabra en su tarjeta y esperaba un sobre, echó un vistazo a la tienda llena de adornos, y sus ojos se iluminaron en un ramo de rosas amarillas. Nunca antes había visto ninguno tan dorado por el sol, y su primer impulso fue enviárselos a May en lugar de a los lirios. Pero no se parecían a ella: había algo demasiado rico, demasiado fuerte, en su ardiente belleza. En un súbito arrebato de humor, y casi sin saber lo que hacía, hizo señas a la floristería para que pusiera las rosas en otra caja larga, y metió su tarjeta en un segundo sobre, en el que escribió el nombre de la condesa Olenska; Luego, justo cuando se estaba alejando, volvió a sacar la tarjeta y dejó el sobre vacío en la caja.

—¿Se irán enseguida? —preguntó, señalando las rosas.

El florista le aseguró que lo harían.

X.

Al día siguiente persuadió a May para que se escapara a dar un paseo por el parque después del almuerzo. Como era costumbre en la antigua Nueva York episcopal, solía acompañar a sus padres a la iglesia los domingos por la tarde; pero la señora Welland condonó su absentismo escolar, habiéndola convencido esa misma mañana de la necesidad de un largo compromiso, con tiempo para preparar un ajuar bordado a mano que contenía el número adecuado de docenas.

El día fue delicioso. La bóveda desnuda de los árboles a lo largo del Mall estaba cubierta de lapislázuli y se arqueaba sobre la nieve que brillaba como cristales astillados. Era el tiempo que anunciaba el resplandor de May, y ardía como un joven arce en la escarcha. Archer estaba orgulloso de las miradas que se dirigían a ella, y la simple alegría de la posesión despejó sus perplejidades subyacentes.

"Es tan delicioso, ¡despertarse cada mañana para oler lirios de los valles en la habitación de uno!", dijo.

"Ayer llegaron tarde. No tuve tiempo por la mañana...

Pero el hecho de que te acuerdes de enviarlos cada día me hace quererlos mucho más que si les hubieras dado una orden permanente, y venían todas las mañanas en el acto, como el profesor de música de uno, como sé que lo hizo Gertrude Lefferts, por ejemplo, cuando ella y Lawrence estaban comprometidos.

—¡Ah, lo harían! —rió Archer, divertido por su entusiasmo—. Miró de reojo su mejilla frutal y se sintió lo suficientemente rico y seguro como para añadir: —Cuando envié tus lirios ayer por la tarde, vi unas rosas amarillas bastante hermosas y se las llevé a la señora Olenska. ¿Era así?

"¡Qué querida eres! Cualquier cosa de ese tipo la deleita. Es curioso que no lo mencionara: hoy ha almorzado con nosotros y ha hablado de que el señor Beaufort le había enviado a sus maravillosas orquídeas y a su primo Henry van der Luyden una cesta entera de claveles de Skuytercliff. Parece tan sorprendida de recibir flores. ¿La gente no los envía a Europa? A ella le parece una costumbre muy bonita".

—Oh, bueno, no es de extrañar que los míos se vieran eclipsados por los de Beaufort —dijo Archer irritado—. Entonces recordó que no había puesto una tarjeta con las rosas, y se sintió molesto por haber hablado de ellas. Quería decir: "Ayer llamé a tu primo", pero vaciló. Si la señora Olenska no hubiera hablado de su visita, podría parecer extraño que lo hiciera. Sin embargo, no hacerlo le daba al asunto un aire de misterio que no le gustaba. Para librarse de la pregunta, empezó a hablar de sus propios planes, de su futuro y de la insistencia de la señora Welland en un compromiso a largo plazo.

"¡Si lo llamas largo! Isabel Chivers y Reggie estuvieron comprometidos durante dos años, Grace y Thorley durante casi un año y medio. ¿Por qué no estamos tan bien como estamos?

Era el tradicional interrogatorio de una doncella, y se sintió avergonzado de sí mismo por encontrarlo singularmente infantil. Sin duda, ella simplemente se hizo eco de lo que se decía de ella; Pero ella estaba a punto de cumplir veintidós años, y él se preguntaba a qué edad las mujeres "agradables" empezaban a hablar por sí mismas.

—Nunca, si no se lo permitimos, supongo —musitó, y recordó su arrebato de locura ante el señor Sillerton Jackson—: Las mujeres deberían ser tan libres como nosotras...

Pronto sería su tarea quitar la venda de los ojos de esta joven y pedirle que mirara al mundo. Pero, ¿cuántas generaciones de las mujeres que habían ido a su creación habían descendido vendadas al panteón familiar? Se estremeció un poco, recordando algunas de las nuevas ideas de sus libros científicos, y el muy citado caso del pez de las cavernas de Kentucky, que había dejado de desarrollar ojos porque no les servían. ¿Y si, cuando él hubiera pedido a May Welland que abriera la suya, sólo pudieran mirar fijamente a la inexpresividad?

"Podríamos estar mucho mejor. Podríamos estar juntos juntos, podríamos viajar".

Su rostro se iluminó. "Eso sería encantador", reconoció: le encantaría viajar. Pero su madre no entendería que quisieran hacer las cosas de manera tan diferente.

"¡Como si el mero 'diferente' no lo explicara!", insistió el cortejador.

—¡Nueva York! ¡Eres tan original!", exclamó exultante.

Su corazón se hundió, porque vio que estaba diciendo todas las cosas que se esperaba que dijeran los jóvenes en la misma situación, y que ella estaba dando las respuestas que el instinto y la tradición le enseñaban a dar, incluso hasta el punto de llamarlo original.

"¡Original! Todos somos tan parecidos unos a otros como esas muñecas recortadas en el mismo papel doblado. Somos como patrones estampados en una pared. ¿No podemos tú y yo luchar por nosotros mismos, May?"

Él se había detenido y la había mirado en medio de la excitación de su conversación, y sus ojos se posaron en él con una brillante admiración.

"Mercy, ¿nos fugamos?", se rió.

—Si quisieras...

—¡Me quieres, Newland! Estoy muy feliz".

"Pero entonces... ¿por qué no ser más feliz?"

"Pero no podemos comportarnos como las personas de las novelas, ¿verdad?"

—¿Por qué no, por qué no, por qué no?

Parecía un poco aburrida por su insistencia. Sabía muy bien que no podían, pero era problemático tener que dar una razón. "No soy lo suficientemente inteligente como para discutir contigo. Pero ese tipo de cosas son más bien... vulgares, ¿no es así? -sugirió ella, aliviada de haber dado con una palabra que seguramente extinguiría todo el tema.

—¿Tanto miedo tienes, pues, de ser vulgar?

Evidentemente estaba asombrada por esto. —Por supuesto que yo lo odiaría, tú también —replicó ella, un poco irritada—.

Permaneció en silencio, golpeando nerviosamente su bastón contra la bota; y sintiendo que había encontrado la manera correcta de cerrar la discusión, prosiguió alegremente: —Oh, ¿le dije que le mostré a Ellen mi anillo? Piensa que es el escenario más hermoso que ha visto en su vida. No hay nada igual en la rue de la Paix, dijo. ¡Te quiero, Newland, por ser tan artístico!

A la tarde siguiente, mientras Archer, antes de la cena, se sentaba a fumar hoscamente en su estudio, Janey se acercó a él. No se había detenido en su club al subir de la oficina donde ejercía la profesión de abogado con la tranquilidad habitual de los neoyorquinos acomodados de su clase. Estaba desanimado y un poco desfasado, y un horror inquietante de hacer lo mismo todos los días a la misma hora asediaba su cerebro.

—¡Igualdad, igualdad! —murmuró, y la palabra le recorrió la cabeza como una melodía persecutoria al ver las conocidas figuras de sombrero alto que descansaban detrás del cristal—. Y como solía pasar por el club a esa hora, se había ido a casa. Sabía no sólo de qué iban a estar hablando, sino también la parte que cada uno tomaría en la discusión. El duque, por supuesto, sería su tema principal; aunque la aparición en la Quinta Avenida de una dama de cabellos dorados con un pequeño brougham color canario y un par de mazorcas negras (de la que generalmente se pensaba que Beaufort era responsable) también sería indudablemente investigada a fondo. Tales «mujeres» (como se las llamaba) eran pocas en Nueva York, las que conducían sus propios carruajes aún menos, y la aparición de la señorita Fanny Ring en la Quinta Avenida a la hora de moda había agitado profundamente a la sociedad. El día anterior, su carruaje había pasado por delante del de la señora Lovell Mingott, y ésta había tocado al instante la campanilla que tenía en el codo y había ordenado al cochero que la llevara a casa. "¿Y si le hubiera pasado a la señora van der Luyden?", se preguntaba la gente entre sí con un estremecimiento. Archer podía oír a Lawrence Lefferts, en ese mismo momento, hablando de la desintegración de la sociedad.

Levantó la cabeza irritado cuando entró su hermana Janey, y luego se inclinó rápidamente sobre su libro (el «Chastelard» de Swinburne, que acababa de salir) como si no la hubiera visto. Echó una ojeada al escritorio lleno de libros, abrió un volumen de los Contes Drolatiques, hizo una mueca irónica sobre el francés arcaico y suspiró: —¡Qué cosas aprendidas leíste!

—¿Y bien...? —preguntó él, mientras ella se cernía ante él como Casandra.

"Mamá está muy enojada".

"¿Enojado? ¿Con quién? ¿Sobre qué?

La señorita Sophy Jackson acaba de estar aquí. Trajo la noticia de que su hermano vendría después de la cena: no pudo decir mucho, porque él se lo prohibió: él quería dar todos los detalles él mismo. Ahora está con su prima Louisa van der Luyden.

"Por el amor de Dios, mi querida niña, intenta un nuevo comienzo. Se necesitaría una Deidad omnisciente para saber de lo que estás hablando".

—No es momento de ser profano, Newland... Mamá ya se siente bastante mal porque no vas a la iglesia..."

Con un gemido, volvió a sumergirse en su libro.

—¡NEWLAND! Escucha. Su amiga madame Olenska estuvo anoche en la fiesta de la señora Lemuel Struthers: fue allí con el duque y el señor Beaufort.

Al oír la última frase de este anuncio, una ira insensata hinchó el pecho del joven. Para sofocarlo, se echó a reír. "Bueno, ¿qué hay de eso? Sabía que tenía la intención de hacerlo.

Janey palideció y sus ojos comenzaron a proyectarse. – ¿Sabías que tenía la intención de hacerlo... y no intentaste detenerla? ¿Para advertirle?

"¿Detenerla? ¿Advertirle? Volvió a reír. —¡No estoy comprometida para casarme con la condesa Olenska! Las palabras tenían un sonido fantástico en sus propios oídos.

– Te vas a casar con un miembro de su familia.

"¡Oh, familia, familia!", se burló.

—Newland, ¿no te importa la familia?

—Ni un penique de bronce.

—¿Ni en lo que pensará la prima Louisa van der Luyden?

—Ni la mitad de uno, si ella piensa que es una tontería de una doncella.

—Mamá no es una vieja doncella —dijo su hermana virgen con los labios apretados—.

Sintió ganas de gritarle: —Sí, lo es, y también lo son los van der Luyden, y así lo somos todos nosotros, cuando se trata de ser rozados por la punta de las alas de la Realidad. Pero vio su rostro largo y dulce que se fruncía en lágrimas, y se sintió avergonzado del dolor inútil que estaba infligiendo.

—¡Cuelguen a la condesa Olenska! No seas un ganso, Janey, yo no soy su guardián.

—No; pero SÍ le pediste a los Welland que anunciaran tu compromiso antes para que todos pudiéramos respaldarla; y si no hubiera sido por eso, la prima Luisa nunca la habría invitado a la cena del duque.

—Bueno... ¿qué hay de malo en invitarla? Era la mujer más guapa de la sala; hizo que la cena fuera un poco menos fúnebre que el banquete habitual de van der Luyden".

Sabes que el primo Henry le pidió que te complaciera: persuadió a la prima Louisa. Y ahora están tan molestos que van a volver a Skuytercliff mañana. Creo, Newland, que será mejor que bajes. Parece que no entiendes cómo se siente mamá.

En el salón, Newland encontró a su madre. Levantó una ceja preocupada de su costura para preguntar: "¿Te lo ha dicho Janey?"

—Sí. Trató de mantener un tono tan mesurado como el de ella. "Pero no puedo tomármelo muy en serio".

—¿No es el hecho de haber ofendido a la prima Luisa y al primo Enrique?

El hecho de que puedan sentirse ofendidos por una nimiedad como que la condesa Olenska vaya a casa de una mujer que consideran vulgar.

"¡Considera...!"

"Bueno, ¿quién es? pero que tiene buena música y divierte a la gente los domingos por la noche, cuando toda Nueva York se está muriendo de inanición".

"¿Buena música? Todo lo que sé es que había una mujer que se subió a una mesa y cantó las cosas que cantan en los lugares a los que vas en París. Había humo y champán".

"Bueno, ese tipo de cosas suceden en otros lugares, y el mundo sigue así".

—Supongo, querida, que realmente estás defendiendo el domingo francés.

—Te he oído muy a menudo, madre, quejarte del domingo inglés cuando hemos estado en Londres.

"Nueva York no es ni París ni Londres".

"¡Oh, no, no lo es!", gimió su hijo.

—¿Quieres decir, supongo, que la sociedad aquí no es tan brillante? Tienes razón, me atrevo a decir; Pero pertenecemos aquí, y la gente debe respetar nuestras costumbres cuando vienen entre nosotros. Ellen Olenska especialmente: regresó para alejarse del tipo de vida que la gente lleva en sociedades brillantes".

Newland no respondió, y al cabo de un momento su madre se aventuró: —Iba a ponerme el sombrero y pedirle que me llevara a ver a la prima Louisa un momento antes de la cena. Él frunció el ceño y ella continuó: "Pensé que podrías explicarle lo que acabas de decir: que la sociedad en el extranjero es diferente... que la gente no es tan particular, y que Madame Olenska puede no haberse dado cuenta de lo que sentimos acerca de estas cosas. Sería, ya sabes, querida -añadió con una inocente habilidad-, en interés de Madame Olenska que lo hicieras.

"Querida madre, realmente no veo cómo estamos preocupados en el asunto. El duque llevó a la señora Olenska a casa de la señora Struthers, de hecho, llevó a la señora Struthers a visitarla. Yo estaba allí cuando llegaron. Si los van der Luyden quieren pelearse con alguien, el verdadero culpable está bajo su propio techo.

"¿Pelea? Newland, ¿sabías alguna vez de las peleas del primo Henry? Además, el duque es su huésped; Y un extraño también. Los extraños no discriminan: ¿cómo deberían hacerlo? La condesa Olenska es neoyorquina y debería haber respetado los sentimientos de Nueva York.

-Pues bien, si tienen que tener una víctima, tenéis mi permiso para arrojarles a madame Olenska -exclamó su hijo, exasperado-. "No me veo a mí mismo, ni a ti tampoco, ofreciéndonos para expiar sus crímenes".

—Oh, por supuesto que sólo ves el lado de Mingott —contestó su madre, en el tono sensible que era su acercamiento más cercano a la ira—.

El triste mayordomo retiró las porteras del salón y anunció: —Señor Henry van der Luyden.

La señora Archer dejó caer la aguja y empujó la silla hacia atrás con una mano agitada.

—Otra lámpara —gritó a la sirvienta que se retiraba, mientras Janey se inclinaba para enderezar la gorra de su madre—.

La figura del señor van der Luyden se asomó en el umbral, y Newland Archer se adelantó para saludar a su primo.

—Estábamos hablando de usted, señor —dijo—.

Van der Luyden pareció abrumado por el anuncio. Se quitó el guante para estrechar la mano de las damas y se alisó tímidamente el sombrero alto, mientras Janey empujaba un sillón hacia delante, y Archer continuaba: —Y la condesa Olenska.

La señora Archer palideció.

—Ah, una mujer encantadora. Acabo de ir a verla -dijo el señor van der Luyden, con la complacencia en su frente-. Se hundió en la silla, dejó el sombrero y los guantes en el suelo a su lado, a la antigua usanza, y prosiguió: —Tiene un verdadero don para arreglar flores. Le había enviado unos claveles desde Skuytercliff, y me quedé asombrado. En lugar de agruparlos en grandes racimos, como hace nuestra jardinera principal, los había esparcido sueltos, aquí y allá... No puedo decir cómo. El duque me lo había dicho: «Ve a ver qué bien ha arreglado su salón». Y lo ha hecho. Me gustaría mucho llevar a Louisa a verla, si el vecindario no fuera tan... desagradable.

Un silencio sepulcral dio la bienvenida a este inusual flujo de palabras del señor van der Luyden. La señora Archer sacó su bordado de la cesta en la que lo había metido nerviosamente, y Newland, apoyándose en la chimenea y retorciendo un biombo de plumas de colibrí en la mano, vio el semblante boquiabierto de Janey iluminado por la llegada de la segunda lámpara.

—El caso es que —continuó el señor van der Luyden, acariciando su larga pierna gris con una mano exangüe y pesada por el gran anillo de sello del Patroon—, el caso es que me dejé caer para darle las gracias por la bonita nota que me escribió sobre mis flores; y también —pero esto es entre nosotros, por supuesto— para advertirle amistosamente de que no permitiera que el duque la llevara a fiestas con él. No sé si has oído...

La señora Archer esbozó una sonrisa indulgente. —¿El duque la ha llevado a fiestas?

"Ya sabes lo que son estos grandes ingleses. Todos son iguales. Louisa y yo queremos mucho a nuestro primo, pero es inútil esperar que la gente que está acostumbrada a los tribunales europeos se preocupe por nuestras pequeñas distinciones republicanas. El duque va a donde le divierte. -El señor van der Luyden hizo una pausa, pero nadie habló-. —Sí, parece que anoche la llevó consigo a casa de la señora Lemuel Struthers. Sillerton Jackson acaba de llegar a nosotros con la insensata historia, y Louisa estaba bastante preocupada. Así que pensé que el camino más corto era ir directamente a la condesa Olenska y explicarle, por la más mínima insinuación, cómo nos sentimos en Nueva York acerca de ciertas cosas. Sentí que podría, sin indelicadeza, porque la noche que cenó con nosotros sugirió más bien ... Más bien, déjame ver que ella estaría agradecida por la orientación. Y lo era".

El señor van der Luyden miró a su alrededor con lo que habría sido una satisfacción de sí mismo en rasgos menos purgados de las pasiones vulgares. En su rostro se convirtió en una leve benevolencia que el semblante de la señora Archer reflejaba obedientemente.

—¡Qué amables sois los dos, querido Henry, siempre! Newland apreciará especialmente lo que has hecho gracias a la querida May y a sus nuevas relaciones.

Lanzó una mirada admonitoria a su hijo, quien dijo: "Inmensamente, señor. Pero estaba seguro de que le gustaría madame Olenska.

El señor van der Luyden lo miró con extrema dulzura. —Nunca invito a mi casa, mi querido Newland —dijo—, a nadie que no me guste. Y así se lo acabo de decir a Sillerton Jackson. Echó un vistazo al reloj y añadió: —Pero Louisa te estará esperando. Vamos a cenar temprano, para llevar al duque a la Ópera.

Después de que los porteros se hubieron cerrado solemnemente detrás de su visitante, un silencio se apoderó de la familia Archer.

—¡Gracioso, qué romántico! —exclamó por fin Janey de manera explosiva—. Nadie sabía exactamente qué inspiraba sus comentarios elípticos, y sus parientes habían renunciado hacía mucho tiempo a tratar de interpretarlos.

La señora Archer negó con la cabeza con un suspiro. —Con tal de que todo salga bien —dijo ella, en el tono de quien sabe con qué seguridad no será—. Newland, tienes que quedarte a ver a Sillerton Jackson cuando venga esta noche: realmente no sabré qué decirle.

—¡Pobre madre! Pero él no vendrá... —rió su hijo, inclinándose para apartar su ceño fruncido con un beso—.

XI.

Unas dos semanas más tarde, Newland Archer, sentado en una ociosidad abstraída en su compartimento privado de la oficina de Letterblair, Lamson y Low, abogados, fue convocado por el jefe de la firma.

El viejo señor Letterblair, el acreditado asesor legal de tres generaciones de nobleza neoyorquina, se sentó detrás de su escritorio de caoba con evidente perplejidad. Mientras se acariciaba los bigotes blancos y pasaba la mano por los mechones grises arrugados por encima de sus cejas salientes, su irrespetuoso compañero menor pensó en lo mucho que se parecía al médico de familia molesto con un paciente cuyos síntomas se niegan a ser clasificados.

—Mi querido señor... —siempre se dirigía a Archer como «señor»—, le he mandado llamar para que se ocupe de un pequeño asunto; un asunto que, por el momento, prefiero no mencionar ni al señor Skipworth ni al señor Redwood. Los caballeros de los que hablaba eran los otros socios principales de la firma; porque, como siempre sucedía con las asociaciones legales de antigua reputación en Nueva York, todos los socios nombrados en el membrete de la oficina habían muerto hacía mucho tiempo; y el señor Letterblair, por ejemplo, era, profesionalmente hablando, su propio nieto.

Se reclinó en su silla con el ceño fruncido. —Por razones familiares... —continuó—.

Archer levantó la vista.

—La familia Mingott —dijo el señor Letterblair con una sonrisa explicativa y una reverencia—. La señora Manson Mingott me mandó a buscar ayer. Su nieta, la condesa Olenska, desea demandar a su marido por el divorcio. Ciertos papeles han sido puestos en mis manos". Hizo una pausa y tamborileó sobre su escritorio. "En vista de su posible alianza con la familia, me gustaría consultarle, considerar el caso con usted, antes de dar cualquier paso adicional".

Archer sintió la sangre en sus sienes. Sólo había visto a la condesa Olenska una vez desde que la visitó, y entonces en la Ópera, en el palco de Mingott. Durante este intervalo, se había convertido en una imagen menos vívida e importuna, alejándose de su primer plano a medida que May Welland volvía a ocupar el lugar que le correspondía en él. No había oído hablar de su divorcio desde la primera alusión aleatoria de Janey a él, y había descartado la historia como un chisme infundado. Teóricamente, la idea del divorcio le resultaba casi tan desagradable a él como a su madre; y le molestaba que el señor Letterblair (sin duda instado por la anciana Catherine Mingott) estuviera planeando tan evidentemente arrastrarlo al asunto. Al fin y al cabo, había muchos hombres Mingott para esos trabajos, y hasta entonces él ni siquiera era un Mingott por matrimonio.

Esperó a que el socio mayoritario continuara. El señor Letterblair abrió un cajón y sacó un paquete. —Si le echa un ojo a estos papeles...

Archer frunció el ceño. —Le ruego que me perdone, señor; pero sólo por la futura relación, preferiría que consultara al señor Skipworth o al señor Redwood.

El señor Letterblair pareció sorprendido y un poco ofendido. Era inusual que un joven rechazara tal apertura.

Hizo una reverencia. —Respeto su escrúpulo, señor; pero en este caso creo que la verdadera delicadeza requiere que hagas lo que te pido. De hecho, la sugerencia no es mía, sino de la señora Manson Mingott y de su hijo. He visto a Lovell Mingott; y también el Sr. Welland. Todos te nombraron".

Archer sintió que su temperamento subía. Había estado un tanto lánguidamente a la deriva con los acontecimientos durante los últimos quince días, y había dejado que el bello aspecto y la radiante naturaleza de May borraran la presión más bien importuna de las reclamaciones de Mingott. Pero este mandato de la anciana señora Mingott le hizo comprender lo que el clan creía tener derecho a exigir a un futuro yerno; Y le irritó el papel.

"Sus tíos deberían ocuparse de esto", dijo.

"Lo han hecho. El asunto ha sido investigado por la familia. Se oponen a la idea de la condesa; Pero ella es firme e insiste en una opinión legal".

El joven guardó silencio: no había abierto el paquete que tenía en la mano.

—¿Quiere casarse de nuevo?

"Creo que se sugiere; pero ella lo niega".

—Entonces...

—¿Me hará el favor, señor Archer, de hojear primero estos papeles? Después, cuando hayamos hablado del caso, te daré mi opinión.

Archer se retiró a regañadientes con los documentos no deseados. Desde su último encuentro, había colaborado casi inconscientemente con los acontecimientos para librarse de la carga de Madame Olenska. El tiempo que había pasado a solas con ella a la luz de la hoguera los había sumido en una intimidad momentánea que la intrusión del duque de St. Austrey con la señora Lemuel Struthers, y el alegre saludo que la condesa les había dado, habían roto providencialmente. Dos días más tarde, Archer había asistido a la comedia de su restitución en favor de los van der Luyden, y se había dicho a sí mismo, con un toque de acidez, que una dama que sabía cómo agradecer a los todopoderosos caballeros ancianos con tan buen propósito un ramo de flores no necesitaba ni los consuelos privados ni el campeonato público de un joven de su pequeña brújula. Mirar el asunto bajo esta luz simplificó su propio caso y, sorprendentemente, aportó todas las tenues virtudes domésticas. No podía imaginar a May Welland, en cualquier emergencia concebible, pregonando sus dificultades privadas y prodigando sus confidencias a hombres extraños; Y nunca le había parecido más fina ni más hermosa que en la semana siguiente. Incluso había cedido a su deseo de un compromiso prolongado, ya que ella había encontrado la única respuesta desarmante a su súplica de que se diera prisa.

"Sabes, cuando va al grano, tus padres siempre te han dejado hacer lo que quieras desde que eras una niña", argumentó; y ella había respondido, con su mirada más clara: "Sí; Y eso es lo que hace que sea tan difícil negarme a lo último que me pedirán cuando sea una niña".

Esa era la vieja nota de Nueva York; Ése era el tipo de respuesta que le gustaría tener siempre para estar seguro de la obra de su esposa. Si uno hubiera respirado habitualmente el aire neoyorquino, había momentos en que cualquier cosa menos cristalina parecía sofocante.

Los periódicos que se había retirado a leer no le decían gran cosa; pero lo sumergieron en una atmósfera en la que se ahogaba y farfullaba. Consistían principalmente en un intercambio de cartas entre los abogados del conde Olenski y un bufete de abogados francés al que la condesa había solicitado la liquidación de su situación financiera. También había una breve carta del conde a su esposa: después de leerla, Newland Archer se levantó, metió los papeles en el sobre y volvió a entrar en el despacho del señor Letterblair.

—Aquí están las cartas, señor. Si quiere, veré a la señora Olenska -dijo con voz contenida-.

—Gracias, gracias, señor Archer. Ven a cenar conmigo esta noche si estás libre, y entraremos en el asunto después, en caso de que desees visitar a nuestro cliente mañana.

Newland Archer volvió a casa esa tarde. Era una tarde de invierno de transparente claridad, con una inocente luna joven sobre los tejados de las casas; y quería llenar los pulmones de su alma con el resplandor puro, y no intercambiar una palabra con nadie hasta que él y el señor Letterblair estuvieran juntos después de la cena. Era imposible decidir de otra manera que lo que había hecho: debía ver a la señora Olenska en persona antes que dejar que sus secretos quedaran al descubierto a otros ojos. Una gran ola de compasión había barrido su indiferencia e impaciencia: ella se presentaba ante él como una figura expuesta y lastimosa, a la que había que salvar a toda costa de herirse aún más en sus locas zambullidas contra el destino.

Recordó lo que ella le había contado sobre la petición de la señora Welland de que se le perdonara todo lo que fuera «desagradable» en su historia, y se estremeció al pensar que tal vez era esta actitud mental la que mantenía el aire neoyorquino tan puro. «¿No somos más que fariseos después de todo?», se preguntó, desconcertado por el esfuerzo de reconciliar su repugnancia instintiva por la vileza humana con su lástima igualmente instintiva por la fragilidad humana.

Por primera vez se dio cuenta de lo elementales que habían sido siempre sus propios principios. Pasó por un joven que no había tenido miedo a los riesgos, y supo que su secreta relación amorosa con la pobre y tonta señora Thorley Rushworth no había sido demasiado secreta como para investirlo de un aire de aventura. Pero la señora Rushworth era "ese tipo de mujer"; tonto, vanidoso, clandestino por naturaleza, y mucho más atraído por el secreto y el peligro del asunto que por los encantos y cualidades que poseía. Cuando se dio cuenta de ello, estuvo a punto de romperle el corazón, pero ahora parecía el rasgo redentor del caso. El asunto, en resumen, había sido del tipo por el que habían pasado la mayoría de los jóvenes de su edad, y había salido con la conciencia tranquila y una creencia imperturbable en la abismal distinción entre las mujeres que uno amaba y respetaba y las que disfrutaba y compadeció. Desde este punto de vista, contaban con la complicidad de sus madres, tías y otras parientes ancianas, que compartían la creencia de la señora Archer de que cuando "sucedían tales cosas" era indudablemente una tontería por parte del hombre, pero de alguna manera siempre un delito por parte de la mujer. Todas las ancianas que Archer conocía consideraban a cualquier mujer que amara imprudentemente como necesariamente inescrupulosa e intrigante, y al simple hombre ingenuo como impotente en sus garras. Lo único que podía hacer era persuadirlo, lo antes posible, de que se casara con una buena chica y luego confiar en ella para que lo cuidara.

En las complicadas comunidades europeas antiguas, Archer empezó a adivinar que los problemas amorosos podían ser menos simples y menos fáciles de clasificar. Las sociedades ricas, ociosas y ornamentales deben producir muchas más situaciones semejantes; E incluso podría haber uno en el que una mujer naturalmente sensible y distante, sin embargo, por la fuerza de las circunstancias, por la pura indefensión y la soledad, se viera arrastrada a un lazo inexcusable según los estándares convencionales.

Al llegar a casa, escribió una carta a la condesa Olenska, preguntándole a qué hora del día siguiente podría recibirlo, y la envió por medio de un mensajero, que regresó al poco tiempo con la palabra de que iba a Skuytercliff a la mañana siguiente para pasar el domingo con los van der Luyden. pero que la encontraría sola esa noche, después de la cena. La nota estaba escrita en una media hoja bastante desordenada, sin fecha ni dirección, pero su mano era firme y libre. Le divertía la idea de que ella terminara su semana en la majestuosa soledad de Skuytercliff, pero inmediatamente después sintió que allí, de todos los lugares, ella sentiría el frío de las mentes rigurosamente evitadas de lo «desagradable».

Llegaba puntualmente a casa del señor Letterblair a las siete, contento de tener el pretexto para excusarse poco después de la cena. Se había formado su propia opinión a partir de los papeles que se le habían confiado, y no quería entrar especialmente en el asunto con su socio mayor. El señor Letterblair era viudo, y cenaron solos, copiosa y lentamente, en una habitación oscura y desvencijada con estampas amarillentas de «La muerte de Chatham» y «La coronación de Napoleón». En el aparador, entre los estuches estriados de los cuchillos Sheraton, había una jarra de Haut Brion y otra del viejo puerto Lanning (regalo de un cliente), que el derrochador Tom Lanning había vendido uno o dos años antes de su misteriosa y desacreditable muerte en San Francisco, un incidente menos humillante públicamente para la familia que la venta de la bodega.

Después de una sopa aterciopelada de ostras vino el sábalo y los pepinos, luego un pavo joven asado con buñuelos de maíz, seguido de un lomo de lona con gelatina de grosella y mayonesa de apio. El señor Letterblair, que almorzó un sándwich y té, cenó deliberada y profundamente, e insistió en que sus invitados hicieran lo mismo. Finalmente, cuando se hubieron cumplido los ritos finales, se retiró la tela, se encendieron los cigarros, y el señor Letterblair, reclinándose en su silla y empujando el puerto hacia el oeste, dijo, abriendo la espalda agradablemente hacia el fuego de carbón detrás de él: —Toda la familia está en contra del divorcio. Y creo que con razón".

Archer se sintió instantáneamente del otro lado de la discusión. —Pero ¿por qué, señor? Si alguna vez hubo un caso...

"Bueno, ¿de qué sirve? ELLA está aquí, él está allí; el Atlántico entre ellos. Ella nunca recuperará un dólar más de su dinero que el que él le ha devuelto voluntariamente: sus malditos acuerdos matrimoniales paganos se encargan de eso. Tal y como van las cosas allí, Olenski ha actuado con generosidad: podría haberla echado sin un céntimo.

El joven lo sabía y guardó silencio.

—Entiendo, sin embargo —continuó el señor Letterblair— que ella no concede ninguna importancia al dinero. Por lo tanto, como dice la familia, ¿por qué no dejarlo en paz?"

Archer había ido a la casa una hora antes, totalmente de acuerdo con la opinión del señor Letterblair; pero puesto en palabras por este viejo egoísta, bien alimentado y supremamente indiferente, de repente se convirtió en la voz fariaica de una sociedad completamente absorta en atrincherarse contra lo desagradable.

"Creo que eso lo tiene que decidir ella".

—¿Has pensado en las consecuencias si ella decide divorciarse?

– ¿Te refieres a la amenaza de la carta de su marido? ¿Qué peso llevaría eso? No es más que la vaga acusación de un canalla enojado.

—Sí; Pero podría dar lugar a alguna charla desagradable si realmente defiende la demanda.

—¡Desagradable...! —dijo Archer explosivamente—.

El señor Letterblair lo miró por debajo de las cejas inquisitivas, y el joven, consciente de la inutilidad de tratar de explicar lo que tenía en mente, se inclinó con aquiescencia mientras su padre continuaba: —El divorcio siempre es desagradable.

—¿Está de acuerdo conmigo? —prosiguió el señor Letterblair, después de un silencio de espera—.

—Naturalmente —dijo Archer—.

-Pues bien, puedo contar contigo; los Mingott pueden contar contigo; ¿Para usar tu influencia en contra de la idea?

Archer vaciló. —No puedo jurarme hasta que no haya visto a la condesa Olenska —dijo al fin—.

"Señor Archer, no le entiendo. ¿Quieres casarte con un miembro de una familia con un escandaloso pleito de divorcio que pende sobre él?

"No creo que eso tenga nada que ver con el caso".

El señor Letterblair dejó su vaso de oporto y fijó en su joven compañero una mirada cautelosa y aprensiva.

Archer comprendió que corría el riesgo de que se le retirara su mandato y, por alguna oscura razón, no le gustó la perspectiva. Ahora que se le había impuesto el trabajo, no se propuso renunciar a él; y, para protegerse de la posibilidad, se dio cuenta de que debía tranquilizar al anciano poco imaginativo que era la conciencia legal de los Mingott.

-Podéis estar seguros, señor, de que no me comprometeré hasta que os haya informado; lo que quería decir es que preferiría no dar una opinión hasta que no haya oído lo que la señora Olenska tiene que decir.

El señor Letterblair asintió con aprobación ante un exceso de cautela digno de la mejor tradición neoyorquina, y el joven, mirando su reloj, pidió compromiso y se despidió.

XII.

La antigua Nueva York cenaba a las siete, y la costumbre de las llamadas después de la cena, aunque ridiculizada en el set de Archer, todavía prevalecía en general. Mientras el joven paseaba por la Quinta Avenida desde Waverley Place, la larga calle estaba desierta, excepto por un grupo de carruajes que se detenían frente a la casa de Reggie Chiverse (donde había una cena para el duque), y la figura ocasional de un caballero anciano con un grueso abrigo y bufanda que ascendía por una puerta de piedra rojiza y desaparecía en un vestíbulo iluminado por gas. Así, mientras Archer cruzaba Washington Square, observó que el viejo señor du Lac estaba visitando a sus primos los Dagonets, y al doblar por la esquina de West Tenth Street vio al señor Skipworth, de su propia empresa, obviamente destinado a visitar a la señorita Lannings. Un poco más arriba, en la Quinta Avenida, Beaufort apareció en el umbral de su casa, proyectado oscuramente contra un resplandor de luz, descendió a su brougham privado y se alejó rodando hacia un destino misterioso y probablemente innombrable. No era una noche de ópera y nadie iba a dar una fiesta, por lo que la salida de Beaufort fue indudablemente de carácter clandestino. Archer la relacionó mentalmente con una casita más allá de la avenida Lexington, en la que acababan de aparecer cortinas y jardineras adornadas con cintas, y ante cuya puerta recién pintada se veía a menudo esperar el pañuelo color canario de la señorita Fanny Ring.

Más allá de la pequeña y resbaladiza pirámide que componía el mundo de la señora Archer se extendía el barrio casi inexplorado habitado por artistas, músicos y «gente que escribía». Estos fragmentos dispersos de la humanidad nunca habían mostrado ningún deseo de amalgamarse con la estructura social. A pesar de las extrañas maneras, se decía que eran, en su mayor parte, bastante respetables; Pero prefirieron guardarse para sí mismos. Medora Manson, en sus días prósperos, había inaugurado un "salón literario"; pero pronto se extinguió debido a la reticencia de los literatos a frecuentarla.

Otros habían hecho el mismo intento, y había una casa de Blenkers —una madre intensa y voluble, y tres hijas fanfarronas que la imitaban— donde uno conoció a Edwin Booth, Patti y William Winter, y al nuevo actor shakespeariano George Rignold, y a algunos de los editores de revistas y críticos musicales y literarios.

La señora Archer y su grupo sentían cierta timidez con respecto a estas personas. Eran raros, eran inciertos, tenían cosas que uno no sabía en el fondo de sus vidas y mentes. La literatura y el arte eran profundamente respetados en el grupo de Archer, y la señora Archer siempre se esforzaba por decirles a sus hijos cuánto más agradable y culta había sido la sociedad cuando incluía figuras como Washington Irving, Fitz-Greene Halleck y el poeta de "The Culprit Fay". Los autores más célebres de esa generación habían sido "caballeros"; tal vez las personas desconocidas que les sucedieron tenían sentimientos caballerosos, pero su origen, su apariencia, su cabello, su intimidad con el escenario y la ópera, hacían que cualquier viejo criterio neoyorquino les fuera inaplicable.

—Cuando yo era niña —solía decir la señora Archer—, nos conocíamos todo el mundo entre la Battery y la calle Canal; y sólo la gente que uno conocía tenía carruajes. Era perfectamente fácil ubicar a cualquiera entonces; ahora no se sabe, y prefiero no intentarlo".

Sólo la vieja Catherine Mingott, con su ausencia de prejuicios morales y su indiferencia casi parvenu hacia las distinciones más sutiles, podría haber salvado el abismo; pero nunca había abierto un libro ni mirado un cuadro, y sólo le interesaba la música porque le recordaba las noches de gala en los Italiens, en los días de su triunfo en las Tullerías. Posiblemente Beaufort, que era su rival en audacia, habría logrado llevar a cabo una fusión; Pero su gran casa y sus lacayos con medias de seda eran un obstáculo para la sociabilidad informal. Además, era tan analfabeto como la anciana señora Mingott, y consideraba a los «tipos que escribían» como meros proveedores pagados de los placeres de los ricos; y nadie lo suficientemente rico como para influir en su opinión lo había cuestionado jamás.

Newland Archer había sido consciente de estas cosas desde que tenía uso de razón, y las había aceptado como parte de la estructura de su universo. Sabía que había sociedades en las que los pintores, los poetas, los novelistas, los hombres de ciencia, e incluso los grandes actores, eran tan buscados como los duques; a menudo se había imaginado cómo habría sido vivir en la intimidad de los salones dominados por la charla de Mérimèe (cuyas "Lettres a une Inconnue" era una de sus inseparables), de Thackeray, Browning o William Morris. Pero tales cosas eran inconcebibles en Nueva York, e inquietantes de pensar. Archer conocía a la mayoría de los «tipos que escribían», a los músicos y a los pintores: los conoció en el Century, o en los pequeños clubes musicales y teatrales que empezaban a existir. Allí los disfrutaba, y se aburría de ellos en casa de los Blenker, donde se mezclaban con mujeres fervientes y desaliñadas que los pasaban de un lado a otro como curiosidades capturadas; e incluso después de sus conversaciones más emocionantes con Ned Winsett, siempre salía con la sensación de que si su mundo era pequeño, también lo era el de ellos, y que la única manera de ampliar cualquiera de ellos era llegar a un estado de modales en el que se fusionaran naturalmente.

Se acordó de esto al tratar de imaginar la sociedad en la que la condesa Olenska había vivido y sufrido, y también, tal vez, saboreado alegrías misteriosas. Recordaba con qué diversión le había contado que su abuela Mingott y los Welland se oponían a que viviera en un barrio «bohemio» dedicado a «la gente que escribía». No era el peligro, sino la pobreza lo que desagradaba a su familia; Pero ese matiz se le escapaba, y supuso que consideraban que la literatura era comprometedora.

Ella misma no le tenía miedo, y los libros esparcidos por su salón (una parte de la casa en la que se suponía que los libros estaban «fuera de lugar»), aunque eran principalmente obras de ficción, habían despertado el interés de Archer con nombres nuevos como los de Paul Bourget, Huysmans y los hermanos Goncourt. Meditando sobre estas cosas mientras se acercaba a su puerta, se dio cuenta una vez más de la curiosa manera en que ella invertía sus valores, y de la necesidad de pensarse en condiciones increíblemente diferentes de las que él conocía si quería ser útil en su actual dificultad.

Nastasia abrió la puerta, sonriendo misteriosamente. Sobre el banco del vestíbulo había un abrigo forrado de marta, un sombrero de ópera doblado de seda opaca con una J. B. dorada en el forro, y una bufanda de seda blanca: no había duda de que estos costosos artículos eran propiedad de Julio Beaufort.

Archer estaba enojado: tanto que estuvo a punto de garabatear una palabra en su tarjeta y se fue; entonces recordó que, al escribir a la señora Olenska, se había visto impedido por exceso de discreción decir que deseaba verla en privado. Por lo tanto, no podía culpar a nadie más que a sí mismo si ella había abierto sus puertas a otros visitantes; y entró en el salón con la obstinada determinación de hacer que Beaufort se sintiera estorbado y de quedarse más que él.

El banquero estaba de pie, apoyado en la repisa de la chimenea, que estaba cubierta con un viejo bordado sostenido por candelabros de bronce que contenían velas de cera amarillenta. Había sacado el pecho, apoyando los hombros en la repisa de la chimenea y apoyando su peso en un gran pie de charol. Cuando Archer entró, estaba sonriendo y mirando a su anfitriona, que estaba sentada en un sofá colocado en ángulo recto con la chimenea. Una mesa llena de flores formaba una pantalla detrás de ella, y contra las orquídeas y las azaleas que el joven reconoció como tributos de los invernaderos de Beaufort, la señora Olenska estaba sentada medio reclinada, con la cabeza apoyada en una mano y la ancha manga dejando el brazo desnudo hasta el codo.

Era habitual que las damas que recibían por las noches llevaran lo que se llamaba "vestidos de cena sencillos": una armadura ceñida de seda de hueso de ballena, ligeramente abierta en el cuello, con volantes de encaje que rellenaban la grieta, y mangas ajustadas con un volante que dejaba al descubierto la muñeca lo suficiente como para mostrar un brazalete de oro etrusco o una banda de terciopelo. Pero Madame Olenska, haciendo caso omiso de la tradición, iba vestida con una larga túnica de terciopelo rojo ribeteada alrededor de la barbilla y en la parte delantera con una piel negra brillante. Archer recordó, en su última visita a París, haber visto un retrato del nuevo pintor, Carolus Duran, cuyos cuadros eran la sensación del Salón, en el que la dama vestía una de esas atrevidas túnicas en forma de vaina con la barbilla envuelta en pieles. Había algo perverso y provocador en la idea de las pieles que se llevaban por la noche en un salón caldeado, y en la combinación de una garganta apagada y los brazos desnudos; Pero el efecto fue innegablemente agradable.

—¡Dios mío, tres días enteros en Skuytercliff! —exclamó Beaufort con su voz burlona cuando Archer entró—. Será mejor que te lleves todas tus pieles y una bolsa de agua caliente.

"¿Por qué? ¿Es tan fría la casa?", preguntó, tendiéndole la mano izquierda a Archer de una manera que sugería misteriosamente que esperaba que la besara.

—No; pero la señorita sí -dijo Beaufort, señalando descuidadamente al joven-.

"Pero yo la consideraba tan amable. Ella misma vino a invitarme. La abuelita dice que tengo que irme.

"La abuelita lo haría, por supuesto. Y le digo que es una lástima que se vaya a perder la pequeña cena de ostras que le había preparado en Delmonico's el próximo domingo, con Campanini y Scalchi y un montón de gente alegre.

Miró dubitativa al banquero y a Archer.

—¡Ah, eso sí que me tienta! Excepto la otra noche en casa de la señora Struthers, no he conocido a ningún artista desde que estoy aquí.

"¿Qué tipo de artistas? Conozco a uno o dos pintores, muy buenos tipos, a los que podría llevar a verte si me lo permites -dijo Archer con audacia-.

"¿Pintores? ¿Hay pintores en Nueva York?, preguntó Beaufort, en un tono que daba a entender que no podía haber ninguno, ya que no compraba sus cuadros; y la señora Olenska le dijo a Archer, con su grave sonrisa: —Eso sería encantador. Pero realmente estaba pensando en artistas dramáticos, cantantes, actores, músicos. La casa de mi esposo siempre estaba llena de ellos".

Pronunció las palabras «mi marido» como si no hubiera ninguna asociación siniestras relacionadas con ellas, y en un tono que parecía casi suspirar por los placeres perdidos de su vida matrimonial. Archer la miró perplejo, preguntándose si era la ligereza o el disimulo lo que le permitía tocar tan fácilmente el pasado en el mismo momento en que arriesgaba su reputación para romper con él.

—Creo —prosiguió, dirigiéndose a los dos hombres— que el imprevu aumenta el disfrute de uno. Quizás sea un error ver a las mismas personas todos los días".

"Es confusamente aburrido, de todos modos; Nueva York se está muriendo de torpeza —refunfuñó Beaufort—. "Y cuando trato de animártelo, te vuelves contra mí. ¡Vamos, piénsalo mejor! El domingo es su última oportunidad, porque Campanini parte la próxima semana para Baltimore y Filadelfia; y tengo una habitación privada, y un Steinway, y cantarán toda la noche para mí".

"¡Qué delicioso! ¿Puedo pensarlo y escribirle mañana por la mañana?

Hablaba amablemente, pero con el menor atisbo de desprecio en su voz. Beaufort evidentemente lo sintió, y como no estaba acostumbrado a las despedidas, se quedó mirándola con una línea obstinada entre los ojos.

—¿Por qué no ahora?

"Es una cuestión demasiado seria para decidirla a esta hora tan tardía".

—¿Lo llamas tarde?

Ella le devolvió la mirada con frialdad. —Sí; porque todavía tengo que hablar de negocios con el señor Archer durante un tiempo.

—Ah —espetó Beaufort—. Su tono no le llamó la atención, y con un ligero encogimiento de hombros recobró la compostura, le cogió la mano, que besó con aire ensayado, y gritando desde el umbral: —Digo, Newland, que si puedes persuadir a la condesa de que se detenga en la ciudad, por supuesto que estás incluido en la cena.

Por un momento, Archer se imaginó que el señor Letterblair debía de haberle avisado de su llegada; Pero la irrelevancia de su siguiente comentario le hizo cambiar de opinión.

—¿Conoces a los pintores, entonces? ¿Vives en su entorno?", preguntó ella, con los ojos llenos de interés.

—Oh, no exactamente. No sé si las artes tienen un medio aquí, ninguna de ellas; Son más bien una periferia muy poco poblada".

—¿Pero a ti te importan esas cosas?

"Inmensamente. Cuando estoy en París o Londres nunca me pierdo una exposición. Trato de mantener el ritmo".

Bajó la vista hacia la punta de la botita de raso que asomaba por sus largas cortinas.

"A mí también me importaba inmensamente: mi vida estaba llena de esas cosas. Pero ahora quiero tratar de no hacerlo".

—¿Quieres intentar no hacerlo?

—Sí: quiero deshacerme de toda mi antigua vida, llegar a ser como todos los demás aquí.

Archer enrojeció. "Nunca serás como todos los demás", dijo.

Ella levantó un poco las cejas rectas. "Ah, no digas eso. ¡Si supieras cuánto odio ser diferente!"

Su rostro se había vuelto tan sombrío como una máscara trágica. Ella se inclinó hacia adelante, agarrando su rodilla con sus delgadas manos, y apartó la mirada de él hacia distancias remotas y oscuras.

"Quiero alejarme de todo", insistió.

Esperó un momento y se aclaró la garganta. "Lo sé. El señor Letterblair me lo ha dicho.

—¿Ah?

"Esa es la razón por la que he venido. Me pidió que... ya ves que estoy en la empresa".

Pareció un poco sorprendida y luego sus ojos se iluminaron. "¿Quieres decir que puedes arreglártelas por mí? ¿Puedo hablar con usted en lugar de con el señor Letterblair? ¡Oh, eso será mucho más fácil!"

Su tono lo conmovió, y su confianza creció con su autosatisfacción. Se dio cuenta de que ella le había hablado de negocios a Beaufort simplemente para deshacerse de él; y haber derrotado a Beaufort fue una especie de triunfo.

"Estoy aquí para hablar de ello", repitió.

Se sentó en silencio, con la cabeza todavía apoyada en el brazo que descansaba en el respaldo del sofá. Su rostro parecía pálido y apagado, como si estuviera oscurecido por el rojo intenso de su vestido. De repente, le pareció a Archer una figura patética e incluso lamentable.

«Ahora estamos llegando a los hechos duros», pensó, consciente de la misma repulsión instintiva que tantas veces había criticado a su madre y a sus contemporáneos. ¡Qué poca práctica había tenido para tratar con situaciones inusuales! Su vocabulario era desconocido para él, y parecía pertenecer a la ficción y al teatro. Ante lo que se avecinaba, se sentía tan incómodo y avergonzado como un niño.

Después de una pausa, Madame Olenska prorrumpió con inesperada vehemencia: "Quiero ser libre; Quiero borrar todo el pasado".

—Lo entiendo.

Su rostro se calentó. —¿Entonces me ayudarás?

—Primero... —vaciló—, tal vez debería saber un poco más.

Parecía sorprendida. —¿Sabes lo de mi marido, de mi vida con él?

Hizo un gesto de asentimiento.

—Bueno, entonces... ¿qué más hay? ¿En este país se toleran esas cosas? Soy protestante, nuestra iglesia no prohíbe el divorcio en tales casos".

—Por supuesto que no.

Los dos volvieron a guardar silencio, y Archer sintió el espectro de la carta del conde Olenski haciendo una mueca espantosa entre ellos. La carta ocupaba sólo media página, y era exactamente lo que había descrito al hablar de ella con el señor Letterblair: la vaga acusación de un guardia negro furioso. Pero, ¿cuánta verdad había detrás? Sólo la esposa del conde Olenski podía saberlo.

—He revisado los papeles que le diste al señor Letterblair —dijo al fin—
.

—Bueno... ¿puede haber algo más abominable?

—No.

Cambió ligeramente de posición, tapándose los ojos con la mano levantada.

—Por supuesto que sabes —continuó Archer—, que si tu marido decide pelear el caso, como amenaza con hacerlo...

—¿Sí...?

Él puede decir cosas, cosas que podrían ser desagradables para ti: decirlas en público, para que se desplacen y te hagan daño incluso si...

—¿Si...?

"Quiero decir: no importa cuán infundados fueran".

Hizo una pausa durante un largo intervalo; tanto tiempo que, no queriendo mantener los ojos fijos en su rostro sombrío, tuvo tiempo de imprimir en su mente la forma exacta de su otra mano, la que tenía en la rodilla, y cada detalle de los tres anillos de su cuarto y quinto dedo; entre los cuales, notó, no aparecía un anillo de boda.

—¿Qué daño podrían hacerme aquí esas acusaciones, aunque las hiciera públicamente?

Estaba en sus labios exclamar: «¡Mi pobre niña, mucho más daño que cualquier otra parte!» En lugar de eso, respondió, con una voz que sonaba en sus oídos como la del señor Letterblair: "La sociedad de Nueva York es un mundo muy pequeño comparado con aquel en el que usted ha vivido. Y está gobernado, a pesar de las apariencias, por unas pocas personas con... bueno, ideas bastante anticuadas".

Ella no dijo nada, y él continuó: "Nuestras ideas sobre el matrimonio y el divorcio son particularmente anticuadas. Nuestra legislación favorece el divorcio, nuestras costumbres sociales no".

—¿Nunca?

—Bueno, no si la mujer, por muy herida que esté, por irreprochable que sea, tiene apariencias en el más mínimo grado en su contra, si se ha expuesto por cualquier acción poco convencional a... a insinuaciones ofensivas...

Ella bajó un poco más la cabeza, y él volvió a esperar, esperando intensamente un destello de indignación, o al menos un breve grito de negación. Ninguno llegó.

Un pequeño reloj de viaje ronroneaba en su codo, y un tronco se partió en dos y lanzó una lluvia de chispas. Toda la sala silenciosa y melancólica parecía estar esperando en silencio con Archer.

—Sí —murmuró al fin—, eso es lo que me dice mi familia.

Hizo una pequeña mueca. —No es antinatural...

—NUESTRA familia —se corrigió a sí misma—; y Archer de color. — Porque pronto serás mi prima —continuó ella con dulzura—.

—Eso espero.

—¿Y usted comparte su punto de vista?

Al oír esto, se puso en pie, deambuló por la habitación, miró con ojos vacíos uno de los cuadros contra el viejo damasco rojo y volvió indeciso a su lado. ¿Cómo podría decir: "Sí, si lo que tu esposo insinúa es cierto, o si no tienes forma de refutarlo"?

—Atentamente... —intervino ella, cuando él estaba a punto de hablar—.

Bajó la vista hacia el fuego. —Sinceramente, entonces... ¿qué ganarías que compensara la posibilidad, la certeza, de un montón de charlas bestiales?

—Pero mi libertad... ¿no es nada?

En ese instante se le ocurrió que la acusación de la carta era cierta, y que ella esperaba casarse con el compañero de su culpa. ¿Cómo iba a decirle que, si realmente acariciaba semejante plan, las leyes del Estado se oponían inexorablemente a él? La mera sospecha de que el pensamiento estaba en su mente le hizo sentir con dureza e impaciencia hacia ella. —¿Pero no eres tan libre como el aire? —replicó él—. "¿Quién puede tocarte? El señor Letterblair me dice que la cuestión financiera ha sido resuelta...

—Oh, sí —dijo ella con indiferencia—.

"Bien, entonces: ¿vale la pena arriesgarse a lo que puede ser infinitamente desagradable y doloroso? Piensen en los periódicos, ¡su vileza! Todo es estúpido, estrecho e injusto, pero no se puede rehacer la sociedad".

—No —asintió ella—; Y su tono era tan débil y desolado que sintió un repentino remordimiento por sus propios y duros pensamientos.

—El individuo, en tales casos, es casi siempre sacrificado a lo que se supone que es el interés colectivo: la gente se aferra a cualquier convención que mantenga unida a la familia, que proteja a los niños, si los hay —divagó, vertiendo todas las frases que subían a sus labios en su intenso deseo de encubrir la fea realidad que su silencio parecía haber dejado al descubierto—. Puesto que ella no quería o no podía decir la única palabra que hubiera aclarado el aire, su deseo era no dejarla sentir que estaba tratando de indagar en su secreto. Era mejor mantenerse en la superficie, a la prudente manera neoyorquina, que arriesgarse a descubrir una herida que no podía curar.

—Es asunto mío, ya sabes —prosiguió—, ayudarte a ver estas cosas como las ven las personas que te quieren. Los Mingott, los Welland, los van der Luyden, todos tus amigos y parientes: si no te mostrara honestamente cómo juzgan estas cuestiones, no sería justo de mi parte, ¿verdad? Habló con insistencia, casi suplicándole en su afán de disimular aquel silencio enorme.

Ella dijo lentamente: "No; No sería justo".

El fuego se había desmoronado hasta convertirse en gris, y una de las lámparas hacía un gorgoteo pidiendo atención. Madame Olenska se levantó, le dio cuerda y volvió al fuego, pero sin volver a su asiento.

El hecho de que ella permaneciera en pie parecía significar que no había nada más que decir, y Archer también se puso de pie.

—Muy bien; Haré lo que desees —dijo ella bruscamente—. La sangre le subió a la frente; Y, sorprendido por lo repentino de su rendición, agarró torpemente sus dos manos entre las suyas.

—Yo... yo sí quiero ayudarte —dijo—.

"Tú sí que me ayudas. Buenas noches, primo mío.

Se inclinó y puso sus labios en sus manos, que estaban frías y sin vida. Ella los apartó, y él se volvió hacia la puerta, encontró su abrigo y su sombrero bajo la tenue luz de gas del vestíbulo y se sumergió en la noche invernal rebosante de la elocuencia tardía de lo inarticulado.

XIII.

Era una noche llena de gente en el teatro de Wallack.

La obra era "The Shaughraun", con Dion Boucicault en el papel principal y Harry Montague y Ada Dyas como los amantes. La popularidad de la admirable compañía inglesa estaba en su apogeo, y el Shaughraun siempre llenaba la casa. En las galerías el entusiasmo era irrepetible; En el patio de butacas y en los palcos, la gente sonreía un poco ante los sentimientos trillados y las situaciones de aplausos, y disfrutaba de la obra tanto como lo hacían las galerías.

Hubo un episodio, en particular, que mantuvo la casa desde el suelo hasta el techo. Fue aquella en la que Harry Montague, después de una triste escena, casi monosilábica, de despedida de la señorita Dyas, se despidió de ella y se dio la vuelta para irse. La actriz, que estaba de pie cerca de la repisa de la chimenea y miraba hacia el fuego, llevaba un vestido de cachemira gris sin bucles ni adornos de moda, amoldado a su alta figura y que fluía en largas líneas alrededor de sus pies. Alrededor de su cuello había una estrecha cinta de terciopelo negro con los extremos cayendo por su espalda.

Cuando su cortejador se apartó de ella, apoyó los brazos en la repisa de la chimenea e inclinó el rostro entre las manos. En el umbral se detuvo para mirarla; Luego se escabulló, levantó uno de los extremos de la cinta de terciopelo, lo besó y salió de la habitación sin que ella lo oyera ni cambiara de actitud. Y en esta silenciosa despedida cayó el telón.

Siempre fue por el bien de esa escena en particular que Newland Archer fue a ver "The Shaughraun". Pensó que el adiós de Montague y Ada Dyas era tan hermoso como cualquier cosa que hubiera visto hacer a Croisette y Bressant en París, o a Madge Robertson y Kendal en Londres; En su reticencia, en su muda tristeza, le conmovía más que las más famosas efusiones histriónicas.

La noche en cuestión, la pequeña escena adquirió un tono más conmovedor al recordarle —no podía decir por qué— que se había despedido de Madame Olenska después de su conversación confidencial una semana o diez días antes.

Habría sido tan difícil encontrar alguna semejanza entre las dos situaciones como entre la apariencia de las personas afectadas. Newland Archer no podía pretender nada que se acercara a la romántica belleza del joven actor inglés, y la señorita Dyas era una mujer alta y pelirroja de complexión monumental, cuyo rostro pálido y agradablemente feo no se parecía en nada al vívido semblante de Ellen Olenska. Archer y Madame Olenska no eran dos amantes que se separaban en un silencio desconsolado; Eran cliente y abogado que se separaban después de una charla que le había dado al abogado la peor impresión posible del caso del cliente. ¿Dónde estaba, pues, la semejanza que hacía latir el corazón del joven con una especie de excitación retrospectiva? Parecía estar en la misteriosa facultad de Madame Olenska de sugerir posibilidades trágicas y conmovedoras fuera del curso diario de la experiencia. Apenas le había dicho una palabra que le produjera esa impresión, pero era parte de ella, ya fuera una proyección de su misterioso y extravagante trasfondo o de algo inherentemente dramático, apasionado e inusual en sí misma. Archer siempre se había inclinado a pensar que el azar y las circunstancias jugaban un pequeño papel en la configuración de la suerte de las personas en comparación con su tendencia innata a que les sucedieran cosas. Esta tendencia la había sentido desde el principio en Madame Olenska. La joven, callada, casi pasiva, le pareció exactamente el tipo de persona a la que las cosas estaban destinadas a suceder, sin importar cuánto se alejara de ellas y se esforzara por evitarlas. Lo emocionante era que ella había vivido en una atmósfera tan densa de drama que su propia tendencia a provocarlo aparentemente había pasado desapercibida. Era precisamente la extraña ausencia de sorpresa en ella lo que le daba la sensación de que había sido arrancada de una vorágine: las cosas que daba por sentadas daban la medida de aquellos contra los que se había rebelado.

Archer la había dejado con la convicción de que la acusación del conde Olenski no era infundada. La misteriosa persona que figuraba en el pasado de su esposa como "la secretaria" probablemente no había sido recompensada por su participación en su fuga. Las condiciones de las que había huido eran intolerables, más allá de lo que se podía hablar, de lo que no se podía creer: era joven, estaba asustada, estaba desesperada... ¿qué más natural que estar agradecida a su salvador? La lástima era que su gratitud la ponía, a los ojos de la ley y del mundo, a la par de su abominable esposo. Archer se lo había hecho entender, como estaba obligado a hacerlo; también le había hecho comprender que la sencilla y bondadosa Nueva York, en cuya mayor caridad aparentemente había contado, era precisamente el lugar donde menos podía esperar indulgencia.

Tener que dejarle claro este hecho —y presenciar su resignada aceptación de ello— había sido intolerablemente doloroso para él. Se sintió atraído hacia ella por oscuros sentimientos de celos y lástima, como si su error confesado tontamente la hubiera puesto a su merced, humillándola pero haciéndola entrañable. Se alegró de que fuera a él a quien ella le hubiera revelado su secreto, en lugar de a la fría mirada del señor Letterblair o a la mirada avergonzada de su familia. Inmediatamente se encargó de asegurarles a ambos que ella había renunciado a su idea de solicitar el divorcio, basando su decisión en el hecho de que había comprendido la inutilidad del procedimiento; Y con infinito alivio, todos habían apartado los ojos de la "molestia" que ella les había ahorrado.

—Estaba segura de que Newland lo conseguiría —había dicho la señora Welland con orgullo de su futuro yerno—; y la anciana señora Mingott, que lo había convocado para una entrevista confidencial, lo había felicitado por su inteligencia, y agregó con impaciencia: —¡Ganso tonto! Yo mismo le dije qué tontería era. ¡Queriendo hacerse pasar por Ellen Mingott y una vieja doncella, cuando tiene la suerte de ser una mujer casada y una condesa!

Estos incidentes habían hecho que el recuerdo de su última conversación con la señora Olenska fuera tan vívido para el joven que, al caer el telón de la despedida de los dos actores, sus ojos se llenaron de lágrimas y se levantó para abandonar el teatro.

Al hacerlo, se volvió hacia el lado de la casa detrás de él, y vio a la dama en la que estaba pensando sentada en un palco con los Beaufort, Lawrence Lefferts y uno o dos hombres más. No había hablado con ella a solas desde la noche que pasaron juntos, y había tratado de evitar estar con ella en compañía; pero ahora sus miradas se encontraron, y como la señora Beaufort lo reconoció al mismo tiempo, e hizo su lánguido gesto de invitación, fue imposible no entrar en el palco.

Beaufort y Lefferts le abrieron paso y, después de unas palabras con la señora Beaufort, que siempre prefería estar bella y no tener que hablar, Archer se sentó detrás de la señora Olenska. No había nadie más en el palco, excepto el señor Sillerton Jackson, que le estaba contando a la señora Beaufort en un tono confidencial sobre la última recepción dominical de la señora Lemuel Struthers (donde algunas personas informaron que había habido baile). Al amparo de esta narración circunstancial, a la que la señora Beaufort escuchaba con su sonrisa perfecta y la cabeza en el ángulo justo para ser vista de perfil desde el patio de butacas, la señora Olenska se volvió y habló en voz baja.

—¿Crees —preguntó ella, mirando hacia el escenario— que mañana por la mañana le enviará un ramo de rosas amarillas?

Archer enrojeció y su corazón dio un salto de sorpresa. Sólo había ido dos veces a ver a la señora Olenska, y cada vez le había enviado una caja de rosas amarillas, y cada vez sin tarjeta. Nunca antes había hecho ninguna alusión a las flores, y él supuso que nunca había pensado en él como el remitente. Ahora, el súbito reconocimiento del regalo, y el hecho de que ella lo asociara con la tierna despedida en el escenario, lo llenó de un placer agitado.

"Yo también estaba pensando en eso: iba a dejar el teatro para llevarme el cuadro", dijo.

Para su sorpresa, ella subió de color, a regañadientes y sombríamente. Bajó la vista hacia el cristal de ópera de nácar que tenía en sus manos enguantadas y dijo, después de una pausa: —¿Qué haces mientras May está fuera?

"Me atengo a mi trabajo", respondió, ligeramente molesto por la pregunta.

Obedeciendo a una costumbre establecida desde hacía mucho tiempo, los Welland habían partido la semana anterior hacia San Agustín, donde, por consideración a la supuesta susceptibilidad de los bronquios del señor Welland, siempre pasaban la última parte del invierno. El señor Welland era un hombre apacible y silencioso, sin opiniones pero con muchos hábitos. Con estos hábitos nadie podía interferir; Y uno de ellos exigió que su esposa y su hija lo acompañaran siempre en su viaje anual al sur. Preservar una domesticidad ininterrumpida era esencial para su tranquilidad; no habría sabido dónde estaban sus cepillos para el cabello, ni cómo proporcionar sellos para sus cartas, si la señora Welland no hubiera estado allí para decírselo.

Como todos los miembros de la familia se adoraban mutuamente, y como el señor Welland era el objeto central de su idolatría, a su esposa y a May nunca se les ocurrió dejarlo ir solo a San Agustín; y sus hijos, que estaban en la ley y no podían salir de Nueva York durante el invierno, siempre se unían a él para la Pascua y viajaban de regreso con él.

Era imposible para Archer discutir la necesidad de que May acompañara a su padre. La reputación del médico de cabecera de los Mingott se basaba en gran medida en el ataque de neumonía, que el señor Welland nunca había tenido; y su insistencia en San Agustín era, por lo tanto, inflexible. Originalmente, se había previsto que el compromiso de May no se anunciara hasta su regreso de Florida, y no se podía esperar que el hecho de que se hubiera dado a conocer antes alterara los planes del señor Welland. A Archer le habría gustado unirse a los viajeros y tener unas semanas de sol y paseos en bote con su prometida; Pero él también estaba sujeto a la costumbre y a las convenciones. Por poco arduos que fueran sus deberes profesionales, habría sido condenado por frivolidad por todo el clan Mingott si hubiera sugerido pedir unas vacaciones en pleno invierno; y aceptó la partida de May con la resignación que, a su juicio, tendría que ser uno de los principales constituyentes de la vida matrimonial.

Era consciente de que la señora Olenska lo miraba con los párpados bajos.
—He hecho lo que querías, lo que me aconsejabas —dijo ella bruscamente—.

—Ah, me alegro —replicó él, avergonzado de que ella abordara el tema en ese momento—.

—Comprendo que tenías razón —prosiguió ella un poco sin aliento—; "Pero a veces la vida es difícil... desconcertante..."

—Lo sé.

"Y quería decirte que SÍ siento que tenías razón; y que le estoy agradecida —terminó, llevándose rápidamente el catalejo de la ópera a los ojos mientras se abría la puerta del palco y la voz resonante de Beaufort irrumpía en ellos—.

Archer se levantó y abandonó el palco y el teatro.

El día anterior había recibido una carta de May Welland en la que, con su franqueza característica, le pedía que «fuera amable con Ellen» en su ausencia. "Le gustas y te admira mucho, y sabes que, aunque no lo demuestre, sigue sintiéndose muy sola e infeliz. No creo que la abuela la entienda, ni tampoco el tío Lovell Mingott; Realmente piensan que ella es mucho más mundana y más cariñosa de la sociedad de lo que es. Y me doy cuenta de que Nueva York debe parecerle aburrida, aunque la familia no lo admita. Creo que se ha acostumbrado a muchas cosas que nosotros no tenemos; Música maravillosa, y espectáculos de fotos, y celebridades, artistas y autores y todas las personas inteligentes que admiras. La abuela no puede entender que quiera otra cosa que no sea cenar y ropa, pero puedo ver que eres casi la única persona en Nueva York que puede hablar con ella sobre lo que realmente le importa.

Su sabia May... ¡cómo la había amado por aquella carta! Pero no había tenido la intención de actuar en consecuencia; estaba demasiado ocupado, para empezar, y no le importaba, como hombre comprometido, desempeñar de manera demasiado conspicua el papel de campeón de Madame Olenska. Tenía la idea de que ella sabía cuidarse mucho mejor de lo que la ingenua May imaginaba. Tenía a Beaufort a sus pies, al señor van der Luyden flotando sobre ella como una deidad protectora, y a un gran número de candidatos (Lawrence Lefferts entre ellos) esperando su oportunidad a media distancia. Sin embargo, nunca la vio, ni intercambió una palabra con ella, sin sentir que, después de todo, la ingenuidad de May equivalía casi a un don de adivinación. Ellen Olenska se sentía sola y era infeliz.

XIV.

Al salir al vestíbulo, Archer se encontró con su amigo Ned Winsett, el único de lo que Janey llamaba su «gente inteligente» con el que se preocupaba por indagar en las cosas un poco más allá del nivel medio de bromas de club y taberna.

Había visto, al otro lado de la casa, la desgastada espalda redonda de Winsett, y una vez había notado que sus ojos se volvían hacia la caja de Beaufort. Los dos hombres se dieron la mano y Winsett propuso comer algo en un pequeño restaurante alemán a la vuelta de la esquina. Archer, que no estaba de humor para el tipo de charla que probablemente tendrían allí, se negó con el pretexto de que tenía trabajo que hacer en casa; y Winsett dijo: "Oh, bueno, yo también lo he hecho, y también seré el Aprendiz Industrioso".

Pasearon juntos, y en seguida Winsett dijo: —Mira, lo que realmente busco es el nombre de la dama morena de esa caja de oleaje tuya, con los Beaufort, ¿no es así? Aquel del que tu amigo Lefferts parece estar tan enamorado.

Archer, no podría haber dicho por qué, estaba un poco molesto. ¿Qué diablos quería Ned Winsett con el nombre de Ellen Olenska? Y, sobre todo, ¿por qué lo acopló con el de Lefferts? No era propio de Winsett manifestar tal curiosidad; pero después de todo, recordaba Archer, era periodista.

"Espero que no sea para una entrevista", se rió.

—Bueno, no para la prensa; solo para mí —replicó Winsett—. El caso es que es una vecina mía, un barrio raro para que una belleza así se instale, y ha sido muy amable con mi hijo, que se cayó por su zona persiguiendo a su gatito y se hizo un corte desagradable. Entró corriendo con la cabeza descubierta, llevándolo en sus brazos, con su rodilla bellamente vendada, y era tan simpática y hermosa que mi esposa estaba demasiado deslumbrada para preguntar su nombre.

Un agradable resplandor dilató el corazón de Archer. No había nada extraordinario en el cuento: cualquier mujer habría hecho lo mismo por el hijo de una vecina. Pero era propio de Ellen, pensó, haber entrado corriendo con la cabeza descubierta, llevando al niño en brazos, y haber deslumbrado a la pobre señora Winsett para que se olvidara de preguntar quién era.

—Es la condesa Olenska, nieta de la anciana señora Mingott.

—¡Vaya, una condesa! —silbó Ned Winsett—. —Bueno, yo no sabía que las condesas eran tan vecinas. Mingotts no lo es.

—Lo serían, si se lo permitieras.

—Ah, bueno... —Era su vieja e interminable discusión sobre la obstinada renuencia de la «gente inteligente» a frecuentar la moda, y ambos hombres sabían que era inútil prolongarla.

—Me pregunto —interrumpió Winsett— cómo es posible que una condesa viva en nuestro tugurio.

—Porque a ella no le importa un bledo el lugar donde vive, ni ninguno de nuestros pequeños carteles sociales —dijo Archer, con un secreto orgullo por la foto que él mismo tenía de ella—.

—Supongo que ha estado en lugares más grandes —comentó el otro—. "Bueno, aquí está mi esquina".

Se marchó encorvado por Broadway, y Archer se quedó mirándolo y meditando sobre sus últimas palabras.

Ned Winsett tenía esos destellos de penetración; eran lo más interesante de él, y siempre hacían que Archer se preguntara por qué le habían permitido aceptar el fracaso tan impasible a una edad en la que la mayoría de los hombres todavía están luchando.

Archer sabía que Winsett tenía esposa e hijo, pero nunca los había visto. Los dos hombres siempre se encontraban en el Century, o en algún lugar frecuentado por periodistas y gente de teatro, como el restaurante donde Winsett le había propuesto ir a tomar un bock. Le había dado a entender a Archer que su esposa era una inválida; Lo cual podía ser cierto en el caso de la pobre dama, o podía significar simplemente que carecía de dotes sociales o de ropa de noche, o de ambas cosas. El propio Winsett aborrecía salvajemente las observancias sociales: Archer, que se vestía por la noche porque pensaba que era más limpio y cómodo hacerlo, y que nunca se había detenido a considerar que la limpieza y la comodidad son dos de los elementos más costosos en un presupuesto modesto, consideraba la actitud de Winsett como parte de la aburrida pose "bohemia" que siempre hacía a la gente estar a la moda. que cambiaban de ropa sin hablar de ello, y que no estaban siempre insistiendo en el número de criados que uno tenía, parecen mucho más sencillos y menos cohibidos que los demás. Sin embargo, siempre se sentía estimulado por Winsett, y cada vez que veía el rostro delgado y barbudo y los ojos melancólicos del periodista, lo sacaba de su rincón y lo llevaba a una larga charla.

Winsett no fue periodista por elección. Era un hombre de letras puro, nacido prematuramente en un mundo que no tenía necesidad de letras; Pero después de publicar un volumen de breves y exquisitas apreciaciones literarias, del que se vendieron ciento veinte ejemplares, se regalaron treinta y el resto fue finalmente destruido por los editores (según el contrato) para hacer espacio para un material más comercializable, había abandonado su verdadera vocación y había aceptado un trabajo de subeditorial en un semanario femenino. donde los platos de moda y los patrones de papel se alternaban con historias de amor de Nueva Inglaterra y anuncios de bebidas por la templanza.

Sobre el tema de los "Fuegos de los hogares" (como se llamaba el periódico) era inagotablemente entretenido; Pero bajo su diversión se escondía la amargura estéril del joven que lo ha intentado y se ha rendido. Su conversación siempre hacía que Archer tomara la medida de su propia vida, y sintiera lo poco que contenía; pero la de Winsett, después de todo, contenía aún menos, y aunque su fondo común de intereses intelectuales y curiosidades hacía que sus charlas fueran estimulantes, su intercambio de opiniones solía permanecer dentro de los límites de un diletantismo pensativo.

"El hecho es que la vida no es muy adecuada para ninguno de los dos", había dicho Winsett una vez. "Estoy deprimido y fuera; No hay nada que hacer al respecto. Solo tengo una vajilla para producir, y no hay mercado para ella aquí, y no lo habrá en mi tiempo. Pero eres libre y estás bien. ¿Por qué no te pones en contacto? Solo hay una manera de hacerlo: entrar en política".

Archer echó la cabeza hacia atrás y se echó a reír. Allí se vio en un instante la diferencia insalvable entre hombres como Winsett y los demás, de la especie de Archer. Todos en los círculos corteses sabían que, en Estados Unidos, "un caballero no podía dedicarse a la política". Pero, como no podía decírselo así a Winsett, contestó evasivamente: «¡Mira la carrera del hombre honrado en la política americana! No nos quieren".

"¿Quiénes son 'ellos'? ¿Por qué no se juntan todos y son 'ellos' ustedes mismos?"

La risa de Archer permaneció en sus labios en una sonrisa ligeramente condescendiente. Era inútil prolongar la discusión: todo el mundo conocía el triste destino de los pocos caballeros que habían arriesgado su ropa limpia en la política municipal o estatal de Nueva York. Ya pasó el día en que ese tipo de cosas eran posibles: el país estaba en posesión de los patrones y del emigrante, y la gente decente tenía que recurrir al deporte o a la cultura.

"¡Cultura! ¡Sí, si lo tuviéramos! Pero solo hay unos pocos parches locales, que se están muriendo aquí y allá por falta de... bueno, azada y fertilización cruzada: los últimos restos de la vieja tradición europea que sus antepasados trajeron consigo. Pero estás en una pequeña minoría lamentable: no tienes centro, no tienes competencia, no tienes público. Eres como los cuadros en las paredes de una casa desierta: 'Retrato de un caballero'. Nunca llegarás a nada, ninguno de ustedes, hasta que te arremangas y te pongas manos a la obra. Eso, o emigrar... ¡Dios! Si pudiera emigrar..."

Archer se encogió de hombros mentalmente y volvió la conversación a los libros, donde Winsett, aunque inseguro, siempre era interesante. ¡Emigrar! ¡Como si un caballero pudiera abandonar su propio país! No se podía hacer eso más de lo que se podía arremangarse y hundirse en el fango. Un caballero simplemente se quedó en casa y se abstuvo. Pero no se podía hacer ver eso a un hombre como Winsett; y por eso la Nueva York de los clubes literarios y de los restaurantes exóticos, aunque una primera sacudida la hiciera parecer más un caleidoscopio, resultó ser, al final, una caja más pequeña, con un patrón más monótono, que los átomos ensamblados de la Quinta Avenida.

A la mañana siguiente, Archer recorrió la ciudad en vano en busca de más rosas amarillas. A consecuencia de esta búsqueda, llegó tarde a la oficina, se dio cuenta de que el hecho de que lo hiciera no significaba nada para nadie, y se llenó de una súbita exasperación por la elaborada futilidad de su vida. ¿Por qué no iba a estar, en ese momento, en las arenas de San Agustín con May Welland? Nadie se dejó engañar por su pretensión de actividad profesional. En los antiguos bufetes de abogados, como el que dirigía el señor Letterblair, y que se dedicaban principalmente a la administración de grandes propiedades e inversiones «conservadoras», siempre había dos o tres jóvenes, bastante acomodados y sin ambiciones profesionales, que, durante un cierto número de horas de cada día, se sentaban en sus escritorios a realizar tareas triviales. o simplemente leer los periódicos. Aunque se suponía que era apropiado que tuvieran una ocupación, el hecho grosero de hacer dinero todavía se consideraba despectivo, y la ley, al ser una profesión, se consideraba una actividad más caballerosa que los negocios. Pero ninguno de estos jóvenes tenía muchas esperanzas de progresar realmente en su profesión, ni ningún deseo sincero de hacerlo; y sobre muchos de ellos ya se estaba extendiendo perceptiblemente el moho verde de lo superficial.

Hizo que Archer se estremeciera al pensar que también podría estar extendiéndose sobre él. Tenía, sin duda, otros gustos e intereses; pasaba sus vacaciones viajando por Europa, cultivaba a la «gente inteligente» de la que hablaba May y, en general, trataba de «mantenerse al día», como le había dicho con cierta nostalgia a Madame Olenska. Pero una vez casado, ¿qué sería de este estrecho margen de vida en el que vivieron sus verdaderas experiencias? Ya había visto bastante a otros jóvenes que habían soñado su sueño, aunque tal vez con menos fervor, y que poco a poco se habían hundido en la plácida y lujosa rutina de sus mayores.

Desde la oficina envió una nota por mensajero a la señora Olenska, preguntándole si podía visitarla esa tarde, y rogándole que le permitiera encontrar una respuesta en su club; Pero en el club no encontró nada, ni recibió ninguna carta al día siguiente. Este silencio inesperado lo mortificó más allá de lo razonable, y aunque a la mañana siguiente vio un glorioso ramo de rosas amarillas detrás del cristal de la ventana de una floristería, lo dejó allí. No fue hasta la tercera mañana cuando recibió una línea por correo de la condesa Olenska. Para su sorpresa, estaba fechado en Skuytercliff, donde los van der Luyden se habían retirado rápidamente después de embarcar al duque en su vapor.

—Me escapé —empezó bruscamente el escritor (sin los preliminares habituales)—, al día siguiente de verte en la obra, y estos amables amigos me han acogido. Quería estar callado y pensar las cosas. Tenías razón al decirme lo amables que eran; Me siento muy segura aquí. Desearía que estuvieras con nosotros". Terminó con un convencional "Atentamente", y sin ninguna alusión a la fecha de su regreso.

El tono de la nota sorprendió al joven. ¿De qué huía Madame Olenska y por qué sintió la necesidad de estar a salvo? Lo primero que pensó fue en alguna oscura amenaza procedente del extranjero; Luego reflexionó que no conocía su estilo epistolar, y que podía llegar a una exageración pintoresca. Las mujeres siempre exageraban; y, además, no se sentía del todo cómoda en inglés, que a menudo hablaba como si estuviera traduciendo del francés. «Je me suis evadee...», dicho de esa manera, la frase inicial sugería de inmediato que tal vez simplemente quería escapar de una aburrida ronda de compromisos; Lo cual era muy probable, porque la juzgaba caprichosa y se cansaba fácilmente del placer del momento.

Le divertía pensar que los van der Luydens se la habían llevado a Skuytercliff en una segunda visita, y esta vez por tiempo indefinido. Las puertas de Skuytercliff se abrían rara vez y a regañadientes a los visitantes, y un frío fin de semana era lo más que se ofrecía a los pocos privilegiados. Pero Archer había visto, en su última visita a París, la deliciosa obra de Labiche, Le Voyage de M. Perrichon, y recordaba el apego obstinado y desalentado del señor Perrichon hacia el joven a quien había sacado del glaciar. Los van der Luyden habían rescatado a Madame Olenska de una fatalidad casi igual de helada; y aunque había muchas otras razones para sentirse atraído por ella, Archer sabía que debajo de todas ellas yacía la suave y obstinada determinación de seguir rescatándola.

Sintió una clara decepción al enterarse de que ella no estaba; y recordó casi de inmediato que, el día anterior, había rechazado una invitación para pasar el domingo siguiente con los Reggie Chiverse en su casa del Hudson, a pocos kilómetros de Skuytercliff.

Hacía mucho tiempo que se había hartado de las ruidosas fiestas amistosas de Highbank, con paseos por la costa, paseos en bote por el hielo, trineos, largos paseos por la nieve y un sabor general de coqueteo suave y bromas pesadas más suaves. Acababa de recibir una caja de libros nuevos de su librero de Londres, y había preferido la perspectiva de un domingo tranquilo en casa con sus despojos. Pero entonces entró en la sala de redacción del club, escribió un telegrama apresurado y le dijo al criado que lo enviara inmediatamente. Sabía que la señora Reggie no se oponía a que sus visitantes cambiaran de opinión de repente, y que siempre había espacio de sobra en su elástica casa.

XV

Newland Archer llegó a casa de los Chiverse el viernes por la noche, y el sábado repasó concienzudamente todos los ritos correspondientes a un fin de semana en Highbank.

Por la mañana dio una vuelta en el bote de hielo con su anfitriona y algunos de los invitados más resistentes; por la tarde «recorrió la granja» con Reggie, y escuchó, en los establos elaboradamente decorados, largas e impresionantes disquisiciones sobre el caballo; Después del té, conversó en un rincón del salón iluminado por la chimenea con una joven que se había declarado con el corazón destrozado cuando se anunció su compromiso, pero que ahora estaba ansiosa por contarle sus propias esperanzas matrimoniales; Y finalmente, cerca de la medianoche, ayudó a poner un pez dorado en la cama de un visitante, vistió a un ladrón en el cuarto de baño de una tía nerviosa, y se encargó de participar en una pelea de almohadas que se extendió desde la guardería hasta el sótano. Pero el domingo, después del almuerzo, pidió prestado un cúter y se dirigió a Skuytercliff.

Siempre se había dicho que la casa de Skuytercliff era una villa italiana. Los que nunca habían estado en Italia lo creyeron; Lo mismo hicieron algunos que sí lo habían hecho. La casa había sido construida por el señor van der Luyden en su juventud, a su regreso de la «gran gira» y en previsión de su próximo matrimonio con la señorita Louisa Dagonet. Era una gran estructura cuadrada de madera, con paredes machihembradas pintadas de verde pálido y blanco, un pórtico corintio y pilastras estriadas entre las ventanas. Desde el terreno elevado en el que se encontraba, una serie de terrazas bordeadas por balaustradas y urnas descendían en el estilo del grabado en acero a un pequeño lago irregular con un borde de asfalto cubierto por raras coníferas lloronas. A derecha e izquierda, los famosos céspedes sin maleza tachonados de árboles "ejemplares" (cada uno de una variedad diferente) se extendían hasta largas extensiones de hierba coronadas con elaborados adornos de hierro fundido; y abajo, en una hondonada, estaba la casa de piedra de cuatro habitaciones que el primer Patroon había construido en el terreno que le había sido concedido en 1612.

Contra la capa uniforme de nieve y el cielo grisáceo del invierno, la villa italiana se alzaba con cierta severidad; Incluso en verano se mantenía a distancia, y el lecho de coleos más audaz nunca se había aventurado a acercarse a menos de treinta pies de su terrible frente. Ahora, cuando Archer tocó la campana, el largo tintineo pareció resonar a través de un mausoleo; Y la sorpresa del mayordomo, que al fin respondió a la llamada, fue tan grande como si lo hubieran llamado de su último sueño.

Afortunadamente, Archer pertenecía a la familia y, por lo tanto, a pesar de lo irregular que fue su llegada, tenía derecho a ser informado de que la condesa Olenska había salido, después de haber ido a la misa de la tarde con la señora van der Luyden exactamente tres cuartos de hora antes.

—El señor van der Luyden —continuó el mayordomo—, ha llegado, señor; pero mi impresión es que está terminando su siesta o leyendo el Evening Post de ayer. Le oí decir, señor, a su regreso de la iglesia esta mañana, que tenía la intención de hojear el Evening Post después del almuerzo; si quiere, señor, podría ir a la puerta de la biblioteca y escuchar...

Pero Archer, agradeciéndole, dijo que iría a encontrarse con las damas; Y el mayordomo, evidentemente aliviado, le cerró la puerta majestuosamente.

Un mozo de cuadra llevó el cúter a los establos, y Archer atravesó el parque hasta la carretera principal. La aldea de Skuytercliff estaba a sólo un kilómetro y medio de distancia, pero sabía que la señora van der Luyden nunca caminaba y que debía seguir el camino para encontrarse con el carruaje. Sin embargo, al poco tiempo, al bajar por un sendero que cruzaba la carretera, alcanzó a ver una figura delgada con una capa roja, con un gran perro corriendo delante de él. Se apresuró a avanzar, y la señora Olenska se detuvo en seco con una sonrisa de bienvenida.

—¡Ah, has venido! —dijo ella, y sacó la mano de su manguito—.

La capa roja la hacía parecer alegre y vivaz, como la Ellen Mingott de los viejos tiempos; y él se echó a reír mientras le tomaba la mano, y respondió: "Vine a ver de qué huías".

Su rostro se nubló, pero respondió: "Ah, bueno, pronto lo verás".

La respuesta lo dejó perplejo. —¿Por qué..., quiere decir que ha sido alcanzado?

Ella se encogió de hombros, con un pequeño movimiento como el de Nastasia, y replicó en un tono más ligero: —¿Seguimos caminando?

Tengo mucho frío después del sermón. ¿Y qué importa, ahora estás aquí para protegerme?"

La sangre le subió a las sienes y cogió un pliegue de su manto. "Ellen, ¿qué pasa? Tienes que decírmelo.

—Oh, ahora, corramos primero una carrera: mis pies se están congelando hasta el suelo —exclamó—; Y recogiendo la capa, huyó por la nieve, mientras el perro saltaba a su alrededor con ladridos desafiantes. Por un momento, Archer se quedó mirando, su mirada deleitada por el destello del meteoro rojo contra la nieve; Entonces echó a andar tras ella, y se encontraron, jadeando y riendo, en un portillo que conducía al parque.

Ella lo miró y sonrió. —¡Sabía que vendrías!

—Eso demuestra que querías que lo hiciera —replicó él, con una alegría desproporcionada en sus tonterías—. El brillo blanco de los árboles llenaba el aire con su propio brillo misterioso, y mientras caminaban sobre la nieve, el suelo parecía cantar bajo sus pies.

—¿De dónde vienes? —preguntó Madame Olenska.

Se lo dijo, y agregó: "Fue porque recibí tu nota".

Después de una pausa, dijo, con un escalofrío apenas perceptible en su voz: – May te ha pedido que me cuides.

"No necesité que me lo preguntaran".

—¿Quieres decir que estoy tan evidentemente indefenso e indefenso? ¡Qué pobre cosa debéis pensar todos de mí! Pero las mujeres aquí no parecen, parecen no sentir nunca la necesidad, como no son más que las benditas en el cielo.

Bajó la voz para preguntar: "¿Qué tipo de necesidad?"

"¡Ah, no me preguntes! No hablo tu idioma —replicó ella petulante—.

La respuesta lo golpeó como un golpe, y se quedó quieto en el camino, mirándola.

—¿A qué he venido, si no hablo el tuyo?

—¡Oh, amigo mío...! Ella posó su mano suavemente sobre su brazo, y él suplicó con seriedad: "Ellen, ¿por qué no me cuentas lo que ha pasado?"

Volvió a encogerse de hombros. "¿Alguna vez sucede algo en el cielo?"

Guardó silencio y caminaron unos metros sin intercambiar una palabra. Finalmente ella dijo: "Te lo diré, pero ¿dónde, dónde, dónde? Uno no puede estar solo ni un minuto en ese gran seminario de una casa, con todas las puertas abiertas de par en par, y siempre un sirviente trayendo té, o un tronco para el fuego, o el periódico. ¿No hay ningún lugar en una casa americana donde uno pueda estar solo? Eres tan tímido y, sin embargo, eres tan público. Siempre me siento como si estuviera en el convento de nuevo, o en el escenario, ante un público terriblemente educado que nunca aplaude".

"¡Ah, no te gustamos!" —exclamó Archer—.

Pasaban por delante de la casa del viejo Patroon, con sus paredes achaparradas y sus pequeñas ventanas cuadradas agrupadas compactamente en torno a una chimenea central. Los postigos estaban abiertos de par en par, y a través de una de las ventanas recién lavadas, Archer captó la luz de un fuego.

—¡Vaya, la casa está abierta! —dijo—.

Se quedó quieta. —No; Solo por hoy, al menos. Quería verlo, y el señor van der Luyden mandó encender el fuego y abrir las ventanas, para que pudiéramos detenernos allí en el camino de regreso de la iglesia esta mañana. Subió corriendo los escalones y probó la puerta. "Todavía está desbloqueado, ¡qué suerte! Entra y podemos tener una charla tranquila. La señora van der Luyden ha ido a ver a sus tías ancianas a Rhinebeck y no nos echaremos de menos en la casa hasta dentro de una hora.

Él la siguió hasta el estrecho pasadizo. Su ánimo, que había decaído ante sus últimas palabras, se elevó con un salto irracional. Allí se alzaba la casita hogareña, con sus paneles y bronces brillando a la luz del fuego, como si hubiera sido creada mágicamente para recibirlos. Un gran lecho de brasas aún brillaba en la chimenea de la cocina, bajo una olla de hierro colgada de una vieja grúa. Los sillones de junco se enfrentaban a través de la chimenea de azulejos, y filas de platos de Delft se alzaban en estantes contra las paredes. Archer se agachó y arrojó un tronco sobre las brasas.

Madame Olenska, dejando caer su capa, se sentó en una de las sillas. Archer se apoyó en la chimenea y la miró.

"Ahora te estás riendo; Pero cuando me escribiste estabas descontento", dijo.

—Sí. Hizo una pausa. "Pero no puedo sentirme infeliz cuando estás aquí".

—No estaré aquí mucho tiempo —replicó él, con los labios tensos por el esfuerzo de decir tanto y nada más—.

—No, lo sé. Pero soy imprudente: vivo el momento en el que soy feliz".

Las palabras se deslizaron a través de él como una tentación, y para cerrar sus sentidos a ellas, se alejó de la chimenea y se quedó contemplando los troncos negros de los árboles contra la nieve. Pero era como si ella también hubiera cambiado de lugar, y él seguía viéndola, entre él y los árboles, inclinándose sobre el fuego con su sonrisa indolente. El corazón de Archer latía insubordinadamente. ¿Y si hubiera sido de él de quien ella había huido, y si hubiera esperado para decírselo hasta que estuvieron juntos a solas en esta habitación secreta?

—Ellen, si realmente te ayudo, si realmente querías que viniera, dime qué te pasa, dime de qué estás huyendo —insistió—.

Habló sin cambiar de posición, sin volverse siquiera para mirarla: si la cosa iba a suceder, iba a suceder de esta manera, con toda la anchura de la habitación entre ellos, y sus ojos todavía fijos en la nieve exterior.

Durante un largo momento permaneció en silencio; y en ese momento Archer la imaginó, casi la oyó, acercándose sigilosamente detrás de él para echarle al cuello sus ligeros brazos. Mientras esperaba, con el alma y el cuerpo palpitando por el milagro que se avecinaba, sus ojos recibieron maquinalmente la imagen de un hombre con un abrigo pesado y el collar de piel levantado que avanzaba por el camino hacia la casa. El hombre era Julio Beaufort.

—¡Ah...! —exclamó Archer, estallando en una carcajada—.

Madame Olenska se había levantado de un salto y se había puesto a su lado, deslizando su mano entre las suyas; Pero después de echar un vistazo a través de la ventana, su rostro palideció y se encogió hacia atrás.

—¿Así que eso fue todo? Dijo Archer con sorna.

—No sabía que estaba aquí —murmuró la señora Olenska—. Su mano seguía aferrada a la de Archer; Pero él se apartó de ella y, saliendo al corredor, abrió de par en par la puerta de la casa.

—¡Hola, Beaufort, por aquí! Madame Olenska le estaba esperando —dijo—.

Durante su viaje de regreso a Nueva York a la mañana siguiente, Archer revivió con una viveza fatigosa sus últimos momentos en Skuytercliff.

Beaufort, aunque estaba claramente molesto por encontrarlo con madame Olenska, había llevado la situación, como de costumbre, con prepotencia. Su forma de ignorar a las personas cuya presencia le incomodaba en realidad les daba, si eran sensibles a ello, una sensación de invisibilidad, de inexistencia. Archer, mientras los tres paseaban de regreso por el parque, era consciente de esta extraña sensación de incorpórea; Y, humillante como era para su vanidad, le daba la ventaja fantasmal de observar sin ser observado.

Beaufort había entrado en la casita con su habitual seguridad; Pero no podía apartar la línea vertical entre sus ojos. Estaba bastante claro que Madame Olenska no sabía que él vendría, aunque sus palabras a Archer habían insinuado la posibilidad; en cualquier caso, era evidente que ella no le había dicho adónde iba cuando salió de Nueva York, y su inexplicable partida lo había exasperado. La razón aparente de su aparición fue el descubrimiento, la misma noche anterior, de una «casita perfecta», que no estaba en el mercado, que en realidad era lo que ella necesitaba, pero que se vendería al instante si no la tomaba; Y él prorrumpía en burlas el baile que ella le había llevado a huir, tal como él lo había encontrado.

—Si tan solo esta nueva forma de hablar a lo largo de un cable hubiera estado un poco más cerca de la perfección, podría haberte contado todo esto desde la ciudad, y estar tostando los dedos de los pies ante el fuego del garrote en este momento, en lugar de pisarte a través de la nieve —refunfuñó, disimulando una verdadera irritación bajo el pretexto de ello—. y en este comienzo, Madame Olenska desvió la charla hacia la fantástica posibilidad de que algún día pudieran conversar entre sí de calle en calle, o incluso —¡sueño increíble!— de una ciudad a otra. Esto se deduce de las tres alusiones a Edgar Poe y a Julio Verne, y de tales lugares comunes que naturalmente suben a los labios de los más inteligentes cuando hablan contra el tiempo y se trata de una nueva invención en la que parecería ingenuo creer demasiado pronto; Y la cuestión del teléfono los llevó sanos y salvos de vuelta a la casa grande.

La señora van der Luyden aún no había regresado; y Archer se despidió y se fue a buscar el cúter, mientras Beaufort seguía a la condesa Olenska al interior. Era probable que, por poco que los van der Luyden le animaran a hacer visitas sin previo aviso, pudiera contar con que lo invitaran a cenar y lo enviaran de vuelta a la estación para tomar el tren de las nueve; pero no conseguiría más que eso, porque sería inconcebible para sus anfitriones que un caballero que viajaba sin equipaje deseara pasar la noche, y les resultaría desagradable proponérsela a una persona con la que estaban en términos de tan limitada cordialidad como Beaufort.

Beaufort sabía todo esto, y debía haberlo previsto; y el hecho de que emprendiera el largo viaje por una recompensa tan pequeña daba la medida de su impaciencia. Era innegable que perseguía a la condesa Olenska; y Beaufort sólo tenía un objetivo a la vista en su búsqueda de mujeres bonitas. Su hogar aburrido y sin hijos hacía tiempo que había palidecido sobre él; Y, además de consuelos más permanentes, siempre estaba en busca de aventuras amorosas en su propio set. Éste era el hombre del que Madame Olenska huía declaradamente: la cuestión era si había huido porque sus importunidades le desagradaban, o porque no confiaba plenamente en sí misma para resistirlas; a menos, en efecto, que toda su charla sobre la huida hubiera sido una ceguera, y su partida no fuera más que una maniobra.

Archer realmente no lo creyó. A pesar de lo poco que había visto de la señora Olenska, empezaba a pensar que podía leer su rostro, y si no su rostro, su voz; y ambos habían manifestado molestia, e incluso consternación, por la repentina aparición de Beaufort. Pero, después de todo, si este era el caso, ¿no era peor que si ella hubiera salido de Nueva York con el propósito expreso de encontrarse con él? Si lo había hecho, dejaba de ser un objeto de interés, se unía al más vulgar de los disimuladores: una mujer que mantenía una relación amorosa con Beaufort se "clasificaba" irremediablemente.

No, era mil veces peor si, juzgando a Beaufort, y probablemente despreciándolo, se sintiera atraída hacia él por todo lo que le daba una ventaja sobre los demás hombres que la rodeaban: su hábito de dos continentes y dos sociedades, su asociación familiar con artistas, actores y gente en general a los ojos del mundo, y su desprecio descuidado por los prejuicios locales. Beaufort era vulgar, inculto, orgulloso de su bolsillo; pero las circunstancias de su vida, y cierta astucia innata, hacían que valiera más la pena hablar con él que con muchos hombres, moral y socialmente superiores a él, cuyo horizonte estaba limitado por la Batería y el Parque Central. ¿Cómo podría alguien que viene de un mundo más amplio no sentir la diferencia y sentirse atraído por ella?

Madame Olenska, en un arrebato de irritación, le había dicho a Archer que él y ella no hablaban el mismo idioma; Y el joven sabía que en algunos aspectos esto era cierto. Pero Beaufort comprendía cada rincón de su dialecto y lo hablaba con fluidez: su visión de la vida, su tono, su actitud, no eran más que un reflejo más grosero de los revelados en la carta del conde Olenski. Esto podría parecer una desventaja para él con la esposa del conde Olenski; pero Archer era demasiado inteligente para pensar que una mujer joven como Ellen Olenska necesariamente retrocedería ante todo lo que le recordara su pasado. Podría creerse completamente rebelada contra él; Pero lo que la había cautivado en él todavía la encantaría, aunque fuera contra su voluntad.

Así, con dolorosa imparcialidad, el joven expuso el caso de Beaufort y de la víctima de Beaufort. Un anhelo de iluminarla era fuerte en él; Y hubo momentos en que imaginó que lo único que ella pedía era ser iluminada.

Esa noche desempacó sus libros de Londres. La caja estaba llena de cosas que había estado esperando con impaciencia; un nuevo volumen de Herbert Spencer, otra colección de los brillantes cuentos del prolífico Alphonse Daudet, y una novela titulada Middlemarch, sobre la que últimamente se habían dicho cosas interesantes en las críticas. Había rechazado tres invitaciones a cenar en favor de esta fiesta; Pero aunque pasaba las páginas con la alegría sensual del amante de los libros, no sabía lo que estaba leyendo, y un libro tras otro se le caía de las manos. De repente, entre ellos, se fijó en un pequeño volumen de versos que había encargado porque el nombre le había atraído: "La Casa de la Vida". Lo recogió y se encontró sumergido en una atmósfera que no se parecía a ninguna que hubiera respirado en los libros; Tan cálida, tan rica y, sin embargo, tan inefablemente tierna, que daba una belleza nueva e inquietante a la más elemental de las pasiones humanas. Durante toda la noche persiguió, a través de aquellas páginas encantadas, la visión de una mujer que tenía el rostro de Ellen Olenska; pero cuando se despertó a la mañana siguiente, y miró las casas de piedra rojiza al otro lado de la calle, y pensó en su escritorio en el despacho del señor Letterblair, y en el banco de la familia en la iglesia de la Gracia, su hora en el parque de Skuytercliff se volvió tan fuera del alcance de la probabilidad como las visiones de la noche.

—¡Misericordia, qué pálido pareces, Newland! —comentó Janey sobre las tazas de café del desayuno—; y su madre añadió: —Newland, querida, últimamente me he dado cuenta de que has estado tosiendo; Espero que no te dejes llevar por el exceso de trabajo. Porque ambas damas estaban convencidas de que, bajo el férreo despotismo de sus socios mayores, la vida del joven se pasaba en los trabajos profesionales más agotadores, y nunca había creído necesario desengañarlos.

Los dos o tres días siguientes transcurrieron pesadamente. El sabor de lo habitual era como cenizas en su boca, y había momentos en los que sentía como si lo estuvieran enterrando vivo bajo su futuro. No oyó hablar de la condesa Olenska, ni de la casita perfecta, y aunque conoció a Beaufort en el club, se limitaron a saludarse con la cabeza a través de las mesas de whist. No fue hasta la cuarta noche que encontró una nota esperándolo a su regreso a casa. "Ven mañana tarde: tengo que explicártelo. Ellen. Estas eran las únicas palabras que contenía.

El joven, que estaba cenando fuera, se metió la nota en el bolsillo, sonriendo un poco ante el afrancesamiento del «a ti». Después de cenar fue a una obra de teatro; y no fue hasta su regreso a casa, pasada la medianoche, cuando volvió a sacar la misiva de Madame Olenska y la releyó lentamente varias veces. Había varias maneras de responderle, y él pensaba mucho en cada una de ellas durante las vigilias de una noche agitada. Aquella en la que, al llegar la mañana, decidió finalmente echar algunas ropas en una maleta y subirse a bordo de un barco que esa misma tarde partía para San Agustín.

XVI.

Cuando Archer caminó por la arenosa calle principal de San Agustín hasta la casa que le habían señalado como la del señor Welland, y vio a May Welland de pie bajo una magnolia con el sol en el pelo, se preguntó por qué había esperado tanto tiempo para venir.

Aquí estaba la verdad, aquí estaba la realidad, aquí estaba la vida que le pertenecía; ¡Y él, que se creía tan desdeñoso con las restricciones arbitrarias, había tenido miedo de separarse de su escritorio por lo que la gente pudiera pensar de que le robaba unas vacaciones!

Su primera exclamación fue: «Newland... ¿ha pasado algo?», y se le ocurrió que habría sido más «femenino» si ella hubiera leído instantáneamente en sus ojos por qué había venido. Pero cuando él respondió: «Sí, me di cuenta de que tenía que verte», el rubor feliz de ella le quitó el escalofrío de la sorpresa, y comprendió con qué facilidad sería perdonado, y cuán pronto incluso la leve desaprobación del señor Letterblair sería rechazada por una familia tolerante.

A pesar de lo temprano que era, la calle principal no era lugar para saludos formales, y Archer anhelaba estar a solas con May y derramar toda su ternura e impaciencia. Todavía faltaba una hora para que Welland desayunara, y en lugar de pedirle que entrara, propuso que salieran a un viejo jardín de naranjos más allá de la ciudad. Acababa de ir a remar en el río, y el sol que cubría de oro las pequeñas olas parecía haberla atrapado en sus mallas. Sobre el cálido marrón de sus mejillas, su cabello alborotado brillaba como alambre de plata; Y sus ojos también parecían más claros, casi pálidos en su limpidez juvenil. Mientras caminaba junto a Archer con su largo andar oscilante, su rostro mostraba la serenidad vacía de una joven atleta de mármol.

Para los nervios tensos de Archer, la visión era tan tranquilizadora como la vista del cielo azul y el río lento. Se sentaron en un banco bajo los naranjos, la rodeó con el brazo y la besó. Era como beber en un manantial frío con el sol sobre él; Pero su presión pudo haber sido más vehemente de lo que pretendía, porque la sangre subió a su rostro y ella retrocedió como si él la hubiera sobresaltado.

"¿Qué es?", preguntó, sonriendo; y ella lo miró con sorpresa, y respondió: "Nada".

Una ligera vergüenza cayó sobre ellos, y la mano de ella se deslizó de la suya. Era la única vez que la había besado en los labios, excepto en su abrazo fugitivo en el conservatorio de Beaufort, y vio que ella estaba perturbada y sacudida de su fría compostura juvenil.

—Dime qué haces todo el día —dijo, cruzando los brazos bajo la cabeza inclinada hacia atrás y empujando el sombrero hacia delante para protegerse del deslumbramiento del sol—. Dejar que ella hablara de cosas sencillas y familiares era la manera más fácil de llevar a cabo su propia línea de pensamiento independiente; Y se sentó a escuchar su sencilla crónica de nadar, navegar y montar a caballo, variada por un baile ocasional en la posada primitiva cuando entraba un buque de guerra. Unas cuantas personas agradables de Filadelfia y Baltimore estaban jugando en la posada, y los Selfridge Merrys habían venido a pasar tres semanas porque Kate Merry había tenido bronquitis. Planeaban colocar una cancha de tenis sobre césped en la arena; pero nadie más que Kate y May tenía raquetas, y la mayoría de la gente ni siquiera había oído hablar del juego.

Todo esto la mantenía muy ocupada, y no había tenido tiempo de hacer más que mirar el librito de vitela que Archer le había enviado la semana anterior (los "Sonetos de los portugueses"); pero ella aprendía de memoria «cómo trajeron la Buena Nueva de Gante a Aix», porque era una de las primeras cosas que él le había leído; y le divertía poder decirle que Kate Merry nunca había oído hablar de un poeta llamado Robert Browning.

De pronto se levantó, exclamando que llegarían tarde a desayunar; y se apresuraron a regresar a la casa derruida, con su porche inútil y su seto sin podar de plumbago y geranios rosados, donde los Welland se instalaban para el invierno. La sensible vida doméstica del señor Welland se encogió ante las incomodidades del desaliñado hotel sureño, y a un costo inmenso, y frente a dificultades casi insuperables, la señora Welland se vio obligada, año tras año, a improvisar un establecimiento compuesto en parte por sirvientes neoyorquinos descontentos y en parte extraído de la oferta africana local.

"Los médicos quieren que mi esposo sienta que está en su propia casa; de lo contrario, sería tan miserable que el clima no le haría ningún bien —explicó, invierno tras invierno, a los simpatizantes habitantes de Filadelfia y Baltimore—; y el señor Welland, sonriendo a través de una mesa de desayuno milagrosamente provista de los más variados manjares, le decía a Archer: —Verá, mi querido amigo, acampamos, literalmente acampamos. Le digo a mi esposa y a May que quiero enseñarles a pasarlo mal".

El señor y la señora Welland se habían sorprendido tanto como su hija por la repentina llegada del joven; pero se le había ocurrido explicar que se había sentido al borde de un frío desagradable, y esto le pareció al señor Welland una razón más que suficiente para abandonar cualquier deber.

—No se puede tener demasiado cuidado, sobre todo hacia la primavera —dijo, llenando su plato de tortas de color pajizo y ahogándolas en almíbar dorado—. Si yo hubiera sido tan prudente a tu edad, May habría estado bailando en las Asambleas ahora, en lugar de pasar los inviernos en un desierto con un viejo inválido.

—Oh, pero me encanta estar aquí, papá; sabes que lo hago. Si Newland pudiera quedarse, me gustaría mil veces más que Nueva York.

—Newland tiene que quedarse hasta que se haya quitado del todo el resfriado —dijo la señora Welland con indulgencia—. Y el joven se echó a reír, y dijo que suponía que existía tal cosa como la profesión de uno.

Consiguió, sin embargo, después de un intercambio de telegramas con la empresa, que su resfriado le durara una semana; y arrojaba una luz irónica sobre la situación saber que la indulgencia del señor Letterblair se debía en parte a la forma satisfactoria en que su joven y brillante socio menor había resuelto el problemático asunto del divorcio de Olenski. El señor Letterblair le había hecho saber a la señora Welland que el señor Archer había «prestado un servicio inestimable» a toda la familia, y que la anciana señora Manson Mingott se había sentido especialmente complacida; y un día, cuando May había salido a dar un paseo con su padre en el único vehículo que producía el lugar, la señora Welland aprovechó la ocasión para tocar un tema que siempre evitaba en presencia de su hija.

"Me temo que las ideas de Ellen no se parecen en nada a las nuestras. Apenas tenía dieciocho años cuando Medora Manson la llevó de vuelta a Europa... ¿Recuerdas la emoción cuando apareció vestida de negro en su baile de presentación? Otra de las modas de Medora, ¡realmente esta vez fue casi profética! Eso debe haber sido hace por lo menos doce años; y desde entonces Ellen nunca ha estado en Estados Unidos. No es de extrañar que esté completamente europeizada".

"Pero la sociedad europea no es dada al divorcio: la condesa Olenska pensó que se ajustaría a las ideas americanas al pedir su libertad". Era la primera vez que el joven pronunciaba su nombre desde que había dejado Skuytercliff, y sintió que el color le subía a las mejillas.

La señora Welland sonrió compasivamente. "Eso es como las cosas extraordinarias que los extranjeros inventan sobre nosotros. ¡Creen que cenamos a las dos y toleramos el divorcio! Por eso me parece tan tonto entretenerlos cuando vienen a Nueva York. Aceptan nuestra hospitalidad, y luego se van a casa y repiten las mismas historias estúpidas".

Archer no hizo ningún comentario al respecto, y la señora Welland continuó: —Pero apreciamos mucho que haya persuadido a Ellen para que abandone la idea. Su abuela y su tío Lovell no podían hacer nada con ella; Ambos han escrito que su cambio de opinión se debió enteramente a su influencia, de hecho, se lo dijo a su abuela. Ella tiene una admiración ilimitada por ti. Pobre Ellen, siempre fue una niña descarriada. Me pregunto cuál será su destino.

"Lo que todos hemos inventado para que lo haga", tenía ganas de responder. Si preferís que ella fuera la amante de Beaufort antes que la esposa de un hombre decente, sin duda habéis hecho lo correcto.

Se preguntó qué habría dicho la señora Welland si él hubiera pronunciado esas palabras en lugar de limitarse a pensarlas. Podía imaginar el súbito descomposición de sus firmes y plácidas facciones, a las que un dominio de toda la vida sobre nimiedades había dado un aire de autoridad ficticia. Todavía quedaban en ellos los rastros de una belleza fresca como la de su hija; y se preguntó si el rostro de May estaba condenado a engrosarse en la misma imagen de mediana edad de inocencia invencible.

¡Ah, no, no quería que May tuviera esa clase de inocencia, la inocencia que sella la mente contra la imaginación y el corazón contra la experiencia!

—Creo sinceramente —continuó la señora Welland— que si el horrible asunto hubiera salido en los periódicos, habría sido el golpe mortal de mi marido. No conozco ninguno de los detalles; Solo pido que no lo haga, como le dije a la pobre Ellen cuando trató de hablarme de ello. Al tener que cuidar a un inválido, tengo que mantener mi mente brillante y feliz. Pero el señor Welland estaba terriblemente alterado; Tenía un ligero aire de temperatura todas las mañanas mientras esperábamos lo que se había decidido. Era el horror de que su hija supiera que tales cosas eran posibles, pero, por supuesto, querido Newland, tú también lo sentías. Todos sabíamos que estabas pensando en May.

—Siempre pienso en May —replicó el joven, levantándose para interrumpir la conversación—.

Tenía la intención de aprovechar la oportunidad de su conversación privada con la señora Welland para instarla a adelantar la fecha de su matrimonio. Pero no se le ocurría ningún argumento que la conmoviera, y con una sensación de alivio vio al señor Welland y a May acercándose a la puerta.

Su única esperanza era volver a suplicar a May, y el día antes de su partida caminó con ella hasta el jardín ruinoso de la misión española. El fondo se prestaba a alusiones a escenas europeas; y May, que tenía su aspecto más hermoso bajo un sombrero de ala ancha que proyectaba una sombra de misterio sobre sus ojos demasiado claros, se encendió en entusiasmo mientras él hablaba de Granada y de la Alhambra.

"Es posible que lo estemos viendo todo esta primavera, incluso las ceremonias de Pascua en Sevilla", insistió, exagerando sus demandas con la esperanza de una concesión mayor.

"¿Semana Santa en Sevilla? ¡Y será Cuaresma la semana que viene!", dijo entre risas.

"¿Por qué no deberíamos casarnos en Cuaresma?", replicó; Pero ella parecía tan sorprendida que él se dio cuenta de su error.

—Por supuesto que no quise decir eso, querida; pero poco después de Pascua, para que pudiéramos zarpar a finales de abril. Sé que podría arreglarlo en la oficina".

Sonrió soñadora ante la posibilidad; pero se dio cuenta de que soñar con ello le bastaba. Era como escucharlo leer en voz alta de sus libros de poesía las cosas hermosas que no podrían suceder en la vida real.

—Oh, continúe, Newland; Me encantan tus descripciones".

"Pero, ¿por qué han de ser sólo descripciones? ¿Por qué no deberíamos hacerlos reales?"

—Lo haremos, querida, por supuesto; el año que viene". Su voz se demoró sobre él.

"¿No quieres que sean reales antes? ¿No puedo persuadirte de que te separes ahora?

Ella inclinó la cabeza, desapareciendo de él bajo el ala de su sombrero intrigante.

"¿Por qué deberíamos soñar un año más? ¡Mírame, querido! ¿No entiendes cuánto te quiero por esposa?

Por un momento permaneció inmóvil; Entonces ella alzó hacia él unos ojos de una ternura tan desesperada que él le soltó la cintura a medias. Pero de repente su mirada cambió y se profundizó inescrutablemente. "No estoy segura de si lo entiendo", dijo. —¿Es... es porque no estás seguro de seguir cuidándome?

Archer se levantó de un salto. "Dios mío, tal vez... no lo sé", estalló enojado.

May Welland también se levantó; A medida que se enfrentaban, ella parecía crecer en estatura y dignidad femeninas. Ambos guardaron silencio un momento, como si estuvieran consternados por la tendencia imprevista de sus palabras; luego ella dijo en voz baja: —Si eso es todo, ¿hay alguien más?

—¿Alguien más, entre tú y yo? Repitió sus palabras lentamente, como si fueran sólo medio inteligibles y quisiera tiempo para repetirse la pregunta a sí mismo. Ella pareció captar la incertidumbre de su voz, porque prosiguió en un tono cada vez más profundo: —Hablemos con franqueza, Newland. A veces he sentido una diferencia en ti; Especialmente desde que se anunció nuestro compromiso".

—¡Querida, qué locura! —se recompuso para exclamar—.

Ella respondió a su protesta con una leve sonrisa. "Si es así, no nos hará daño hablar de ello". Hizo una pausa y añadió, levantando la cabeza con uno de sus nobles movimientos: —O incluso si es verdad: ¿por qué no hemos de hablar de ello? Podrías haber cometido un error tan fácilmente".

Bajó la cabeza, mirando el dibujo de hojas negras en el sendero soleado a sus pies. "Los errores siempre son fáciles de cometer; pero si yo hubiera hecho uno de los que usted sugiere, ¿es probable que le implorara que apresurara nuestro matrimonio?

Ella también miró hacia abajo, alterando el patrón con la punta de su sombrilla mientras luchaba por expresarse. —Sí —dijo al fin—. "Es posible que desees, de una vez por todas, resolver la pregunta: es una manera".

Su tranquila lucidez lo sobresaltó, pero no lo engañó para que pensara que ella era insensible. Bajo el ala de su sombrero vio la palidez de su perfil y un ligero temblor en la fosa nasal sobre sus labios resueltamente firmes.

—¿Y bien...? —preguntó él, sentándose en el banco y mirándola con un ceño fruncido que trató de hacer juguetón.

Se dejó caer en su asiento y prosiguió: —No debes pensar que una niña sabe tan poco como sus padres imaginan. Uno escucha y se da cuenta, uno tiene sus propios sentimientos e ideas. Y, por supuesto, mucho antes de que me dijeras que te preocupabas por mí, sabía que había alguien más que te interesaba; todo el mundo hablaba de ello hace dos años en Newport. Y una vez os vi sentados juntos en la terraza en un baile, y cuando ella volvió a la casa su rostro estaba triste, y sentí lástima por ella; Lo recordé después, cuando nos comprometimos".

Su voz se había reducido casi a un susurro, y se sentó juntando y desabrochando las manos alrededor del mango de su sombrilla. El joven puso el suyo sobre ellos con una suave presión; Su corazón se dilató con un alivio inexpresable.

"Mi querida niña... ¿era ESO? ¡Si supieras la verdad!"

Levantó la cabeza rápidamente. —¿Entonces hay una verdad que no conozco?

Mantuvo su mano sobre la de ella. —Me refería a la verdad sobre la vieja historia de la que hablas.

—Pero eso es lo que quiero saber, Newland, lo que debería saber. No podía permitir que mi felicidad se forjara a partir de un error, una injusticia, hacia otra persona. Y quiero creer que a ti te pasaría lo mismo. ¿Qué clase de vida podríamos construir sobre tales cimientos?"

Su rostro había adquirido un aspecto de tan trágico coraje que sintió deseos de postrarse a sus pies. "He querido decir esto durante mucho tiempo", continuó. "He querido decirles que, cuando dos personas se aman de verdad, entiendo que puede haber situaciones que hagan que sea correcto que deban ir en contra de la opinión pública. Y si te sientes comprometido de alguna manera... comprometido con la persona de la que hemos hablado... Y si hay alguna manera... cualquier forma en la que puedas cumplir tu promesa... incluso cuando ella se divorció... ¡Newland, no la abandones por mi culpa!"

Su sorpresa al descubrir que sus temores se habían aferrado a un episodio tan remoto y tan completamente pasado como su relación amorosa con la señora Thorley Rushworth dio paso a la admiración por la generosidad de su visión. Había algo sobrehumano en una actitud tan imprudentemente poco ortodoxa, y si no le hubieran atormentado otros problemas, se habría perdido en el asombro ante el prodigio de la hija de los Welland instándole a casarse con su antigua amante. Pero todavía estaba mareado con la visión del precipicio que habían bordeado, y lleno de un nuevo temor ante el misterio de la juventud.

Por un momento no pudo hablar; luego dijo: "No hay ninguna promesa, ninguna obligación de la clase que ustedes piensan. Tales casos no siempre se presentan de manera tan simple como ... Pero eso no importa... Me encanta tu generosidad, porque siento lo mismo que tú por esas cosas... Creo que cada caso debe ser juzgado individualmente, por sus propios méritos... independientemente de los estúpidos convencionalismos... Quiero decir, el derecho de cada mujer a su libertad... -Se incorporó, sorprendido por el giro que habían tomado sus pensamientos, y prosiguió, mirándola con una sonrisa-: Ya que comprendes tantas cosas, querida, ¿no puedes ir un poco más lejos y comprender la inutilidad de que nos sometamos a otra forma de los mismos tontos convencionalismos? Si no hay nadie ni nada entre nosotros, ¿no es eso un argumento para casarse rápidamente, en lugar de para retrasarlo más?

Ella enrojeció de alegría y alzó su rostro hacia el de él; Al inclinarse hacia ella, vio que sus ojos estaban llenos de lágrimas de felicidad. Pero en otro momento pareció haber descendido de su eminencia femenina a la niñez desamparada y timorata; Y comprendió que su coraje e iniciativa eran todos para los demás, y que ella no tenía ninguno para sí misma. Era evidente que el esfuerzo de hablar había sido mucho mayor de lo que su estudiada compostura delataba, y que a la primera palabra de consuelo de él había vuelto a lo habitual, como un niño demasiado aventurero se refugia en los brazos de su madre.

Archer no tenía corazón para seguir suplicándole; Estaba demasiado decepcionado por la desaparición del nuevo ser que le había lanzado esa mirada profunda desde sus ojos transparentes. May parecía ser consciente de su decepción, pero sin saber cómo aliviarla; Y se pusieron de pie y caminaron silenciosamente a casa.

XVII.

—Tu prima, la condesa, visitó a mamá mientras tú estabas ausente —anunció Janey Archer a su hermano la noche de su regreso—.

El joven, que cenaba a solas con su madre y su hermana, alzó la vista sorprendido y vio la mirada de la señora Archer recatadamente inclinada sobre su plato. La señora Archer no consideraba su aislamiento del mundo como una razón para ser olvidada por él; y Newland adivinó que le molestaba un poco que él se sorprendiera por la visita de Madame Olenska.

"Llevaba puesta una polonesa de terciopelo negro con botones de azabache, y un diminuto manguito de mono verde; Nunca la vi vestida con tanto estilo", continuó Janey. "Vino sola, a primera hora de la tarde del domingo; Afortunadamente, el fuego estaba encendido en el salón. Tenía uno de esos nuevos tarjeteros. Dijo que quería conocernos porque habías sido muy bueno con ella.

Newland se echó a reír. "Madame Olenska siempre adopta ese tono con respecto a sus amigos. Está muy contenta de volver a estar entre los suyos".

—Sí, eso nos dijo —dijo la señora Archer—. "Debo decir que parece agradecida de estar aquí".

—Espero que te haya gustado, madre.

La señora Archer juntó los labios. "Ciertamente se expone para complacer, incluso cuando está llamando a una anciana".

—Mamá no cree que sea sencilla —intervino Janey, con los ojos clavados en el rostro de su hermano—.

"Es solo mi sensación anticuada; Mi querida May es mi ideal —dijo la señora Archer—.

—Ah —dijo su hijo—, no son iguales.

Archer había salido de San Agustín cargado de muchos mensajes para la anciana señora Mingott; Y uno o dos días después de su regreso a la ciudad, la visitó.

La anciana lo recibió con inusitada calidez; le estaba agradecida por haber persuadido a la condesa Olenska para que renunciara a la idea del divorcio; y cuando él le dijo que había abandonado el despacho sin permiso y que había corrido a San Agustín simplemente porque quería ver a May, ella soltó una risita adiposa y le dio unas palmaditas en la rodilla con su mano de bola de hojaldre.

—Ah, ah... ¿así que pateaste las huellas, verdad? Y supongo que Augusta y Welland pusieron caras largas y se comportaron como si hubiera llegado el fin del mundo. Pero la pequeña May... ella lo sabía mejor, ¿estaré atado?

"Esperaba que lo hiciera; pero, al fin y al cabo, ella no accedió a lo que yo había ido a pedir.

—¿No lo haría, en efecto? ¿Y qué era eso?

"Quería que me prometiera que nos casaríamos en abril. ¿De qué sirve que perdamos un año más?

La señora Manson Mingott frunció su boquita en una mueca de mojigatería mímica y lo miró a través de los párpados maliciosos. —Pregúntale a mamá —supongo—, la historia de siempre. ¡Ah, estos Mingotts, todos iguales! Nacieron en una rutina, y no puedes sacarlos de ella. ¡Cuando construí esta casa, habrías pensado que me iba a mudar a California! Nadie había construido nunca por encima de la calle Cuarenta, no, digo yo, ni tampoco por encima de la Batería, antes de que Cristóbal Colón descubriera América. No, no; Ninguno de ellos quiere ser diferente; Le tienen tanto miedo como a la viruela. Ah, mi querido señor Archer, doy gracias a mis estrellas de no ser más que un vulgar Spicer; pero no hay ninguno de mis propios hijos que se parezca a mí, excepto mi pequeña Ellen". Ella se interrumpió, sin dejar de mirarle, y le preguntó, con la irrelevancia casual de la vejez: —¿Por qué demonios no te casaste con mi pequeña Ellen?

Archer se echó a reír. "Por un lado, ella no estaba allí para casarse".

—No, desde luego; Es una lástima. Y ahora es demasiado tarde; Su vida está acabada". Hablaba con la fría complacencia de los ancianos que arrojan tierra a la tumba de las jóvenes esperanzas. El corazón del joven se enfrió y dijo apresuradamente: —¿No puedo persuadirla de que use su influencia con los Welland, señora Mingott? No estaba hecho para compromisos largos".

La vieja Catherine le sonrió con aprobación. —No; Lo veo. Tienes un ojo rápido. Cuando eras pequeño, no me cabe duda de que te gustaba que te ayudaran primero. Echó la cabeza hacia atrás con una risa que hizo que sus barbillas se ondularan como pequeñas olas. "¡Ah, aquí está mi Ellen ahora!", exclamó, mientras los porteros se separaban detrás de ella.

Madame Olenska se acercó con una sonrisa. Su rostro se veía vívido y feliz, y le tendió la mano alegremente a Archer mientras se inclinaba hacia el beso de su abuela.

"Solo le estaba diciendo, querido: 'Ahora, ¿por qué no te casaste con mi pequeña Ellen?'".

Madame Olenska miró a Archer, todavía sonriendo. —¿Y qué contestó él?

—¡Oh, querida mía, te dejo que lo averigües! Ha ido a Florida a ver a su amada.

—Sí, lo sé. Ella todavía lo miraba. "Fui a ver a tu madre, para preguntarte adónde habías ido. Le envié una nota a la que nunca me contestaste, y temía que estuvieras enfermo.

Murmuró algo acerca de partir inesperadamente, con mucha prisa, y que tenía la intención de escribirle desde San Agustín.

"Y, por supuesto, una vez que estuviste allí, ¡nunca volviste a pensar en mí!" Ella continuó sonriéndole con una alegría que podría haber sido una estudiada suposición de indiferencia.

"Si todavía me necesita, está decidida a no dejarme verlo", pensó, picado por sus modales. Quería darle las gracias por haber ido a ver a su madre, pero bajo la mirada maliciosa de la antepasada se sintió trabado y constreñido.

¡Míralo, con tanta prisa por casarse que se despidió y se apresuró a implorar a la tonta muchacha de rodillas! Eso es algo así como un amante, así es como el guapo Bob Spicer se llevó a mi pobre madre; y luego se cansaron de ella antes de que yo fuera destetado, ¡aunque solo tuvieron que esperar ocho meses por mí! Pero usted no es un Spicer, joven; por suerte para ti y para May. Sólo mi pobre Ellen ha conservado algo de su malvada sangre; los demás son todos modelos de Mingotts -exclamó la anciana con desdén-.

Archer se dio cuenta de que Madame Olenska, que se había sentado al lado de su abuela, todavía lo estaba examinando pensativamente. La alegría se había desvanecido de sus ojos, y dijo con gran dulzura: "Seguramente, abuelita, podemos persuadirlos entre nosotros para que hagan lo que él desea".

Archer se levantó para irse, y cuando su mano se encontró con la de Madame Olenska, sintió que ella estaba esperando a que él hiciera alguna alusión a su carta sin respuesta.

– ¿Cuándo podré verte? -preguntó él, mientras ella caminaba con él hacia la puerta de la habitación.

"Cuando quieras; Pero debe ser pronto si quieres volver a ver la casita. Me mudo la semana que viene".

Una punzada lo atravesó al recordar sus horas a la luz de las lámparas en el salón de tachuelas bajas. A pesar de haber sido pocos, estaban llenos de recuerdos.

—¿Mañana por la noche?

Ella asintió. "Mañana; Sí; pero temprano. Voy a salir".

Al día siguiente era domingo, y si iba a «salir» un domingo por la noche, podía ser, por supuesto, sólo a casa de la señora Lemuel Struthers. Sintió un ligero movimiento de fastidio, no tanto por el hecho de que ella fuera allí (pues a él le gustaba más bien que fuera a donde quisiera, a pesar de los van der Luyden), sino porque era el tipo de casa en la que estaba segura de encontrarse con Beaufort, donde debía de haber sabido de antemano que se encontraría con él, y adonde probablemente iba con ese propósito.

—Muy bien; Mañana por la tarde -repitió él, interiormente decidido a no ir temprano, y que al llegar tarde a la puerta de la casa le impediría ir a casa de la señora Struthers, o bien llegaría después de que ella hubiera salido, lo cual, a fin de cuentas, sería sin duda la solución más sencilla.

Al fin y al cabo, no eran más que las ocho y media cuando tocó la campanilla bajo la glicinia; No tan tarde como había previsto, ni media hora, pero una singular inquietud lo había llevado a la puerta de ella. Reflexionó, sin embargo, que las tardes de domingo de la señora Struthers no eran como un baile, y que sus invitados, como para minimizar su delincuencia, solían ir temprano.

Lo único con lo que no contaba al entrar en el vestíbulo de la señora Olenska era con encontrar allí sombreros y abrigos. ¿Por qué le había pedido que llegara temprano si iba a invitar a cenar a gente? Al examinar más de cerca las prendas junto a las cuales Nastasia estaba colocando las suyas, su resentimiento dio paso a la curiosidad. Los abrigos eran, de hecho, los más extraños que había visto bajo un techo cortés; y no le bastó una mirada para cerciorarse de que ninguno de los dos pertenecía a Julio Beaufort. Uno era un ulster amarillo desgreñado de corte "reach-me-down", el otro una capa muy vieja y oxidada con una capa, algo así como lo que los franceses llamaban un "Macfarlane". Esta prenda, que parecía estar hecha para una persona de tamaño prodigioso, evidentemente había sido usada durante mucho tiempo, y sus pliegues de color negro verdoso despedían un olor a serrín húmedo que sugería sesiones prolongadas contra las paredes del bar. Sobre ella yacía una bufanda gris harapienta y un extraño sombrero de fieltro de forma semiclerical.

Archer alzó las cejas inquisitivamente a Nastasia, quien levantó las suyas a cambio con un fatalista «¡Gia!» mientras abría la puerta del salón.

El joven vio en seguida que su anfitriona no estaba en la habitación; Luego, con sorpresa, descubrió a otra señora de pie junto al fuego. Esta dama, que era larga, delgada y holgadamente formada, iba vestida con ropas intrincadamente enrolladas y con flecos, con cuadros, rayas y bandas de color liso dispuestas en un diseño al que parecía faltarle la pista. Su cabello, que había intentado volverse blanco y sólo había logrado desvanecerse, estaba coronado por una peineta española y un pañuelo de encaje negro, y unas manoplas de seda, visiblemente zurcidas, cubrían sus manos reumáticas.

A su lado, en medio de una nube de humo de puro, estaban los dueños de los dos abrigos, ambos con ropa de mañana que evidentemente no se habían quitado desde la mañana. En una de las dos, Archer, para su sorpresa, reconoció a Ned Winsett; el otro, el mayor, que era desconocido para él, y cuyo gigantesco cuerpo lo declaraba portador del "Macfarlane", tenía una cabeza débilmente leonina con cabello gris arrugado, y movía los brazos con grandes gestos de patada, como si estuviera distribuyendo bendiciones laicas a una multitud arrodillada.

Las tres personas estaban juntas sobre la alfombra de la chimenea, con los ojos fijos en un ramo extraordinariamente grande de rosas carmesíes, con un nudo de pensamientos morados en la base, que yacía sobre el sofá donde solía sentarse madame Olenska.

—¡Lo que deben haber costado en esta temporada, aunque, por supuesto, es el sentimiento que a uno le importa! —dijo la dama en un suspiro entrecortado cuando Archer entró—.

Los tres se volvieron sorprendidos por su aparición, y la dama, avanzando, extendió la mano.

—Querido señor Archer... ¡casi mi primo Newland! —dijo—. "Soy la marquesa Manson".

Archer hizo una reverencia y continuó: "Mi Ellen me ha acogido por unos días. Yo he venido de Cuba, donde he pasado el invierno con amigos españoles, gente tan encantadora y distinguida: la más alta nobleza de la vieja Castilla, ¡cómo me gustaría que los conocieras! Pero fui llamado por nuestro querido gran amigo aquí, el Dr. Carver. ¿No conoces al Dr. Agathon Carver, fundador de la Comunidad del Valle del Amor?

El doctor Carver inclinó su cabeza leonina, y la marquesa prosiguió: —¡Ah, Nueva York, Nueva York, qué poco le ha llegado la vida del espíritu! Pero veo que usted conoce al señor Winsett.

—Oh, sí, lo encontré hace algún tiempo; pero no por esa ruta —dijo Winsett con su sonrisa seca—.

La marquesa meneó la cabeza en señal de reprobación. —¿Cómo lo sabe, señor Winsett? El espíritu sopla donde quiere".

—¡Lista, oh, lista! —intervino el doctor Carver en un murmullo estentóreo—.

—Pero siéntese, señor Archer. Los cuatro hemos tenido una pequeña cena deliciosa juntos, y mi hijo ha subido a vestirse. Ella te espera; Ella estará abajo en un momento. Solo estábamos admirando estas maravillosas flores, que la sorprenderán cuando vuelva a aparecer".

Winsett permaneció en pie. "Me temo que debo irme. Por favor, dígale a Madame Olenska que todos nos sentiremos perdidos cuando ella abandone nuestra calle. Esta casa ha sido un oasis".

—Ah, pero ella no te abandonará. La poesía y el arte son para ella el aliento de la vida. ¿Es poesía lo que usted escribe, señor Winsett?

—Pues no; pero a veces lo leo", dijo Winsett, incluyendo al grupo en un gesto general de asentimiento y saliendo de la habitación.

"Un espíritu cáustico, un peu sauvage. Pero tan ingenioso; Dr. Carver, ¿cree usted que es ingenioso?

—Nunca pienso en el ingenio —dijo el doctor Carver con severidad—.

—¡Ah, ah, nunca piensas en el ingenio! ¡Qué despiadado es con nosotros, débiles mortales, señor Archer! Pero él sólo vive en la vida del espíritu; y esta noche está preparando mentalmente la conferencia que va a pronunciar en casa de la señora Blenker. Dr. Carver, ¿habría tiempo, antes de que usted parta hacia la casa de los Blenker, para explicarle al Sr. Archer su esclarecedor descubrimiento del Contacto Directo? Pero no; Veo que son casi las nueve y no tenemos derecho a detenerte mientras tantos esperan tu mensaje.

El doctor Carver pareció un poco decepcionado por esta conclusión, pero, después de comparar su pesado reloj de oro con el pequeño reloj de viaje de Madame Olenska, recogió a regañadientes sus poderosos miembros para partir.

—¿Te veré más tarde, querido amigo? —sugirió a la marquesa, que respondió con una sonrisa—: Tan pronto como llegue el carruaje de Ellen, me uniré a ti; Espero que la conferencia no haya comenzado".

El doctor Carver miró pensativo a Archer. —Quizás, si este joven caballero está interesado en mis experiencias, la señora Blenker le permita llevarlo con usted.

—Oh, querida amiga, si fuera posible, estoy seguro de que sería demasiado feliz. Pero me temo que mi Ellen cuenta con el propio señor Archer.

—Eso —dijo el doctor Carver— es lamentable, pero aquí está mi tarjeta. Se lo entregó a Archer, quien lo leyó, en caracteres góticos:

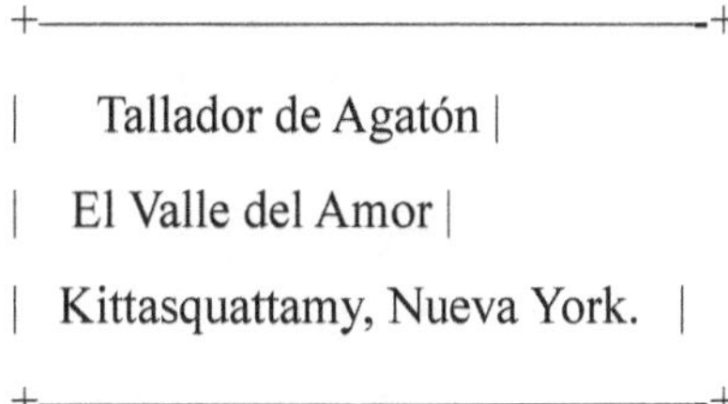

El doctor Carver se despidió, y la señora Manson, con un suspiro que podría haber sido de pesar o de alivio, volvió a hacer señas a Archer para que se sentara.

"Ellen estará abajo en un momento; y antes de que venga, me alegro mucho de este momento de tranquilidad contigo".

Archer murmuró su alegría por su encuentro, y la marquesa continuó, con su acento bajo y suspirante: —Lo sé todo, querido señor Archer: mi hija me ha contado todo lo que ha hecho por ella. Tu sabio consejo, tu valiente firmeza... ¡gracias a Dios que no era demasiado tarde!

El joven escuchó con considerable vergüenza. ¿Había alguien, se preguntaba, a quien la señora Olenska no le hubiera proclamado su intervención en sus asuntos privados?

"Madame Olenska exagera; Simplemente le di una opinión legal, como ella me pidió".

-¡Ah!, pero al hacerlo... al hacerlo, usted fue el instrumento inconsciente de... ¿qué palabra tenemos nosotros, los modernos, para la Providencia, señor Archer? -exclamó la dama, inclinando la cabeza hacia un lado y bajando los párpados misteriosamente-. "No sabías que en ese mismo momento se me estaba llamando: ¡se me acercaba, de hecho, desde el otro lado del Atlántico!"

Miró por encima del hombro, como si temiera ser escuchada, y luego, acercando su silla y llevándose un pequeño abanico de marfil a los labios, respiró detrás de él: —Por el conde mismo, mi pobre, loco y tonto Olenski; que solo pide que la retome en sus propios términos".

—¡Dios mío! —exclamó Archer, levantándose de un salto—.

"¿Estás horrorizado? Por supuesto que sí; Entiendo. No defiendo al pobre Stanislas, aunque siempre me ha llamado su mejor amigo. No se defiende, sino que se arroja a sus pies: en mi persona". Se tocó el pecho demacrado. - Tengo aquí su carta.

—¿Una carta?... ¿La ha visto la señora Olenska? Archer tartamudeó, su cerebro dando vueltas por la conmoción del anuncio.

La marquesa Manson sacudió la cabeza suavemente. "Tiempo, tiempo; Debo tener tiempo. Conozco a mi Ellen, altiva, intratable; ¿Un poco de indulgencia?

"Pero, Dios mío, perdonar es una cosa; para volver a ese infierno...

—Ah, sí —asintió la marquesa—. "Así lo describe ella: ¡mi niña sensible! Pero en el aspecto material, señor Archer, si se me permite rebajarse a considerar tales cosas; ¿Sabes a lo que está renunciando? ¡Esas rosas allí en el sofá, hectáreas como ellas, bajo un cristal y al aire libre, en sus inigualables jardines en terrazas de Niza! Joyas, perlas históricas, esmeraldas Sobieski, sables, ¡pero a ella no le importan todas ellas! El arte y la belleza, aquellos a los que ella sí cuida, los que ella vive, como siempre lo he hecho yo; Y esos también la rodeaban. Cuadros, muebles de valor incalculable, música, una conversación brillante... ¡ah, eso, mi querido joven, si me disculpa, es lo que usted no tiene idea aquí! Y lo tenía todo; y el homenaje de los más grandes. Me dice que no se la considera guapa en Nueva York, ¡Dios mío! Su retrato ha sido pintado nueve veces; los más grandes artistas de Europa han mendigado el privilegio. ¿No son estas cosas nada? ¿Y el remordimiento de un marido que lo adora?

A medida que la marquesa Manson llegaba a su clímax, su rostro asumió una expresión de extática retrospección que habría conmovido la alegría de Archer si no hubiera estado entumecido por el asombro.

Se habría reído si alguien le hubiera predicho que la primera vez que vio a la pobre Medora Manson habría sido bajo la apariencia de un mensajero de Satanás; pero ya no estaba de humor para reírse, y le pareció que ella acababa de salir del infierno del que acababa de escapar Ellen Olenska.

—¿Todavía no sabe nada de todo esto? —preguntó bruscamente.

La señora Manson se llevó un dedo morado a los labios. —Nada directamente... ¿pero sospecha? ¿Quién puede saberlo? La verdad es, señor Archer, que he estado esperando verle. Desde el momento en que me enteré de la firme posición que habías adoptado, y de tu influencia sobre ella, esperé que fuera posible contar con tu apoyo, para convencerte...

—¿Que debería volver? ¡Preferiría verla muerta!", exclamó violentamente el joven.

—Ah —murmuró la marquesa, sin visible resentimiento—. Durante un rato permaneció sentada en su sillón, abriendo y cerrando el absurdo abanico de marfil entre sus dedos enguantados; Pero de repente levantó la cabeza y escuchó.

—Ahí viene —dijo en un rápido susurro—; y luego, señalando el ramo de flores en el sofá: "¿Debo entender que usted prefiere ESO, señor Archer? Después de todo, el matrimonio es el matrimonio... y mi sobrina sigue siendo esposa..."

XVIII.

—¿Qué tramáis vosotras dos juntas, tía Medora? —exclamó la señora Olenska al entrar en la habitación—.

Estaba vestida como para un baile. Todo a su alrededor brillaba y centelleaba suavemente, como si su vestido hubiera sido tejido con rayos de vela; Y llevaba la cabeza en alto, como una mujer bonita que desafía a una sala llena de rivales.

—Decíamos, querida, que aquí había algo hermoso con lo que sorprenderte —replicó la señora Manson, poniéndose en pie y señalando arqueadamente las flores—.

Madame Olenska se detuvo en seco y miró el ramo. Su color no cambió, pero una especie de resplandor blanco de ira la recorrió como un relámpago de verano. —Ah —exclamó con una voz estridente que el joven no había oído nunca—, ¿quién es tan ridículo como para enviarme un ramo de flores? ¿Por qué un ramo? ¿Y por qué esta noche de todas las noches? No voy a ir a un baile; No soy una chica comprometida para casarse. Pero algunas personas siempre son ridículas".

Se volvió hacia la puerta, la abrió y gritó: —¡Nastasia!

La omnipresente doncella no tardó en aparecer, y Archer oyó a Madame Olenska decir, en un italiano que parecía pronunciar con deliberada intención para que él pudiera seguirla: «¡Toma, tira esto a la basura!», y luego, mientras Nastasia miraba protestando: «Pero no, no es culpa de las pobres flores. Dígale al muchacho que los lleve a la casa que está a tres puertas, la casa del señor Winsett, el caballero moreno que cenaba allí. Su esposa está enferma, puede que le den placer... ¿El chico está fuera, dices? Entonces, querida mía, corre tú misma; Toma, pon mi manto sobre ti y vuela. ¡Quiero que la cosa salga de la casa de inmediato! Y, por tu vida, ¡no digas que vienen de mí!

Echó su capa de terciopelo de ópera sobre los hombros de la doncella y volvió al salón, cerrando bruscamente la puerta. Su pecho se elevaba bajo el encaje, y por un momento Archer creyó que estaba a punto de llorar; pero ella se echó a reír y, mirando a la marquesa y a Archer, preguntó bruscamente: -¡Y vosotros dos, habéis hecho amigos!

—Le corresponde al señor Archer decirlo, querido; Ha esperado pacientemente mientras te vestías.

—Sí, le he dado tiempo suficiente: no se me caería el pelo —dijo la señora Olenska, llevándose la mano a los rizos recogidos de su moño—. Pero eso me recuerda: veo que el doctor Carver se ha ido, y usted llegará tarde a casa de los Blenker. Señor Archer, ¿quiere meter a mi tía en el carruaje?

Siguió a la marquesa hasta el vestíbulo, la vio enfundada en un montón de cubrezapatos, chales y tippets, y gritó desde el umbral de la puerta: -¡Cuidado, el carruaje volverá a mí a las diez! Luego regresó al salón, donde Archer, al volver a entrar, la encontró de pie junto a la repisa de la chimenea, examinándose en el espejo. No era usual, en la sociedad neoyorquina, que una dama se dirigiera a su criada de salón como «mi querida» y la enviara a hacer un recado envuelta en su propia capa de ópera; y Archer, a través de todos sus sentimientos más profundos, saboreó la emoción placentera de estar en un mundo donde la acción seguía a la emoción con una velocidad tan olímpica.

Madame Olenska no se movió cuando él se acercó por detrás de ella, y por un segundo sus ojos se encontraron en el espejo; luego se volvió, se dejó caer en el rincón del sofá y suspiró: —Ya hay tiempo para un cigarrillo.

Le entregó la caja y encendió un derrame para ella; y cuando la llama le iluminó la cara, ella lo miró con ojos risueños y dijo: —¿Qué piensas de mí de mal humor?

Archer se detuvo un momento; luego respondió con súbita resolución: "Me hace entender lo que tu tía ha estado diciendo de ti".

"Sabía que había estado hablando de mí. ¿Y bien?

Dijo que estabas acostumbrado a toda clase de cosas —esplendores, diversiones y excitaciones— que nunca podríamos esperar darte aquí.

Madame Olenska sonrió levemente en el círculo de humo alrededor de sus labios.

"Medora es incorregiblemente romántica. ¡Le ha compensado por tantas cosas!"

Archer volvió a vacilar y volvió a correr el riesgo. —¿El romanticismo de tu tía siempre es coherente con la exactitud?

—¿Quieres decir que dice la verdad? Su sobrina consideró. "Bueno, te lo diré: en casi todo lo que dice, hay algo verdadero y algo falso. Pero, ¿por qué lo preguntas? ¿Qué te ha estado diciendo?

Apartó la mirada hacia el fuego y luego volvió a mirar su brillante presencia. Su corazón se tensó con la idea de que ésa sería su última noche junto a la chimenea, y que en un momento el carruaje vendría a llevársela.

—Dice... finge que el conde Olenski le ha pedido que te convenza de que vuelvas con él.

Madame Olenska no respondió. Permanecía inmóvil, sosteniendo el cigarrillo con la mano medio levantada. La expresión de su rostro no había cambiado; y Archer recordó que antes había notado su aparente incapacidad para la sorpresa.

—¿Lo sabías, entonces? —exclamó—.

Permaneció en silencio durante tanto tiempo que la ceniza cayó de su cigarrillo. Lo rozó hasta el suelo. Ha insinuado una carta: ¡Pobrecita! Las insinuaciones de Medora...

—¿Es a petición de su marido que ha llegado aquí de repente?

Madame Olenska pareció considerar también esta cuestión. "Una vez más: no se puede decir. Me dijo que había recibido una "citación espiritual", sea lo que sea, del Dr. Carver. Me temo que se va a casar con el doctor Carver... Pobre Medora, siempre hay alguien con quien quiere casarse. ¡Pero tal vez la gente en Cuba simplemente se cansó de ella! Creo que estaba con ellos como una especie de compañera pagada. Realmente, no sé por qué vino".

—¿Pero cree usted que tiene una carta de su marido?

De nuevo la señora Olenska meditó en silencio; luego dijo: "Después de todo, era de esperar".

El joven se levantó y fue a apoyarse en la chimenea. Una súbita inquietud se apoderó de él, y se le trabó la lengua al sentir que sus minutos estaban contados, y que en cualquier momento podría oír las ruedas del carruaje que regresaba.

—¿Sabes que tu tía cree que volverás?

Madame Olenska levantó la cabeza rápidamente. Un profundo rubor subió a su rostro y se extendió por su cuello y hombros. Se sonrojaba rara vez y dolorosamente, como si le doliera como una quemadura.

"Se han creído muchas cosas crueles de mí", dijo.

—Oh, Ellen, perdóname; ¡Soy un tonto y un bruto!"

Ella sonrió un poco. "Estás terriblemente nervioso; Tienes tus propios problemas. Sé que piensas que los Welland no son razonables con respecto a tu matrimonio y, por supuesto, estoy de acuerdo contigo. En Europa la gente no entiende nuestros largos compromisos americanos; Supongo que no están tan tranquilos como nosotros. Pronunció el "nosotros" con un leve énfasis que le daba un sonido irónico.

Archer sintió la ironía, pero no se atrevió a asumirla. Al fin y al cabo, tal vez había desviado deliberadamente la conversación de sus propios asuntos, y después del dolor que sus últimas palabras evidentemente le habían causado, sintió que lo único que podía hacer era seguir su ejemplo. Pero la sensación de la hora menguante lo desesperaba: no podía soportar la idea de que una barrera de palabras volviera a caer entre ellos.

—Sí —dijo bruscamente—; "Fui al sur para pedirle a May que se casara conmigo después de Pascua. No hay ninguna razón por la que no debamos casarnos entonces".

—¿Y May te adora, y sin embargo no has podido convencerla? Pensé que era demasiado inteligente para ser esclava de supersticiones tan absurdas.

"Es demasiado inteligente, no es su esclava".

Madame Olenska lo miró. —Bueno, entonces... no lo entiendo.

Archer enrojeció y se apresuró a avanzar. "Tuvimos una charla franca, casi la primera. Piensa que mi impaciencia es una mala señal.

—Cielos misericordiosos... ¿una mala señal?

"Ella piensa que significa que no puedo confiar en mí misma para seguir cuidándola. Ella piensa, en resumen, que quiero casarme con ella de una vez para alejarme de alguien que me importa más.

Madame Olenska lo examinó con curiosidad. Pero si ella piensa eso... ¿por qué no tiene prisa también?

"Porque ella no es así: es mucho más noble. Insiste aún más en el largo compromiso, para darme tiempo...

—¿Es hora de dejarla por la otra mujer?

—Si quiero.

Madame Olenska se inclinó hacia el fuego y lo contempló con ojos fijos. Por la tranquila calle, Archer oyó el trote de sus caballos que se acercaba.

—Eso es noble —dijo ella, con un ligero quiebre en la voz—.

"Sí. Pero es ridículo".

"¿Ridículo? ¿Porque no te importa nadie más?"

—Porque no tengo intención de casarme con nadie más.

—Ah. Hubo otro largo intervalo. Al fin, ella lo miró y le preguntó: —Esta otra mujer, ¿te ama?

"Oh, no hay otra mujer; Quiero decir, la persona en la que May estaba pensando nunca es...

"Entonces, ¿por qué, después de todo, tienes tanta prisa?"

—Ahí está tu carruaje —dijo Archer—.

Se levantó a medias y miró a su alrededor con ojos ausentes. Su abanico y sus guantes estaban en el sofá a su lado y los recogió mecánicamente.

—Sí; Supongo que debo irme.

– ¿Va a ir a casa de la señora Struthers?

—Sí. Ella sonrió y agregó: "Debo ir a donde me inviten, o me sentiré demasiado sola. ¿Por qué no vienes conmigo?

Archer sintió que, a toda costa, debía mantenerla a su lado, debía obligarla a darle el resto de la noche. Haciendo caso omiso de su pregunta, continuó apoyándose en la chimenea, con los ojos fijos en la mano con la que ella sostenía los guantes y el abanico, como si estuviera atento a ver si tenía el poder de hacerla soltarlos.

—May adivinó la verdad —dijo—. "Hay otra mujer, pero no la que ella cree".

Ellen Olenska no respondió y no se movió. Al cabo de un momento se sentó a su lado y, cogiéndole la mano, la desabrochó suavemente, de modo que los guantes y el abanico cayeron sobre el sofá entre ellos.

Ella se puso en pie y, liberándose de él, se alejó al otro lado de la chimenea. "¡Ah, no me hagas el amor! Demasiada gente ha hecho eso", dijo, frunciendo el ceño.

Archer, cambiando de color, también se puso en pie: era la reprimenda más amarga que ella podría haberle dado. —Nunca te he hecho el amor

—dijo—, y nunca lo haré. Pero tú eres la mujer con la que me habría casado si hubiera sido posible para cualquiera de los dos.

—¿Posible para cualquiera de los dos? Ella lo miró con asombro no fingido. —¿Y tú dices eso, cuando eres tú quien lo ha hecho imposible?

Él la miró fijamente, tanteando en una negrura a través de la cual una sola flecha de luz se abrió paso cegadoramente.

—¿Lo he hecho imposible...?

—¡Tú, tú, tú! —exclamó, temblando los labios como los de un niño al borde de las lágrimas—. "¿No eres tú quien me hizo renunciar a divorciarme, renunciar a ello porque me mostraste lo egoísta y perverso que era, cómo uno debe sacrificarse para preservar la dignidad del matrimonio... ¿Y para ahorrarle a la familia la publicidad, el escándalo? Y como mi familia iba a ser tu familia, por el bien de May y por el tuyo, hice lo que me dijiste, lo que me demostraste que debía hacer. ¡Ah —estalló con una risa repentina—, ¡no he ocultado que lo he hecho por ti!

Volvió a dejarse caer en el sofá, agachada entre las ondas festivas de su vestido como una mascarada afligida; Y el joven se quedó junto a la chimenea y siguió mirándola sin moverse.

—Dios mío —gimió—. —Cuando pensé...

—¿Pensabas?

"¡Ah, no me preguntes qué pensé!"

Todavía mirándola, vio que el mismo rubor ardiente subía por su cuello hasta su cara. Ella se sentó erguida, frente a él con una rígida dignidad.

—Te lo pregunto.

—Bueno, entonces: había cosas en esa carta que me pediste que leyera...

– ¿La carta de mi marido?

—Sí.

"No tenía nada que temer de esa carta: ¡absolutamente nada! Lo único que temía era traer notoriedad, escándalo, a la familia, a ti y a May.

—Dios mío —gimió de nuevo, inclinando el rostro entre las manos—.

El silencio que siguió cayó sobre ellos con el peso de las cosas definitivas e irrevocables. A Archer le pareció que lo estaba aplastando como si fuera su propia lápida; En todo el vasto futuro no vio nada que pudiera quitar esa carga de su corazón. No se movió de su sitio, ni levantó la cabeza de las manos; Sus globos oculares ocultos seguían mirando en la oscuridad más absoluta.

—Al menos yo te quería... —exclamó—.

Al otro lado de la chimenea, desde el rincón del sofá donde suponía que ella seguía agazapada, oyó un llanto débil y ahogado como el de un niño. Se levantó y se acercó a su lado.

"¡Ellen! ¡Qué locura! ¿Por qué lloras? No se ha hecho nada que no se pueda deshacer. Yo sigo siendo libre, y tú lo vas a ser". La tenía en sus brazos, con el rostro como una flor mojada en los labios, y todos sus vanos terrores marchitándose como fantasmas al amanecer. Lo único que le asombraba ahora era que hubiera estado cinco minutos discutiendo con ella a lo ancho de la habitación, cuando el simple hecho de tocarla lo hacía todo tan sencillo.

Ella le devolvió todo el beso, pero al cabo de un momento sintió que se ponía rígida en sus brazos, lo dejó a un lado y se levantó.

—Ah, mi pobre Newland, supongo que tenía que ser así. Pero eso no altera las cosas en lo más mínimo —dijo ella, mirándolo a su vez desde la chimenea—.

"Altera toda la vida para mí".

—No, no, no debe, no puede. Estás comprometido con May Welland; y estoy casado".

Él también se puso de pie, sonrojado y decidido. "¡Tonterías! Es demasiado tarde para ese tipo de cosas. No tenemos derecho a mentir a otras personas o a nosotros mismos. No hablaremos de su matrimonio; pero ¿me ves casándome con May después de esto?

Permaneció en silencio, apoyando sus delgados codos en la repisa de la chimenea, su perfil reflejado en el cristal detrás de ella. Uno de los mechones de su moño se había aflojado y colgaba de su cuello; Parecía demacrada y casi vieja.

—No te veo —dijo al fin— haciéndole esa pregunta a May. ¿Y tú?

Se encogió de hombros imprudentemente. "Es demasiado tarde para hacer otra cosa".

"Dices eso porque es lo más fácil de decir en este momento, no porque sea verdad. En realidad, es demasiado tarde para hacer otra cosa que no sea lo que ambos habíamos decidido".

"¡Ah, no te entiendo!"

Forzó una sonrisa lastimera que le pellizcó la cara en lugar de suavizarla. "No lo entiendes porque aún no has adivinado cómo has cambiado las cosas para mí: oh, desde el principio, mucho antes de que supiera todo lo que habías hecho".

—¿Todo lo que había hecho?

"Sí. Al principio no me di cuenta de que la gente de aquí me avergonzaba, de que pensaban que era un tipo de persona terrible. Parece que incluso se habían negado a recibirme en la cena. Me enteré de eso después; y cómo habías hecho que tu madre te acompañara a casa de los van der Luydens; y cómo habías insistido en anunciar tu compromiso en el baile de Beaufort, para que yo tuviera dos familias a mi lado en lugar de una...

Al oír esto, rompió a reír.

—¡Imagínate —dijo— lo estúpida y poco observadora que era! Yo no sabía nada de todo esto hasta que la abuela lo soltó un día. Nueva York simplemente significaba paz y libertad para mí: era volver a casa. Y estaba tan feliz de estar entre los míos que todos los que conocía parecían amables y buenos, y contentos de verme. Pero desde el principio -continuó- sentí que no había nadie tan amable como tú; Nadie que me diera razones que yo entendiera para hacer lo que al principio parecía tan difícil e innecesario. La gente muy buena no me convenció; Sentí que nunca habían sido tentados. Pero tú lo sabías; Entendiste; Habías sentido que el mundo exterior tiraba de uno con todas sus manos doradas, y sin embargo odiabas las cosas que te pide; Odiabas la felicidad comprada por la deslealtad, la crueldad y la indiferencia. Eso era lo que nunca había sabido antes, y es mejor que cualquier cosa que haya conocido".

Hablaba en voz baja y uniforme, sin lágrimas ni agitación visible; Y cada palabra, al salir de ella, caía en su pecho como plomo ardiente. Se sentó inclinado, con la cabeza entre las manos, mirando la alfombra de la chimenea y la punta del zapato de raso que asomaba bajo su vestido. De repente se arrodilló y besó el zapato.

Se inclinó sobre él, le puso las manos en los hombros y lo miró con ojos tan profundos que permaneció inmóvil bajo su mirada.

—¡Ah, no dejes que deshagamos lo que has hecho! —exclamó—. "No puedo volver ahora a esa otra forma de pensar. No puedo amarte a menos que renuncie a ti".

Sus brazos la anhelaban; Pero ella se apartó, y permanecieron uno frente al otro, divididos por la distancia que sus palabras habían creado. Entonces, bruscamente, su ira se desbordó.

—¿Y Beaufort? ¿Va a reemplazarme?

A medida que las palabras brotaban, estaba preparado para una respuesta de ira; Y lo habría acogido como combustible para los suyos. Pero la señora Olenska no hizo más que palidecer un poco, y permaneció de pie con los brazos caídos delante y la cabeza ligeramente inclinada, como era habitual cuando reflexionaba sobre una pregunta.

—Te está esperando ahora en casa de la señora Struthers; ¿Por qué no vas a verlo? Archer se burló.

Se volvió para tocar el timbre. "No saldré esta noche; Dígale al carruaje que vaya a buscar a la señora marquesa -dijo cuando llegó la doncella-.

Después de que la puerta se cerró de nuevo, Archer continuó mirándola con ojos amargos. "¿Por qué este sacrificio? Ya que me dices que estás solo, no tengo derecho a alejarte de tus amigos.

Ella sonrió un poco bajo sus pestañas mojadas. "No me sentiré solo ahora. ME SENTÍA solo; Tenía miedo. Pero el vacío y la oscuridad se han ido; cuando vuelvo a ser yo mismo ahora, soy como un niño que entra por la noche en una habitación donde siempre hay una luz".

Su tono y su mirada todavía la envolvían en una suave inaccesibilidad, y Archer volvió a gemir: "¡No te entiendo!"

—¡Y sin embargo, entiendes a May!

Él enrojeció bajo la réplica, pero mantuvo los ojos en ella. "May está dispuesta a renunciar a mí".

"¡Qué! ¿Tres días después de haberle rogado de rodillas que apresurara su matrimonio?

"Ella se ha negado; Eso me da el derecho...

—Ah, me has enseñado lo fea que es esa palabra —dijo ella—.

Se dio la vuelta con una sensación de completo cansancio. Se sentía como si hubiera estado luchando durante horas por la cara de un precipicio empinado, y ahora, justo cuando había luchado para llegar a la cima, su agarre había cedido y se lanzaba de cabeza hacia la oscuridad.

Si hubiera podido tenerla de nuevo en sus brazos, podría haber barrido sus argumentos; Pero ella todavía lo mantenía a distancia por algo inescrutablemente distante en su mirada y actitud, y por la sensación de asombro de su sinceridad. Al fin comenzó a suplicar de nuevo.

Si hacemos esto ahora, será peor después, peor para todos...

—¡No, no, no! —casi gritó, como si él la asustara—.

En ese momento la campanilla envió un largo tintineo a través de la casa. No habían oído que ningún carruaje se detuviera en la puerta, y permanecieron inmóviles, mirándose el uno al otro con ojos sorprendidos.

Fuera, el paso de Nastasia cruzó el vestíbulo, la puerta exterior se abrió, y un momento después entró con un telegrama que entregó a la condesa Olenska.

—La señora estaba muy contenta con las flores —dijo Nastasia, alisándose el delantal—. "Ella pensó que era su señor Marito quien los había enviado, y lloró un poco y dijo que era una locura".

Su ama sonrió y tomó el sobre amarillo. Lo abrió y lo llevó a la lámpara; luego, cuando la puerta se cerró de nuevo, le entregó el telegrama a Archer.

Estaba fechada en San Agustín y dirigida a la condesa Olenska. En él se leía: "El telegrama de la abuela ha sido un éxito. Papá y mamá acuerdan casarse después de Pascua. Estoy telegrafiando a Newland. Estoy demasiado feliz para las palabras y te quiero mucho. Tu agradecido May".

Media hora más tarde, cuando Archer abrió la puerta de su casa, encontró un sobre similar en la mesa del vestíbulo, encima de su pila de notas y cartas. El mensaje dentro del sobre también era de May Welland, y decía lo siguiente: "Los padres consienten la boda el martes después de Pascua a las doce de la Iglesia de la Gracia, ocho damas de honor, por favor vean al rector tan feliz amor May".

Archer arrugó la sábana amarilla como si el gesto pudiera aniquilar las noticias que contenía. Luego sacó un pequeño diario de bolsillo y pasó las páginas con dedos temblorosos; Pero no encontró lo que buscaba, y metiéndose el telegrama en el bolsillo, subió la escalera.

Una luz entraba por la puerta del pequeño vestíbulo que servía a Janey de vestidor y tocador, y su hermano golpeaba con impaciencia el panel. La puerta se abrió, y su hermana se paró frente a él con su inmemorial bata de franela púrpura, con el cabello "recogido en alfileres". Su rostro parecía pálido y aprensivo.

—¡Nueva York! Espero que no haya malas noticias en ese telegrama. Esperé a propósito, por si acaso... (Ningún artículo de su correspondencia estaba a salvo de Janey.)

Él no prestó atención a su pregunta. "Mira, ¿qué día es Pascua este año?"

Parecía sorprendida por tal ignorancia anticristiana. "¿Semana Santa? ¡Newland! Por supuesto, la primera semana de abril. ¿Por qué?

—¿La primera semana? Volvió de nuevo a las páginas de su diario, calculando rápidamente en voz baja. —La primera semana, ¿dijiste? Echó la cabeza hacia atrás con una larga carcajada.

"Por el amor de Dios, ¿qué pasa?"

"No pasa nada, excepto que me voy a casar en un mes".

Janey cayó sobre su cuello y lo apretó contra su pecho de franela púrpura. —¡Oh, Newland, qué maravilla! ¡Estoy tan contento! Pero, querido, ¿por qué sigues riéndote? Cállate, o despertarás a mamá.

Libro II

XIX.

El día era fresco, con un viento primaveral lleno de polvo. Todas las ancianas de ambas familias habían sacado sus sables marchitos y sus armiños amarillentos, y el olor a alcanfor de los bancos delanteros casi ahogaba el leve aroma primaveral de los lirios que bordeaban el altar.

Newland Archer, a una señal del sacristán, había salido de la sacristía y se había colocado con su padrino en el escalón del presbiterio de la iglesia de la Gracia.

La señal significaba que el brougham que llevaba a la novia y a su padre estaba a la vista; pero seguro que habría un intervalo considerable de adaptación y consulta en el vestíbulo, donde las damas de honor ya flotaban como un racimo de flores de Pascua. Durante este inevitable lapso de tiempo, se esperaba que el novio, en prueba de su entusiasmo, se expusiera a solas a la mirada de la concurrencia reunida; y Archer había pasado por esta formalidad con tanta resignación como por todas las demás que hacían de una boda neoyorquina del siglo XIX un rito que parecía pertenecer a los albores de la historia. Todo era igual de fácil —o igual de doloroso, como se quisiera decir— en el camino que se había comprometido a recorrer, y había obedecido los mandatos de su padrino tan piadosamente como otros novios habían obedecido los suyos en los días en que los había guiado a través del mismo laberinto.

Hasta ahora estaba razonablemente seguro de haber cumplido con todas sus obligaciones. Los ocho ramos de flores de lilas blancas y lirios de los valles de las damas de honor habían sido enviados a su debido tiempo, así como los eslabones de oro y zafiro de las mangas de los ocho ujieres y el alfiler de bufanda de ojo de gato del padrino; Archer se había quedado despierto la mitad de la noche tratando de variar la redacción de su agradecimiento por la última tanda de regalos de hombres, amigos y ex novias; los honorarios del Obispo y del Rector estaban a salvo en el bolsillo de su padrino; su propio equipaje estaba ya en casa de la señora Manson Mingott, donde iba a tener lugar el desayuno nupcial, y también la ropa de viaje con la que iba a cambiarse; Y un compartimento privado había sido ocupado en el tren que llevaría a la joven pareja a su destino desconocido, siendo el ocultamiento del lugar en el que se iba a pasar la noche nupcial uno de los tabúes más sagrados del ritual prehistórico.

—¿Has entendido bien el anillo? —susurró el joven van der Luyden Newland, que no tenía experiencia en los deberes de un padrino y estaba asombrado por el peso de su responsabilidad.

Archer hizo el gesto que había visto hacer a tantos novios: con la mano derecha sin guantes, palpó el bolsillo de su chaleco gris oscuro, y se aseguró de que el pequeño anillo de oro (grabado en el interior: Newland a mayo, abril de —-, de 187-) estaba en su lugar; Luego, volviendo a su actitud anterior, con su sombrero alto y sus guantes gris perla con costuras negras agarrados en la mano izquierda, se quedó mirando hacia la puerta de la iglesia.

En lo alto, la Marcha de Händel se elevaba pomposamente a través de la bóveda de imitación de piedra, llevando en sus olas la deriva desvaída de las muchas bodas en las que, con alegre indiferencia, se había parado en el mismo escalón del presbiterio mirando a otras novias flotar por la nave hacia otros novios.

«¡Qué parecido a una primera noche en la Ópera!», pensó, reconociendo todos los mismos rostros en los mismos palcos (no, bancos), y preguntándose si, cuando sonara la última trompeta, la señora Selfridge Merry estaría allí con las mismas plumas de avestruz en el sombrero, y la señora Beaufort con los mismos pendientes de diamantes y la misma sonrisa, y si ya se habían preparado asientos de proscenio adecuados para ellas en otro mundo.

Después de eso todavía hubo tiempo para repasar, uno por uno, los semblantes familiares de las primeras filas; Las mujeres están agujereadas por la curiosidad y la emoción, los hombres malhumorados por la obligación de tener que ponerse la levita antes del almuerzo y luchar por la comida en el desayuno de bodas.

—Lástima que el desayuno sea en casa de la vieja Catherine —el novio se imaginó que decía Reggie Chivers—. "Pero me han dicho que Lovell Mingott insistió en que lo cocinara su propio chef, así que debería ser bueno si uno solo puede hacerlo". Y podía imaginar a Sillerton Jackson añadiendo con autoridad: "Mi querido amigo, ¿no te has enterado? Hay que servirlo en mesas pequeñas, a la nueva moda inglesa".

Los ojos de Archer se detuvieron un momento en el banco de la izquierda, donde su madre, que había entrado en la iglesia del brazo del señor Henry van der Luyden, estaba sentada llorando suavemente bajo su velo Chantilly, con las manos en el manguito de armiño de su abuela.

«¡Pobre Janey!», pensó, mirando a su hermana, «incluso enroscando la cabeza, sólo puede ver a la gente que está en los pocos bancos delanteros; y en su mayoría son Newlands y Dagonets desaliñados".

Al otro lado de la cinta blanca que separaba los asientos reservados a las familias, vio a Beaufort, alto y con el rostro enrojecido, escrutando a las mujeres con su mirada arrogante. A su lado estaba sentada su esposa, toda de chinchilla plateada y violetas; y en el otro lado de la cinta, la cabeza elegantemente cepillada de Lawrence Lefferts parecía montar guardia sobre la deidad invisible de la "Buena Forma" que presidía la ceremonia.

Archer se preguntaba cuántos defectos descubrirían los agudos ojos de Lefferts en el ritual de su divinidad; Entonces, de repente, recordó que él también había considerado una vez que tales preguntas eran importantes. Las cosas que habían llenado sus días parecían ahora una parodia infantil de la vida, o como las disputas de los escolásticos medievales sobre términos metafísicos que nadie había entendido jamás. Una tormentosa discusión sobre si los regalos de boda debían ser "mostrados" se había oscurecido las últimas horas antes de la boda; y a Archer le parecía inconcebible que personas adultas entraran en un estado de agitación por semejantes nimiedades, y que el asunto se decidiera (negativamente) con las palabras de la señora Welland, con lágrimas de indignación: «Tan pronto dejaría a los reporteros sueltos en mi casa». Sin embargo, hubo un tiempo en que Archer había tenido opiniones definidas y bastante agresivas sobre todos estos problemas, y en que todo lo concerniente a los modales y costumbres de su pequeña tribu le había parecido cargado de significación mundial.

"Y todo el tiempo, supongo", pensó, "gente real vivía en algún lugar, y les sucedían cosas reales..."

—¡AHÍ VIENEN! —suspiró emocionado el padrino—. Pero el novio sabía que no era así.

La cautelosa apertura de la puerta de la iglesia sólo significaba que el señor Brown, el guardián del establo (vestido de negro en su intermitente carácter de sacristán), estaba examinando la escena antes de reunir sus fuerzas. La puerta volvió a cerrarse suavemente; luego, después de otro intervalo, se abrió majestuosamente, y un murmullo corrió por la iglesia: «¡La familia!»

La señora Welland llegó primero, del brazo de su hijo mayor. Su gran rostro rosado era apropiadamente solemne, y su satén color ciruela con paneles laterales azul pálido y plumas de avestruz azules en un pequeño sombrero de raso, recibieron la aprobación general; pero antes de que se hubiera calmado, con un majestuoso susurro en el banco frente al de la señora Archer, los espectadores estiraban el cuello para ver quién venía detrás de ella. El día anterior habían corrido rumores descabellados de que la señora Manson Mingott, a pesar de sus discapacidades físicas, había decidido estar presente en la ceremonia; Y la idea estaba tan en consonancia con su carácter deportivo que las apuestas eran altas en los clubes en cuanto a que pudiera subir por la nave y apretujarse en un asiento. Se sabía que había insistido en enviar a su propio carpintero para que estudiara la posibilidad de desmontar el panel del extremo del banco delantero y midiera el espacio entre el asiento y el delantero; pero el resultado había sido desalentador, y durante un día de ansiedad su familia la había visto entretener con el plan de ser llevada en silla de ruedas por la nave en su enorme silla de baño y sentarse entronizada en ella al pie del presbiterio.

La idea de esta monstruosa exposición de su persona era tan dolorosa para sus parientes que podrían haber cubierto de oro a la ingeniosa persona que descubrió de repente que la silla era demasiado ancha para pasar entre los montantes de hierro del toldo que se extendía desde la puerta de la iglesia hasta el bordillo. La idea de deshacerse de este toldo y revelar a la novia a la multitud de modistas y reporteros de periódicos que estaban afuera luchando por acercarse a las juntas de la lona, superó incluso el coraje de la vieja Catalina, aunque por un momento había sopesado la posibilidad. —¡Vaya, podrían tomar una fotografía de mi hijo y ponerla en los periódicos! —exclamó la señora Welland cuando se le insinuó el último plan de su madre—. Y ante esta indecencia impensable, el clan retrocedió con un estremecimiento colectivo. La antepasada había tenido que ceder; pero su concesión sólo se compró con la promesa de que el desayuno nupcial tendría lugar bajo su techo, aunque (como decía la conexión de Washington Square) con la casa de los Welland a fácil acceso, era difícil tener que hacer un precio especial con Brown para llevar a uno al otro extremo de la nada.

A pesar de que todas estas transacciones habían sido ampliamente reportadas por los Jackson, una minoría deportiva todavía se aferraba a la creencia de que la vieja Catherine aparecería en la iglesia, y hubo una clara disminución de la temperatura cuando se descubrió que había sido reemplazada por su nuera. La señora Lovell Mingott tenía el color intenso y la mirada vidriosa que inducen en las damas de su edad y costumbre el esfuerzo de ponerse un vestido nuevo; pero una vez que se disipó la decepción ocasionada por la incomparecencia de su suegra, se acordó que su Chantilly negro sobre raso lila, con un sombrero de violetas de Parma, formaba el contraste más feliz con el azul y el color ciruela de la señora Welland. Muy diferente era la impresión producida por la dama demacrada y desaliñada que seguía al señor Mingott del brazo, en un salvaje desaliño de rayas, flecos y bufandas flotantes; y cuando esta última aparición se deslizó a la vista, el corazón de Archer se contrajo y dejó de latir.

Había dado por sentado que la marquesa Manson seguía en Washington, adonde había ido unas cuatro semanas antes con su sobrina, Madame Olenska. Se entendía generalmente que su abrupta partida se debía al deseo de Madame Olenska de alejar a su tía de la funesta elocuencia del doctor Agathon Carver, que casi había logrado alistarla como recluta para el Valle del Amor; Y dadas las circunstancias, nadie esperaba que ninguna de las dos damas volviera para la boda. Por un momento, Archer permaneció con los ojos fijos en la fantástica figura de Medora, esforzándose por ver quién venía detrás de ella; Pero la pequeña procesión había llegado a su fin, pues todos los miembros menores de la familia habían tomado asiento, y los ocho ujieres altos, reunidos como pájaros o insectos que se preparan para alguna maniobra migratoria, se deslizaban ya por las puertas laterales hacia el vestíbulo.

—Newland... digo: ¡ESTÁ AQUÍ! —susurró el padrino—.

Archer se despertó sobresaltado.

Al parecer, había pasado mucho tiempo desde que su corazón había dejado de latir, porque la procesión blanca y rosada estaba en realidad a mitad de camino de la nave, el obispo, el rector y dos ayudantes de alas blancas revoloteaban alrededor del altar adornado con flores, y los primeros acordes de la sinfonía de Spohr esparcían sus notas florales ante la novia.

Archer abrió los ojos (¿pero podrían haber estado realmente cerrados, como imaginaba?), y sintió que su corazón comenzaba a reanudar su tarea habitual. La música, el aroma de los lirios en el altar, la visión de la nube de tul y azahar flotando cada vez más cerca, la visión del rostro de la señora Archer súbitamente convulsionado por sollozos felices, el murmullo benditorio de la voz del rector, las evoluciones ordenadas de las ocho damas de honor rosadas y los ocho ujieres negros: todas estas vistas, Sonidos y sensaciones, tan familiares en sí mismos, tan indeciblemente extraños y carentes de sentido en su nueva relación con ellos, se mezclaban confusamente en su cerebro.

"Dios mío", pensó, "¿tengo el anillo?" —y una vez más repasó el gesto convulsivo del novio.

Entonces, al cabo de un momento, May estaba a su lado, con tal resplandor que le enviaba un leve calor a través de su entumecimiento, y él se enderezó y le sonrió a los ojos.

"Amadísimos, estamos aquí reunidos", comenzó el Rector...

El anillo estaba en su mano, el obispo había recibido la bendición, las damas de honor estaban listas para volver a ocupar su lugar en la procesión, y el órgano mostraba síntomas preliminares de estallar en la Marcha de Mendelssohn, sin la cual ninguna pareja de recién casados había llegado a Nueva York.

—¡Tu brazo..., YO DIGO, DALE TU BRAZO! —siseó nerviosamente el joven Newland—. y una vez más Archer se dio cuenta de que había estado a la deriva en lo desconocido. ¿Qué era lo que lo había enviado allí?, se preguntó. Tal vez la visión, entre los espectadores anónimos en el transepto, de un oscuro mechón de pelo bajo un sombrero que, un momento después, se reveló como perteneciente a una dama desconocida con una nariz larga, tan ridículamente diferente de la persona cuya imagen había evocado que se preguntó si estaba siendo objeto de alucinaciones.

Y ahora él y su esposa caminaban lentamente por la nave, llevados por las ligeras ondas de Mendelssohn, el día de primavera les hacía señas a través de las puertas abiertas de par en par, y las castañas de la señora Welland, con grandes adornos blancos en la parte delantera, se curvaban y lucían en el extremo más alejado del túnel de lona.

El lacayo, que tenía un pañuelo blanco aún más grande en la solapa, la envolvió en la capa blanca de May, y Archer saltó al brougham que tenía a su lado. Ella se volvió hacia él con una sonrisa triunfal y sus manos entrelazadas bajo su velo.

"¡Cariño!" —dijo Archer, y de repente el mismo abismo negro bostezó ante él y sintió que se hundía en él, cada vez más profundamente, mientras su voz divagaba suave y alegremente—: Sí, por supuesto que pensé que había perdido el anillo; Ninguna boda estaría completa si el pobre diablo de un novio no pasara por eso. Pero SÍ me hiciste esperar, ¿sabes? Tuve tiempo para pensar en todos los horrores que podrían suceder".

Ella lo sorprendió girando, en plena Quinta Avenida, y echándole los brazos al cuello. —Pero nada puede suceder ahora, ¿verdad, Newland, mientras los dos estemos juntos?

Cada detalle del día había sido tan cuidadosamente pensado que la joven pareja, después del desayuno nupcial, tuvo tiempo suficiente para ponerse su ropa de viaje, bajar las anchas escaleras de Mingott entre damas de honor risueñas y padres llorosos, y entrar en el brougham bajo la tradicional lluvia de arroz y zapatillas de raso; y aún quedaba media hora para ir a la estación, comprar los últimos semanarios en el puesto de libros con aire de viajeros avezados e instalarse en el compartimento reservado en el que la doncella de May ya había colocado su capa de viaje color paloma y su bolso de vestir flamante de Londres.

Las viejas tías du Lac de Rhinebeck habían puesto su casa a disposición de la pareja nupcial, con una prontitud inspirada por la perspectiva de pasar una semana en Nueva York con la señora Archer; y Archer, contento de escapar de la habitual «suite nupcial» en un hotel de Filadelfia o Baltimore, había aceptado con igual presteza.

May estaba encantada con la idea de ir al campo, e infantilmente divertida con los vanos esfuerzos de las ocho damas de honor por descubrir dónde se encontraba su misterioso retiro. Se pensaba que era «muy inglés» que se le prestara una casa de campo, y el hecho daba un último toque de distinción a lo que generalmente se reconocía como la boda más brillante del año; pero a nadie se le permitía saber dónde estaba la casa, excepto a los padres de los novios, quienes, cuando se vieron abrumados por el conocimiento, fruncieron los labios y dijeron misteriosamente: «Ah, no nos dijeron...», lo cual era manifiestamente cierto, ya que no había necesidad de hacerlo.

Una vez que se instalaron en su compartimento, y el tren, sacudiéndose los interminables suburbios de madera, se adentró en el pálido paisaje de la primavera, la conversación se hizo más fácil de lo que Archer había esperado. May seguía siendo, en su aspecto y en su tono, la sencilla muchacha de ayer, ansiosa por comparar notas con él sobre los incidentes de la boda, y discutirlos con tanta imparcialidad como una dama de honor que lo habla todo con un ujier. Al principio, Archer había imaginado que este desprendimiento era el disfraz de un temblor interior; Pero sus ojos claros sólo revelaban la más tranquila inconsciencia. Estaba sola por primera vez con su marido; Pero su marido no era más que el encantador camarada de ayer. No había nadie a quien quisiera tanto, nadie en quien confiara tan completamente, y la «alondra» culminante de toda la deliciosa aventura del compromiso y el matrimonio fue irse con él solo en un viaje, como una persona adulta, como una «mujer casada», de hecho.

Era maravilloso que, como había aprendido en el jardín de la misión en San Agustín, tales profundidades de sentimientos pudieran coexistir con tal ausencia de imaginación. Pero recordaba cómo, ya entonces, ella lo había sorprendido cayendo en la inexpresividad de una niña tan pronto como su conciencia se había aliviado de su carga; Y vio que probablemente iría por la vida lidiando lo mejor que pudiera con cada experiencia que se produjera, pero sin anticipar ninguna ni siquiera con una mirada robada.

Tal vez esa facultad de inconsciencia era lo que daba a sus ojos su transparencia, y a su rostro el aspecto de representar un tipo más que una persona; como si hubiera sido elegida para posar para una Virtud Cívica o una diosa griega. La sangre que corría tan cerca de su piel clara podría haber sido un fluido preservador en lugar de un elemento devastador; Sin embargo, su aspecto de juventud indestructible no la hacía parecer ni dura ni aburrida, sino sólo primitiva y pura. En medio de esta meditación, Archer sintió de repente que la miraba con la mirada sorprendida de un extraño, y se sumergió en una reminiscencia del desayuno de bodas y de la inmensa y triunfante penetración de la abuela Mingott.

May se dedicó a disfrutar francamente del tema. Sin embargo, me sorprendió, ¿no es así?, que la tía Medora viniera después de todo. Ellen escribió que ninguno de los dos estaba lo suficientemente bien como para emprender el viaje; ¡Ojalá hubiera sido ella la que se hubiera recuperado! ¿Viste el exquisito encaje viejo que me envió?

Sabía que el momento llegaría tarde o temprano, pero había imaginado un poco que, a fuerza de voluntad, podría mantenerlo a raya.

—Sí, yo, no: sí, era hermoso —dijo él, mirándola ciegamente y preguntándose si, al oír esas dos sílabas, todo su mundo cuidadosamente construido se derrumbaría a su alrededor como un castillo de naipes.

"¿No estás cansado? Será bueno tomar un poco de té cuando lleguemos, estoy seguro de que las tías lo tienen todo perfectamente preparado —

continuó él, tomando su mano entre las suyas—. y su mente se desvió al instante hacia el magnífico servicio de té y café de plata de Baltimore que los Beaufort habían enviado, y que «combinaba» tan perfectamente con las bandejas y guarniciones del tío Lovell Mingott.

En el crepúsculo primaveral, el tren se detuvo en la estación de Rhinebeck y caminaron a lo largo del andén hasta el vagón que los esperaba.

—Ah, qué terriblemente amables han sido los van der Luydens, que han enviado a su hombre desde Skuytercliff para que se reúna con nosotros —exclamó Archer, mientras una persona tranquila y sin librea se acercaba a ellos y liberaba a la doncella de sus maletas—.

—Lamento mucho, señor —dijo el emisario—, que haya ocurrido un pequeño accidente en casa de la señorita du Lacs: una fuga en el depósito de agua. Sucedió ayer, y el señor van der Luyden, que se enteró de ello esta mañana, envió a una criada en el tren temprano para preparar la casa del Patroon. Será bastante cómodo, creo que lo encontrará, señor; y la señorita du Lacs ha enviado a su cocinero, de modo que será exactamente igual que si hubieras estado en Rhinebeck.

Archer miró fijamente al orador con tanta inexpresividad que repitió con acento aún más apologético: —Será exactamente lo mismo, señor, se lo aseguro... —y la voz ansiosa de May prorrumpió, cubriendo el silencio avergonzado—: ¿Lo mismo que Rhinebeck? ¿La casa del Patroon? Pero será cien mil veces mejor, ¿no es así, Newland? Es demasiado querido y amable como para que se le haya ocurrido algo así.

Y mientras se alejaban, con la criada al lado del cochero y sus relucientes bolsas de novia en el asiento de delante, ella prosiguió emocionada: —Es una fantasía, nunca he estado dentro, ¿verdad? Los van der Luyden se lo muestran a muy poca gente. Pero al parecer, se la abrieron a Ellen y me dijo que era un lugar encantador: dice que es la única casa que ha visto en Estados Unidos en la que podía imaginar ser perfectamente feliz.

-Bueno, eso es lo que vamos a ser, ¿no es así? -exclamó alegremente su marido-. y ella respondió con su sonrisa de niño: "¡Ah, es solo el comienzo de nuestra suerte, la maravillosa suerte que siempre vamos a tener juntos!"

XX.

—Por supuesto que tenemos que cenar con la señora Carfry, querida —
dijo Archer—; y su esposa lo miró con el ceño fruncido ansioso a través
de la monumental vajilla Britannia de la mesa del desayuno de su casa de
huéspedes.

En todo el lluvioso desierto del Londres otoñal sólo había dos personas a
las que los arqueros de Newland conocían; y habían evitado
diligentemente estas dos cosas, de acuerdo con la vieja tradición
neoyorquina de que no era "digno" obligarse a sí mismo a llamar la
atención de los conocidos en países extranjeros.

La señora Archer y Janey, en el curso de sus viajes a Europa, habían
vivido de acuerdo con este principio con tanta firmeza y respondían a las
insinuaciones amistosas de sus compañeros de viaje con un aire de reserva
tan impenetrable, que casi habían alcanzado el récord de no haber
intercambiado nunca una palabra con un «extranjero» que no fuera el
empleado en hoteles y estaciones de ferrocarril. A sus propios
compatriotas, salvo a los previamente conocidos o debidamente
acreditados, los trataban con un desdén aún más pronunciado; de modo
que, a menos que se encontraran con un Chivers, un Dagonet o un
Mingott, sus meses en el extranjero transcurrían en un tête-à-tête
ininterrumpido. Pero las máximas precauciones son a veces inútiles; y una
noche en Botzen, una de las dos damas inglesas que se encontraban en la
habitación del otro lado del pasillo (cuyos nombres, vestimenta y
situación social ya eran íntimamente conocidos por Janey) había llamado
a la puerta y había preguntado si la señora Archer tenía una botella de
linimento. La otra dama, la hermana del intruso, la señora Carfry, había
sido atacada por un repentino ataque de bronquitis; y la señora Archer,
que nunca viajaba sin una farmacia familiar completa, afortunadamente
pudo producir el remedio requerido.

La señora Carfry estaba muy enferma, y como ella y su hermana, la
señorita Harle, viajaban solas, estaban profundamente agradecidas a las
damas Archer, que les proporcionaron ingeniosas comodidades y cuya
eficiente doncella ayudó a cuidar al enfermo hasta que recuperó la salud.

Cuando los Archer dejaron Botzen, no tenían ni idea de volver a ver a la
señora Carfry y a la señorita Harle. Nada, en opinión de la señora Archer,
habría sido más «indigno» que obligarse a llamar la atención de un

«extranjero» al que se había prestado un servicio accidental. Pero la señora Carfry y su hermana, para quienes este punto de vista era desconocido y que lo habrían encontrado completamente incomprensible, se sintieron unidas por una gratitud eterna a los «encantadores americanos» que habían sido tan amables en Botzen. Con conmovedora fidelidad aprovecharon todas las oportunidades de encontrarse con la señora Archer y Janey en el curso de sus viajes continentales, y demostraron una agudeza sobrenatural al averiguar cuándo debían pasar por Londres en su camino hacia o desde los Estados Unidos. La intimidad se hizo indisoluble, y la señora Archer y Janey, cada vez que se apeaban en el hotel Brown, se encontraban con la espera de dos amigas cariñosas que, como ellas, cultivaban helechos en las cajas de Wardian, hacían encaje de macramé, leían las memorias de la baronesa Bunsen y tenían opiniones sobre los ocupantes de los principales púlpitos de Londres. Como dijo la señora Archer, era «otra cosa de Londres» conocer a la señora Carfry y a la señorita Harle; y en el momento en que Newland se comprometió, el vínculo entre las familias estaba tan firmemente establecido que se pensó que era «justo» enviar una invitación de boda a las dos damas inglesas, que enviaron, a cambio, un bonito ramo de flores alpinas prensadas bajo un cristal. Y en el muelle, cuando Newland y su esposa zarparon para Inglaterra, la última palabra de la señora Archer fue: «Tiene que llevar a May a ver a la señora Carfry».

Newland y su esposa no habían tenido la menor idea de obedecer este mandato; pero la señora Carfry, con su habitual agudeza, los había atropellado y les había enviado una invitación a cenar; y fue por esta invitación que May Archer frunció las cejas sobre el té y las magdalenas.

—Todo está muy bien para ti, Newland; tú los conoces. Pero me sentiré muy tímido entre mucha gente que nunca he conocido. ¿Y qué me pondré?

Newland se reclinó en su silla y le sonrió. Se veía más guapa y más parecida a Diana que nunca. El húmedo aire inglés parecía haber profundizado la flor de sus mejillas y suavizado la ligera dureza de sus facciones virginales; O bien, era simplemente el resplandor interior de la felicidad, que brillaba como una luz bajo el hielo.

—¿Te pones, querido? Pensé que la semana pasada había llegado un baúl lleno de cosas de París.

"Sí, por supuesto. Quería decir que no sabré CUÁL ponerme. Ella hizo un pequeño puchero. "Nunca he salido a cenar en Londres; y no quiero ser ridículo".

Trató de penetrar en su perplejidad. —¿Pero las inglesas no se visten como todo el mundo por la noche?

—¡Nueva York! ¿Cómo puedes hacer preguntas tan divertidas? Cuando van al teatro con vestidos de gala viejos y la cabeza descubierta".

—Bueno, tal vez lleven vestidos de baile nuevos en casa; pero, en cualquier caso, la señora Carfry y la señorita Harle no lo harán. Llevarán gorras como las de mi madre, y chales; chales muy suaves".

—Sí; Pero, ¿cómo se vestirán las otras mujeres?

—No tan bien como tú, querida —replicó él, preguntándose qué se había desarrollado de repente en el mórbido interés de Janey por la ropa—.

Apartó la silla con un suspiro. —Eso es muy querido por tu parte, Newland; Pero no me ayuda mucho".

Tenía una inspiración. —¿Por qué no te pones tu vestido de novia? Eso no puede estar mal, ¿verdad?

—¡Oh, querido! ¡Si tan solo lo tuviera aquí! Pero ha ido a París para que lo hagan para el próximo invierno, y Worth no lo ha devuelto.

—Oh, bueno... —dijo Archer, levantándose—. "Mira aquí, la niebla se está levantando. Si nos dirigiéramos a la National Gallery, podríamos conseguir echar un vistazo a los cuadros.

Los arqueros de Newland regresaban a casa, después de una gira de bodas de tres meses que May, al escribir a sus amigas, resumió vagamente como «dichosa».

No habían ido a los lagos italianos: pensándolo bien, Archer no había sido capaz de imaginar a su esposa en ese escenario en particular. Su inclinación (después de un mes con las modistas de París) era el montañismo en julio y la natación en agosto. Este plan lo cumplieron puntualmente, pasando el mes de julio en Interlaken y Grindelwald, y el agosto en un pequeño lugar llamado Etretat, en la costa de Normandía, que alguien había recomendado como pintoresco y tranquilo. Una o dos veces, en las montañas, Archer había señalado hacia el sur y había dicho:

«Ahí está Italia»; y May, con los pies en un lecho de genciana, había sonreído alegremente y había respondido: —Sería encantador ir allí el próximo invierno, si no tuvieras que estar en Nueva York.

Pero en realidad viajar le interesaba aún menos de lo que él había esperado. Lo consideró (una vez que su ropa estuvo ordenada) como una mera oportunidad ampliada para caminar, montar a caballo, nadar y probar suerte en el fascinante nuevo juego de tenis sobre hierba; y cuando por fin regresaron a Londres (donde iban a pasar quince días mientras él ordenaba su ropa), ya no ocultaba la impaciencia con que esperaba zarpar.

En Londres nada le interesaba más que los teatros y las tiendas; y los teatros le parecían menos excitantes que los cafés chantants de París, donde, bajo los castaños de indias en flor de los Campos Elíseos, había tenido la novedosa experiencia de mirar desde la terraza del restaurante a un público de «cocottes», y hacer que su marido le interpretara tantas canciones como le pareciera adecuada para los oídos nupciales.

Archer había vuelto a todas sus viejas ideas heredadas sobre el matrimonio. No era tanto trabajo conformarse a la tradición y tratar a May exactamente como todos sus amigos trataban a sus esposas como tratar de poner en práctica las teorías con las que su soltería sin trabas había estado plagada. De nada servía tratar de emancipar a una esposa que no tenía la menor idea de que no era libre; y hacía mucho tiempo que había descubierto que el único uso que May hacía de la libertad que suponía poseer sería ponerla en el altar de su adoración de esposa. Su dignidad innata siempre le impediría hacer el regalo de manera abyecta; Y incluso podría llegar un día (como había sucedido una vez) en que ella encontraría fuerzas para retractarse por completo si pensaba que lo estaba haciendo por su propio bien. Pero con una concepción del matrimonio tan sencilla y poco curiosa como la suya, tal crisis sólo podía ser provocada por algo visiblemente escandaloso en su propia conducta; Y la finura de sus sentimientos por él lo hacía impensable. Pasara lo que pasara, sabía que ella siempre sería leal, galante y sin resentimientos; y que lo comprometía a la práctica de las mismas virtudes.

Todo esto tendía a llevarlo de vuelta a sus viejos hábitos mentales. Si su sencillez hubiera sido la sencillez de la mezquindad, él se habría irritado y se habría rebelado; Pero como las líneas de su carácter, aunque tan pocas, estaban en el mismo molde fino que su rostro, se convirtió en la divinidad tutelar de todas sus antiguas tradiciones y reverencias.

Tales cualidades apenas eran del tipo de las que animaban los viajes al extranjero, aunque la convertían en una compañera tan fácil y agradable; Pero comprendió de inmediato cómo encajarían en su lugar adecuado. No tenía miedo de ser oprimido por ellos, porque su vida artística e intelectual continuaría, como siempre lo había hecho, fuera del círculo doméstico; Y dentro de ella no habría nada pequeño y sofocante: volver con su esposa nunca sería como entrar en una habitación sofocante después de un vagabundeo a la intemperie. Y cuando tuvieran hijos, los rincones vacíos en la vida de ambos se llenarían.

Todas estas cosas pasaron por su mente durante su largo y lento viaje desde Mayfair hasta South Kensington, donde vivían la señora Carfry y su hermana. Archer también habría preferido escapar de la hospitalidad de sus amigos: de acuerdo con la tradición familiar, siempre había viajado como un turista y un observador, fingiendo una inconsciencia altiva de la presencia de sus semejantes. Sólo una vez, justo después de Harvard, había pasado unas semanas alegres en Florencia con una banda de americanos queer europeizados, bailando toda la noche con damas tituladas en palacios y jugando la mitad del día con los libertinos y dandies del club de moda; Pero todo le había parecido, a pesar de ser la mayor diversión del mundo, tan irreal como un carnaval. Aquellas extrañas mujeres cosmopolitas, inmersas en complicadas aventuras amorosas que parecían sentir la necesidad de vender a todos los que conocían, y los magníficos jóvenes oficiales y los ancianos ingenios teñidos que eran los sujetos o los destinatarios de sus confidencias, eran demasiado diferentes de la gente entre la que Archer había crecido, demasiado parecida a los exóticos de invernadero caros y bastante malolientes. para detener su imaginación por mucho tiempo. Introducir a su esposa en una sociedad así estaba fuera de discusión; y en el curso de sus viajes, ningún otro había mostrado ningún interés notable por su compañía.

Poco después de su llegada a Londres, se había encontrado con el duque de St. Austrey, y el duque, al reconocerlo al instante y cordialmente, le dijo: «Mírame, ¿no quieres?» Pero ningún norteamericano de buen espíritu habría considerado que se trataba de una sugerencia sobre la que había que actuar, y la reunión no tuvo secuela. Incluso habían logrado evitar a la tía inglesa de May, la esposa del banquero, que todavía estaba en Yorkshire; de hecho, habían pospuesto deliberadamente su viaje a Londres hasta el otoño para que su llegada durante la temporada no pareciera tentadora y esnob a estos parientes desconocidos.

—Probablemente no habrá nadie en casa de la señora Carfry... Londres es un desierto en esta estación, y usted se ha hecho demasiado hermosa —le dijo Archer a May, que estaba sentada a su lado en el coche, tan impecablemente espléndida con su capa azul cielo ribeteada de plumas de cisne que parecía perverso exponerla a la mugre londinense.

—No quiero que piensen que nos vestimos como salvajes —replicó ella, con un desdén que Pocahontas podría haber resentido—; y volvió a quedar impresionado por la reverencia religiosa de las mujeres americanas, incluso de las menos mundanas, por las ventajas sociales del vestido.

«Es su armadura», pensó, «su defensa contra lo desconocido y su desafío a él». Y comprendió por primera vez la seriedad con que May, que era incapaz de atarse una cinta en el pelo para encantarlo, había llevado a cabo el solemne rito de seleccionar y encargar su extenso guardarropa.

Había acertado al esperar que la fiesta en casa de la señora Carfry fuera pequeña. Además de su anfitriona y su hermana, no encontraron, en el largo y frío salón, más que a otra dama con chal, a un amable vicario que era su marido, a un muchacho silencioso a quien la señora Carfry nombró su sobrino, y a un caballero pequeño y moreno de ojos vivaces a quien presentó como su tutor, pronunciando un nombre francés mientras lo hacía.

En este grupo de rasgos tenues, May Archer flotaba como un cisne con el atardecer sobre ella: parecía más grande, más rubia, más voluminosa de lo que su marido la había visto jamás; Y se dio cuenta de que el sonrosado y el susurro eran los signos de una timidez extrema e infantil.

—¿De qué demonios esperarán que les hable? —le imploraron sus ojos impotentes, en el mismo momento en que su deslumbrante aparición provocaba la misma ansiedad en sus propios pechos. Pero la belleza, incluso cuando desconfía de sí misma, despierta confianza en el corazón varonil; y el vicario y el tutor de apellido francés no tardaron en manifestar a May su deseo de tranquilizarla.

Sin embargo, a pesar de sus mejores esfuerzos, la cena fue un asunto que languideció. Archer se dio cuenta de que la forma en que su esposa se mostraba a gusto con los extranjeros era volverse más intransigentemente local en sus referencias, de modo que, aunque su belleza era un estímulo para la admiración, su conversación era un escalofrío para replicar. El Vicario abandonó pronto la lucha; pero el tutor, que hablaba el inglés más fluido y consumado, continuó sirviéndolo galantemente hasta que las damas, para manifiesto alivio de todos los interesados, subieron al salón.

El vicario, después de un vaso de oporto, se vio obligado a salir a toda prisa a una reunión, y el tímido sobrino, que parecía ser un inválido, se fue a la cama. Pero Archer y el tutor continuaron sentados con su vino, y de repente Archer se encontró hablando como no lo había hecho desde su último simposio con Ned Winsett. Resultó que el sobrino de Carfry había sido amenazado con la consunción y había tenido que abandonar Harrow para ir a Suiza, donde había pasado dos años en el aire más templado del lago Leman. Siendo un joven aficionado a los libros, había sido confiado a M. Rivière, quien lo había traído de vuelta a Inglaterra, y debía permanecer con él hasta que se fuera a Oxford la primavera siguiente; y el señor Rivière añadió con sencillez que entonces tendría que buscar otro trabajo.

Parecía imposible, pensó Archer, que se quedara mucho tiempo sin uno, tan variados eran sus intereses y tantos sus dones. Era un hombre de unos treinta años, con un rostro delgado y feo (May seguramente lo habría llamado de aspecto vulgar) al que el juego de sus ideas daba una intensa expresividad; Pero no había nada frívolo ni barato en su animación.

Su padre, que había muerto joven, había ocupado un pequeño puesto diplomático, y se había previsto que el hijo siguiera la misma carrera; pero un gusto insaciable por las letras había lanzado al joven al periodismo, luego a la autoría (aparentemente sin éxito), y finalmente —después de otros experimentos y vicisitudes que ahorró a su oyente— a la enseñanza de jóvenes ingleses en Suiza. Antes de eso, sin embargo, había vivido mucho en París, frecuentaba el Goncourt grenier, Maupassant le aconsejaba que no intentara escribir (¡incluso eso le parecía a Archer un honor deslumbrante!), y había hablado a menudo con Mérimee en casa de su madre. Obviamente, siempre había sido desesperadamente pobre y ansioso (tenía una madre y una hermana soltera que mantener), y era evidente que sus ambiciones literarias habían fracasado. Su situación, de hecho, no parecía, materialmente hablando, más brillante que la de Ned Winsett; Pero había vivido en un mundo en el que, como él decía, nadie que amara las ideas tenía por qué pasar hambre mentalmente. Como era precisamente por ese amor por el que el pobre Winsett se estaba muriendo de hambre, Archer miró con una especie de envidia vicaria a este joven ansioso e impetuoso que había salido tan bien de su pobreza.

—Ya ve, señor, vale la pena todo, ¿no es así, conservar la libertad intelectual, no esclavizar la propia capacidad de apreciación, la propia independencia crítica? Fue por eso que abandoné el periodismo y me dediqué a un trabajo mucho más aburrido: la tutoría y la secretaría privada. Hay una buena cantidad de trabajo pesado, por supuesto; pero uno conserva su libertad moral, lo que llamamos en francés el quant a soi. Y cuando uno oye hablar bien, puede unirse a él sin comprometer ninguna opinión que no sea la propia; O uno puede escucharla y responderla interiormente. Ah, buena conversación, no hay nada igual, ¿verdad? El aire de las ideas es el único aire que vale la pena respirar. Y por eso nunca me he arrepentido de haber renunciado ni a la diplomacia ni al periodismo, dos formas diferentes de la misma abdicación". Fijó sus vívidos ojos en Archer mientras encendía otro cigarrillo. —Voyez-vous, monsieur, poder mirar la vida a la cara: eso vale la pena vivir en una buhardilla, ¿no es así? Pero, después de todo, uno debe ganar lo suficiente para pagar la buhardilla; y confieso que envejecer como un tutor privado —o como algo «privado»— es casi tan escalofriante para la imaginación como una segunda secretaría en Bucarest. A veces siento que debo hacer una zambullida: una inmensa zambullida. ¿Supone, por ejemplo, que habría alguna oportunidad para mí en Estados Unidos, en Nueva York?

Archer lo miró con ojos sorprendidos. ¡Nueva York, para un joven que había frecuentado los Goncourt y Flaubert, y que pensaba que la vida de las ideas era la única que valía la pena vivir! Continuaba mirando al señor Rivière con perplejidad, preguntándose cómo decirle que sus mismas superioridades y ventajas serían el obstáculo más seguro para el éxito.

—Nueva York, Nueva York, pero ¿tiene que ser especialmente Nueva York? —tartamudeó, completamente incapaz de imaginar qué lucrativa apertura podría ofrecer su ciudad natal a un joven para quien la buena conversación parecía ser la única necesidad.

Un súbito rubor se elevó bajo la piel cetrina del señor Rivière. —Yo... yo creía que era vuestra metrópoli: ¿no es allí la vida intelectual más activa? —replicó él—; luego, como si temiera dar a su oyente la impresión de haber pedido un favor, prosiguió apresuradamente: "Uno lanza sugerencias al azar, más para sí mismo que para los demás. En realidad, no veo ninguna perspectiva inmediata... -y levantándose de su asiento añadió, sin rastro de constreñimiento-: Pero la señora Carfry pensará que debería llevarla al piso de arriba.

Durante el viaje de regreso a casa, Archer reflexionó profundamente sobre este episodio. Su hora con el señor Rivière había insuflado aire nuevo en sus pulmones, y su primer impulso había sido invitarlo a cenar al día siguiente; Pero empezaba a comprender por qué los hombres casados no siempre cedían inmediatamente a sus primeros impulsos.

—Ese joven tutor es un tipo interesante: después de cenar tuvimos una charla muy agradable sobre libros y cosas así —soltó tímidamente en el coche—.

May se despertó de uno de los silencios soñadores en los que había leído tantos significados antes de que seis meses de matrimonio le dieran la clave de ellos.

—¿El pequeño francés? ¿No era terriblemente vulgar?", preguntó ella con frialdad; y supuso que ella albergaba una secreta decepción por haber sido invitada a Londres a conocer a un clérigo y a un tutor francés. La decepción no fue ocasionada por el sentimiento que comúnmente se define como esnobismo, sino por el sentido que tenía la vieja Nueva York de lo que se le debía cuando arriesgaba su dignidad en tierras extranjeras. Si los padres de May hubieran entretenido a los Carfry en la Quinta Avenida, les habrían ofrecido algo más sustancial que un párroco y un maestro de escuela.

Pero Archer estaba nervioso y la aceptó.

—¿Común, común DÓNDE? —preguntó—. Y ella replicó con inusitada prontitud: —Bueno, diría que en cualquier lugar menos en su salón de clases. Esas personas siempre son incómodas en la sociedad. Pero entonces —añadió ella con tono desarmante—, supongo que no debería haberlo sabido si era listo.

A Archer no le gustaba el uso de la palabra "inteligente" casi tanto como el uso de la palabra "común"; Pero empezaba a temer su tendencia a detenerse en las cosas que no le gustaban de ella. Después de todo, su punto de vista siempre había sido el mismo. Era la de todas las personas entre las que había crecido, y siempre la había considerado necesaria pero insignificante. Hasta hace unos meses nunca había conocido a una mujer "simpática" que viera la vida de otra manera; y si un hombre se casaba, necesariamente debía ser entre los buenos.

"¡Ah, entonces no le invitaré a cenar!", concluyó riendo; y May repitió, desconcertada: —Dios mío, ¿preguntar al tutor de los Carfry?

—Bueno, no el mismo día que los Carfry, si lo prefieres, no debería. Pero sí quería tener otra charla con él. Está buscando trabajo en Nueva York.

Su sorpresa aumentaba con su indiferencia: casi se imaginaba que ella sospechaba que él estaba contaminado con la "extranjería".

"¿Un trabajo en Nueva York? ¿Qué tipo de trabajo? La gente no tiene tutores de francés: ¿qué quiere hacer?"

—Principalmente para disfrutar de una buena conversación, lo entiendo —replicó perversamente su marido—; Y rompió a reír en agradecimiento. —¡Oh, Newland, qué gracioso! ¿No es eso FRANCÉS?

En general, se alegró de que el asunto se le hubiera resuelto porque ella se negó a tomar en serio su deseo de invitar al señor Rivière. Otra sobremesa habría dificultado eludir la cuestión de Nueva York; y cuanto más lo consideraba Archer, menos capaz era de encajar al señor Rivière en cualquier imagen concebible de Nueva York tal como la conocía.

Percibió con un destello de escalofriante perspicacia que en el futuro muchos problemas se resolverían negativamente para él; Pero mientras pagaba el coche y seguía la larga cola de su esposa hasta la casa, se refugiaba en la reconfortante perogrullada de que los primeros seis meses eran siempre los más difíciles en el matrimonio. —Después de eso, supongo que casi habremos terminado de frotarnos los ángulos —reflexionó—; pero lo peor de todo era que la presión de May ya incidía en los mismos ángulos cuya nitidez más quería conservar.

XXI.

El pequeño césped brillante se extendía suavemente hasta el gran mar brillante.

El césped estaba bordeado con un borde de geranio escarlata y coleo, y los jarrones de hierro fundido pintados de color chocolate, de pie a intervalos a lo largo del sinuoso camino que conducía al mar, enrollaban sus guirnaldas de petunia y geranio de hiedra sobre la grava cuidadosamente rastrillada.

A medio camino entre el borde del acantilado y la casa cuadrada de madera (que también era de color chocolate, pero con el techo de hojalata de la galería rayado en amarillo y marrón para representar un toldo) se habían colocado dos grandes blancos sobre un fondo de arbustos. Al otro lado del césped, frente a los blancos, se había levantado una tienda de campaña de verdad, con bancos y asientos de jardín a su alrededor. Varias damas con vestidos de verano y caballeros con levita gris y sombreros altos estaban de pie en el césped o sentados en los bancos; Y de vez en cuando una muchacha esbelta, vestida con muselina almidonada, salía de la tienda, con una reverencia en la mano, y apuntaba con su asta a uno de los blancos, mientras los espectadores interrumpían su charla para ver el resultado.

Newland Archer, de pie en la galería de la casa, contemplaba con curiosidad la escena. A cada lado de los escalones pintados brillantes había una gran maceta de porcelana azul sobre un soporte de porcelana amarilla brillante. Una planta verde puntiaguda llenaba cada maceta, y debajo de la galería corría un amplio borde de hortensias azules bordeadas con más geranios rojos. Detrás de él, las ventanas francesas de los salones por los que había pasado dejaban entrever, entre cortinas de encaje ondulantes, suelos de parquet vidriosos con islas de pufs de chintz, sillones enanos y mesas de terciopelo cubiertas de bagatelas de plata.

El Club de Tiro con Arco de Newport siempre celebraba su reunión de agosto en casa de los Beaufort. El deporte, que hasta entonces no había conocido otro rival que el croquet, comenzaba a ser descartado en favor del tenis sobre hierba; Pero este último juego todavía se consideraba demasiado rudo y poco elegante para ocasiones sociales, y como una oportunidad para lucir bonitos vestidos y actitudes elegantes, el arco y la flecha se mantuvieron firmes.

Archer bajó la mirada con asombro ante el familiar espectáculo. Le sorprendía que la vida siguiera como antes, cuando sus propias reacciones a ella habían cambiado por completo. Fue Newport el primero en darse cuenta de la magnitud del cambio. En Nueva York, durante el invierno anterior, después de que él y May se hubiesen instalado en la nueva casa de color amarillo verdoso con la ventana arqueada y el vestíbulo pompeyano, había vuelto con alivio a la antigua rutina de la oficina, y la reanudación de esta actividad diaria le había servido de enlace con su antiguo yo. Luego había venido la placentera excitación de elegir un llamativo escalón gris para el brougham de May (los Welland habían cedido el carruaje), y la permanente ocupación e interés de arreglar su nueva biblioteca, que, a pesar de las dudas y desaprobaciones familiares, se había llevado a cabo como él había soñado, con un papel oscuro en relieve, estanterías Eastlake y sillones y mesas «sinceros». En el Century había vuelto a encontrar a Winsett, y en el Knickerbocker a los jóvenes de moda de su propio grupo; y con las horas dedicadas a la ley y las dedicadas a salir a cenar o entretener a los amigos en casa, con una velada ocasional en la ópera o en el teatro, la vida que llevaba todavía le había parecido un tipo de negocio bastante real e inevitable.

Pero Newport representaba la evasión del deber hacia una atmósfera de vacaciones sin paliativos. Archer había tratado de persuadir a May para que pasara el verano en una isla remota frente a la costa de Maine (llamada, muy apropiadamente, Monte Desierto), donde unos pocos bostonianos y filadelfianos estaban acampando en cabañas "nativas", y de donde provenían informes de paisajes encantadores y una existencia salvaje, casi como la de un trampero, entre bosques y aguas.

Pero los Welland siempre iban a Newport, donde poseían uno de los palcos cuadrados en los acantilados, y su yerno no podía aducir ninguna buena razón por la que él y May no se unieran a ellos allí. Como la señora Welland señaló con cierta sarcasmo, no valía la pena que May se hubiera cansado de probarse ropa de verano en París si no se le permitía usarla; y este argumento era de un tipo para el que Archer aún no había encontrado respuesta.

La propia May no podía comprender su oscura reticencia a aceptar una forma tan razonable y agradable de pasar el verano. Ella le recordó que siempre le había gustado Newport en sus días de soltero, y como esto era indiscutible, solo podía confesar que estaba seguro de que le iba a gustar más que nunca ahora que iban a estar allí juntos. Pero mientras estaba de pie en la galería de Beaufort y miraba hacia el césped brillantemente poblado, se dio cuenta con un escalofrío de que no le iba a gustar en absoluto.

No fue culpa de May, pobrecita. Si, de vez en cuando, durante sus viajes, se habían desfasado un poco, la armonía se había restablecido al volver a las condiciones a las que estaba acostumbrada. Siempre había previsto que ella no lo decepcionaría; Y tenía razón. Se había casado (como la mayoría de los jóvenes) porque había conocido a una muchacha perfectamente encantadora en el momento en que una serie de aventuras sentimentales bastante inútiles terminaban en un disgusto prematuro; Y ella había representado la paz, la estabilidad, la camaradería y el sentido tranquilizador de un deber ineludible.

No podía decir que se había equivocado en su elección, porque ella había cumplido todo lo que había esperado. Era indudablemente gratificante ser el esposo de una de las jóvenes casadas más hermosas y populares de Nueva York, especialmente cuando también era una de las esposas más dulces y razonables; y Archer nunca había sido insensible a tales ventajas. En cuanto a la locura momentánea que se había apoderado de él en vísperas de su matrimonio, se había entrenado para considerarla como el último de sus experimentos descartados. La idea de que alguna vez, en su sano juicio, hubiera podido soñar con casarse con la condesa Olenska se había vuelto casi impensable, y ella permanecía en su memoria simplemente como la más lastimera y conmovedora de una línea de fantasmas.

Pero todas estas abstracciones y eliminaciones hacían de su mente un lugar vacío y resonante, y supuso que ésa era una de las razones por las que la gente atareada y animada en el césped de Beaufort lo conmocionaba como si hubieran sido niños jugando en un cementerio.

Oyó un murmullo de faldas a su lado, y la marquesa Manson salió revoloteando por la ventana del salón. Como de costumbre, iba extraordinariamente engalanada y aderezada, con un flácido sombrero de Livorno anclado a la cabeza por muchas vueltas de gasa desteñida, y una pequeña sombrilla de terciopelo negro sobre un mango de marfil tallado absurdamente equilibrado sobre el ala de su sombrero mucho más grande.

—Mi querido Newland, ¡no tenía ni idea de que tú y May habíais llegado! ¿Tú mismo viniste ayer, dices? Ah, los negocios, los negocios, los deberes profesionales... Entiendo. Sé que a muchos maridos les resulta imposible reunirse con sus esposas aquí, excepto el fin de semana. Ella ladeó la cabeza hacia un lado y languideció hacia él con los ojos entrecerrados. Pero el matrimonio es un largo sacrificio, como solía recordarle a menudo a mi Ellen...

El corazón de Archer se detuvo con el extraño tirón que había dado una vez antes, y que de repente pareció cerrar una puerta entre él y el mundo exterior; pero esta interrupción de la continuidad debió de ser de lo más breve, porque pronto oyó a Medora responder a una pregunta que, al parecer, le había parecido la voz para hacer.

—No, no me quedaré aquí, sino con los Blenker, en su deliciosa soledad de Portsmouth. Beaufort tuvo la amabilidad de enviarme sus famosas manitas esta mañana, para que pudiera al menos echar un vistazo a una de las fiestas en el jardín de Regina; pero esta noche vuelvo a la vida rural. Los Blenkers, queridos seres originarios, han alquilado una antigua y primitiva granja en Portsmouth, donde reúnen a su alrededor a personas representativas..." Se inclinó ligeramente por debajo de su ala protectora y añadió con un leve rubor: —Esta semana el doctor Agathon Carver está celebrando allí una serie de reuniones de Pensamiento Interno. Un contraste, en efecto, con esta alegre escena de placeres mundanos, ¡pero siempre he vivido de contrastes! Para mí la única muerte es la monotonía. Siempre le digo a Ellen: Cuidado con la monotonía; Es la madre de todos los pecados capitales. Pero mi pobre hija está pasando por una fase de exaltación, de aborrecimiento del mundo. ¿Sabe, supongo, que ha rechazado todas las invitaciones para quedarse en Newport, incluso con su abuela Mingott? Apenas pude persuadirla de que viniera conmigo a casa de los Blenker, ¡si me lo crees! La vida que lleva es mórbida, antinatural. Ah, si tan solo me hubiera escuchado cuando todavía era posible... Cuando la puerta aún estaba abierta... Pero, ¿bajamos a ver este absorbente partido? He oído que tu May es una de las competidoras.

Caminando hacia ellos desde la tienda, Beaufort avanzó sobre el césped, alto, corpulento, demasiado abotonado en una levita londinense, con una de sus propias orquídeas en el ojal. Archer, que no lo había visto en dos o tres meses, quedó impresionado por el cambio en su apariencia. A la calurosa luz del verano, su floridez parecía pesada e hinchada, y de no ser por su erguido andar de hombros cuadrados, habría parecido un anciano sobrealimentado y vestido.

Circulaban todo tipo de rumores sobre Beaufort. En la primavera se había embarcado en un largo crucero por las Indias Occidentales en su nuevo yate de vapor, y se informó de que, en varios puntos donde había tocado, se había visto en su compañía a una dama parecida a la señorita Fanny Ring. Se decía que el yate de vapor, construido en el Clyde, y equipado con cuartos de baño con azulejos y otros lujos inauditos, le había costado medio millón; Y el collar de perlas que había regalado a su esposa a su regreso era tan magnífico como suelen ser tales ofrendas expiatorias. La fortuna de Beaufort era lo suficientemente sustancial como para soportar la tensión; y, sin embargo, los rumores inquietantes persistían, no sólo en la Quinta Avenida, sino también en Wall Street. Algunos decían que había especulado desgraciadamente en los ferrocarriles, otros que estaba siendo desangrado por uno de los miembros más insaciables de su profesión; y a cada noticia de amenaza de insolvencia, Beaufort respondía con una nueva extravagancia: la construcción de una nueva hilera de casas de orquídeas, la compra de una nueva serie de caballos de carreras, o la adición de un nuevo Meissonnier o Cabanel a su galería de cuadros.

Avanzó hacia la marquesa y Newland con su habitual sonrisa medio burlona. —¡Hullo, Medora! ¿Hicieron los trotones sus necesidades? Cuarenta minutos, ¿eh? ... Bueno, eso no es tan malo, teniendo en cuenta que hay que salvarse los nervios. Estrechó la mano de Archer y luego, volviéndose con ellos, se colocó al otro lado de la señora Manson y dijo, en voz baja, unas palabras que su compañero no captó.

La marquesa contestó con uno de sus extraños tirones extranjeros, y un «¿Que voulez-vous?» que profundizó el ceño de Beaufort; pero produjo una buena apariencia de sonrisa de felicitación cuando miró a Archer para decir: "Sabes que May se va a llevar el primer premio".

—Ah, entonces se queda en la familia —exclamó Medora—; y en ese momento llegaron a la tienda, y la señora Beaufort los recibió con una nube aniñada de muselina malva y velos flotantes.

May Welland acababa de salir de la tienda. Con su vestido blanco, con una cinta verde pálido alrededor de la cintura y una corona de hiedra en el sombrero, tenía la misma distancia de Diana que cuando entró en el salón de baile de Beaufort la noche de su compromiso. En el intervalo, ni un solo pensamiento parecía haber pasado por detrás de sus ojos, ni un sentimiento por su corazón; Y aunque su marido sabía que ella tenía la capacidad para ambas cosas, se maravilló de nuevo de la forma en que la experiencia se le escapaba.

Tenía el arco y la flecha en la mano, y colocándose sobre la marca de tiza trazada en el césped, se echó el arco al hombro y apuntó. La actitud estaba tan llena de una gracia clásica que un murmullo de aprecio siguió a su aparición, y Archer sintió el resplandor de la propiedad que tan a menudo lo engañaba para que se sintiera momentáneamente bien. Sus rivales, la señora Reggie Chivers, las chicas alegres y los sonrosados Thorley, Dagonet y Mingotts, estaban detrás de ella en un grupo encantador y ansioso, con las cabezas morenas y doradas dobladas por encima de las veintenas, y las muselinas pálidas y los sombreros adornados con flores se mezclaban en un tierno arco iris. Todas eran jóvenes y bonitas, y estaban bañadas en flores de verano; pero ninguno tenía la facilidad de ninfa de su esposa, cuando, con músculos tensos y ceño fruncido, inclinaba su alma a alguna hazaña de fuerza.

—Gad —oyó decir Archer a Lawrence Lefferts—, ninguno de los dos sostiene el arco como ella; y Beaufort replicó: "Sí; Pero ese es el único tipo de objetivo que alcanzará".

Archer se sintió irracionalmente enojado. El desdeñoso tributo de su anfitrión a la "amabilidad" de May era justo lo que un marido debería haber deseado que se dijera de su esposa. El hecho de que un hombre tosco la encontrara factual de atracción era simplemente otra prueba de su cualidad; Sin embargo, las palabras hicieron que un leve escalofrío recorriera su corazón. ¿Qué pasaría si la "amabilidad" llevada a ese grado supremo fuera sólo una negación, el telón caído ante un vacío? Mientras miraba a May, que volvía sonrojada y tranquila de su última diana, tuvo la sensación de que aún no había levantado el telón.

Aceptó las felicitaciones de sus rivales y del resto de la compañía con la sencillez que era su gracia suprema. Nadie podía estar celoso de sus triunfos porque ella lograba dar la sensación de que habría estado igual de serena si los hubiera echado de menos. Pero cuando sus ojos se encontraron con los de su marido, su rostro resplandeció con el placer que veía en los suyos.

El carruaje de cestería de la señora Welland los estaba esperando, y se alejaron entre los carruajes que se dispersaban, May manejando las riendas y Archer sentado a su lado.

La luz del sol de la tarde aún permanecía sobre los brillantes céspedes y arbustos, y de un lado a otro de Bellevue Avenue rodaba una doble fila de victorias, carros de perros, landaus y «vis-à-vis», que llevaban a las damas y caballeros bien vestidos lejos de la fiesta en el jardín de Beaufort, o de regreso a casa después de su vuelta diaria de la tarde a lo largo de Ocean Drive.

—¿Vamos a ver a la abuelita? May le propuso matrimonio de repente. "Me gustaría decirle yo mismo que he ganado el premio. Hay mucho tiempo antes de la cena.

Archer accedió, y ella hizo girar a los ponis por la avenida Narragansett, cruzó la calle Spring y se dirigió hacia el páramo rocoso que había más allá. En esta región pasada de moda, Catalina la Grande, siempre indiferente a los precedentes y ahorrativa de dinero, se había construido en su juventud una cabaña de muchos picos y vigas transversales en un pedazo de tierra barata con vistas a la bahía. Aquí, en un matorral de robles raquíticos, sus terrazas se extienden sobre las aguas salpicadas de islas. Un camino sinuoso conducía entre ciervos de hierro y bolas de vidrio azul incrustadas en montones de geranios hasta una puerta principal de nogal muy barnizado bajo un techo de galería a rayas; y detrás de ella corría un estrecho vestíbulo con suelo de parqué negro y amarillo con dibujos de estrellas, sobre el que se abrían cuatro pequeñas habitaciones cuadradas con pesados papeles flocados bajo los techos en los que un pintor de casas italiano había prodigado todas las divinidades del Olimpo. Una de estas habitaciones había sido convertida en dormitorio por la señora Mingott cuando el peso de la carne descendió sobre ella, y en la contigua pasaba sus días, entronizada en un gran sillón entre la puerta y la ventana abiertas, y agitando perpetuamente un abanico de hojas de palma que la prodigiosa proyección de su pecho mantenía tan lejos del resto de su persona que el aire que ponía en movimiento sólo agitaba el borde de su cuerpo. los anti-macasares en los brazos de las sillas.

Desde que ella había sido el medio para apresurar su matrimonio, la vieja Catherine había mostrado a Archer la cordialidad que un servicio prestado excita hacia la persona a la que sirve. Estaba persuadida de que la pasión incontenible era la causa de su impaciencia; y como era una ardiente admiradora de la impulsividad (cuando no conducía al gasto de dinero), siempre lo recibía con un brillo genial de complicidad y un juego de alusiones al que May parecía afortunadamente impermeable.

Examinó y evaluó con mucho interés la flecha con punta de diamante que se había clavado en el pecho de May al final del encuentro, observando que en su época un broche de filigrana habría sido suficiente, pero que no se podía negar que Beaufort hacía las cosas maravillosamente.

—De hecho, toda una reliquia, querida —rió la anciana—. "Debes dejárselo a tu hija mayor". Pellizcó el brazo blanco de May y observó cómo el color inundaba su rostro. "Bueno, bueno, ¿qué he dicho para que sacudas la bandera roja? ¿No va a haber hijas, solo varones, eh? ¡Muy bien, mírala sonrojarse de nuevo por todo su rubor! ¿Qué?, ¿no puedo decir eso tampoco? ¡Piedad de mí, cuando mis hijos me ruegan que tenga todos esos dioses y diosas pintados en lo alto, siempre digo que estoy demasiado agradecido de tener a alguien a mi alrededor a quien NADA puede escandalizar!"

Archer estalló en una carcajada, y May se hizo eco de ella, carmesí a los ojos.

—Bien, ahora cuéntenme todo sobre la fiesta, por favor, queridos míos, porque nunca sacaré una palabra directa al respecto de esa tonta Medora —continuó la antepasada—; y, como exclamó May: —¿Prima Medora? ¿Pero yo creía que iba a volver a Portsmouth? -respondió ella plácidamente-. Así es, pero primero tiene que venir aquí a recoger a Ellen. Ah... ¿no sabías que Ellen había venido a pasar el día conmigo? Semejante fol-de-rol, que no viene por el verano; pero dejé de discutir con los jóvenes hace unos cincuenta años. ¡Ellen, ELLEN! —exclamó con su vieja voz estridente, tratando de inclinarse lo suficiente como para vislumbrar el césped más allá de la terraza—.

No hubo respuesta, y la señora Mingott golpeó con impaciencia el suelo brillante con su bastón. Una criada mulata con un turbante brillante, respondiendo a la llamada, informó a su ama que había visto a la señorita Ellen bajando por el sendero hacia la orilla; y la señora Mingott se volvió hacia Archer.

"Corre a buscarla, como a un buen nieto; Esta linda señora me describirá la fiesta -dijo-; y Archer se puso de pie como en un sueño.

Había oído pronunciar el nombre de la condesa Olenska con bastante frecuencia durante el año y medio transcurrido desde la última vez que se vieron, e incluso estaba familiarizado con los principales incidentes de su vida en el intervalo. Sabía que ella había pasado el verano anterior en Newport, donde parecía haberse adentrado mucho en la sociedad, pero que en el otoño había subarrendado de repente la «casa perfecta» que Beaufort se había esforzado tanto en encontrarle, y decidió establecerse en Washington. Allí, durante el invierno, había oído hablar de ella (como siempre se oía hablar de mujeres guapas en Washington) como brillando en la «brillante sociedad diplomática» que se suponía que compensaría las deficiencias sociales de la Administración. Había escuchado estos relatos, y varios informes contradictorios sobre su apariencia, su conversación, su punto de vista y su elección de amigos, con el desapego con que se escuchan las reminiscencias de alguien muerto hace mucho tiempo; No fue hasta que Medora pronunció de repente su nombre en el combate de tiro con arco, que Ellen Olenska volvió a ser una presencia viva para él. El ceceo insensato de la marquesa le había evocado la visión del pequeño salón iluminado por la chimenea y el ruido de las ruedas de los carruajes que regresaban por la calle desierta. Pensó en un cuento que había leído, en el de unos niños campesinos de la Toscana que encendían un manojo de paja en una caverna al borde del camino y revelaban viejas imágenes mudas en su tumba pintada...

El camino a la orilla descendía desde la orilla en la que se alzaba la casa hasta un paseo sobre el agua plantado de sauces llorones. A través de su velo, Archer captó el destello de la Roca de Cal, con su torreta encalada y la diminuta casa en la que la heroica guardiana del faro, Ida Lewis, vivió sus últimos años venerables. Más allá se extendían las llanuras y las feas chimeneas gubernamentales de la isla de la Cabra, la bahía se extendía hacia el norte en un brillo dorado hasta la isla Prudence con su bajo crecimiento de robles, y las costas de Conanicut se desvanecían en la bruma del atardecer.

Desde el camino de los sauces se proyectaba un ligero muelle de madera que terminaba en una especie de casa de verano a modo de pagoda; Y en la pagoda estaba una dama, apoyada en la barandilla, de espaldas a la orilla. Archer se detuvo al verlo, como si hubiera despertado de un sueño. Aquella visión del pasado era un sueño, y la realidad era lo que le esperaba en la casa de la orilla de arriba: ¿era el coche de caballos de la señora Welland dando vueltas y vueltas alrededor del óvalo de la puerta?, ¿estaba May sentada bajo los desvergonzados olímpicos y resplandeciente de secretas esperanzas?, ¿estaba la villa Welland en el extremo más alejado de la avenida Bellevue?, y el señor Welland, ya vestido para la cena, y paseando por el suelo del salón, reloj en mano, con impaciencia dispéptica, pues era una de esas casas en las que siempre se sabía exactamente lo que ocurría a una hora determinada.

"¿Qué soy? Un yerno... —pensó Archer—.

La figura del extremo del muelle no se había movido. Durante un largo momento, el joven permaneció en la mitad de la orilla, contemplando la bahía surcada por el ir y venir de veleros, lanchas de yate, lanchas de pesca y las barcazas de carbón negro arrastradas por ruidosos remolcadores. La señora de la casa de verano parecía estar presa de lo mismo. Más allá de los bastiones grises de Fort Adams, un prolongado atardecer se fragmentaba en mil hogueras, y el resplandor atrapaba la vela de un bote que se alejaba por el canal entre la Roca de Cal y la orilla. Archer, mientras observaba, recordó la escena en el Shaughraun, y Montague levantando la cinta de Ada Dyas a sus labios sin que ella supiera que estaba en la habitación.

"Ella no lo sabe, no lo ha adivinado. ¿No debería saber si ella se acercó detrás de mí, me pregunto?", reflexionó; y de repente se dijo a sí mismo: "Si ella no se da la vuelta antes de que esa vela cruce la luz de la Roca de Cal, yo volveré".

El barco se deslizaba con la marea en retirada. Se deslizó ante la Roca de Cal, borró la casita de Ida Lewis y atravesó la torreta en la que estaba colgada la luz. Archer esperó hasta que un amplio espacio de agua centelleó entre el último arrecife de la isla y la popa del bote; Pero la figura de la casa de verano no se movió.

Se dio la vuelta y subió la colina.

– Lamento que no hayas encontrado a Ellen, me habría gustado volver a verla -dijo May mientras volvían a casa a través del crepúsculo-. "Pero tal vez a ella no le habría importado, parece tan cambiada".

—¿Cambiado? —resonó su marido con voz incolora, con los ojos fijos en las orejas temblorosas de los ponis.

"Tan indiferente a sus amigos, quiero decir; renunciando a Nueva York y a su casa, y pasando su tiempo con gente tan rara. ¡Imagínense lo horriblemente incómoda que debe estar en casa de los Blenker! Dice que lo hace para mantener a la prima Medora alejada de las travesuras: para evitar que se case con personas terribles. Pero a veces pienso que siempre la hemos aburrido.

Archer no respondió, y ella continuó, con un matiz de dureza que nunca antes había notado en su voz franca y fresca: —Después de todo, me pregunto si no sería más feliz con su marido.

Se echó a reír. "¡Sancta simplicitas!", exclamó; y mientras ella le miraba con el ceño fruncido, él añadió: —Creo que nunca antes te había oído decir algo cruel.

—¿Cruel?

—Bueno, se supone que observar las contorsiones de los condenados es uno de los deportes favoritos de los ángeles; pero creo que ni siquiera ellos creen que la gente sea más feliz en el infierno".

—Es una lástima que se haya casado en el extranjero —dijo May, en el tono plácido con que su madre respondía a los caprichos del señor Welland—. y Archer se sintió suavemente relegado a la categoría de maridos irracionales.

Condujeron por la avenida Bellevue y doblaron entre los postes de madera biselados de las puertas, coronados por lámparas de hierro fundido que marcaban el acceso a la villa de Welland. Las luces ya brillaban a través de las ventanas, y Archer, cuando el carruaje se detuvo, vislumbró a su suegro, exactamente como lo había imaginado, paseando por el salón, reloj en mano y con la expresión de dolor que hacía mucho tiempo que había descubierto mucho más eficaz que la ira.

El joven, mientras seguía a su esposa al vestíbulo, se dio cuenta de un curioso cambio de humor. Había algo en el lujo de la casa de Welland y en la densidad de la atmósfera de Welland, tan cargada de minuciosas observancias y exacciones, que siempre se colaba en su organismo como un narcótico. Las pesadas alfombras, los sirvientes vigilantes, el tic-tac perpetuo de los relojes disciplinados, la pila perpetuamente renovada de cartas e invitaciones sobre la mesa del salón, toda la cadena de nimiedades tiránicas que ataban una hora a la siguiente, y a cada miembro de la casa con todos los demás, hacían que cualquier existencia menos sistematizada y próspera pareciera irreal y precaria. Pero ahora era la casa de los Welland, y la vida que se esperaba que llevara en ella, la que se había vuelto irreal e irrelevante, y la breve escena en la orilla, cuando había permanecido indeciso, a mitad de camino de la orilla, estaba tan cerca de él como la sangre en sus venas.

Pasó toda la noche despierto en el gran dormitorio de chintz al lado de May, contemplando la luz de la luna inclinándose sobre la alfombra y pensando en Ellen Olenska conduciendo a casa a través de las relucientes playas detrás de las manitas de Beaufort.

XXII.

—¿Una fiesta para los Blenkers, los Blenkers?

El señor Welland dejó el cuchillo y el tenedor y miró ansiosa e incrédula a su esposa, quien, ajustándose las gafas de oro, leyó en voz alta, en tono de alta comedia:

"El Profesor y la Sra. Emerson Sillerton solicitan el placer de la compañía del Sr. y la Sra. Welland en la reunión del Club de los Miércoles por la Tarde el 25 de agosto a las 3 en punto. Para conocer a la señora y a la señorita Blenker.

"Tejados Rojos, calle Catherine. R. S. V. P."

—Dios mío... —jadeó el señor Welland, como si hubiera sido necesaria una segunda lectura para hacerle comprender lo monstruoso y absurdo del asunto—.

—Pobre Amy Sillerton, nunca se sabe lo que hará su marido a continuación —suspiró la señora Welland—. Supongo que acaba de descubrir a los Blenker.

El profesor Emerson Sillerton era una espina en el costado de la sociedad de Newport; y una espina que no se podía arrancar, porque crecía en un árbol genealógico venerable y venerado. Era, como se decía, un hombre que había tenido "todas las ventajas". Su padre era tío de Sillerton Jackson, su madre una Pennilow de Boston; A cada lado había riqueza y posición, e idoneidad mutua. Nada —como la señora Welland había observado a menudo—, nada en la tierra obligaba a Emerson Sillerton a ser arqueólogo, ni siquiera a ser profesor de ninguna clase, ni a vivir en Newport en invierno, ni a hacer ninguna de las otras cosas revolucionarias que hacía. Pero al menos, si iba a romper con la tradición y burlarse de la sociedad, no tenía por qué haberse casado con la pobre Amy Dagonet, que tenía derecho a esperar «algo diferente» y dinero suficiente para mantener su propio carruaje.

Nadie en el séquito de Mingott podía entender por qué Amy Sillerton se había sometido tan dócilmente a las excentricidades de un marido que llenaba la casa de hombres de pelo largo y mujeres de pelo corto, y que, cuando viajaba, la llevaba a explorar tumbas en Yucatán en lugar de ir a París o Italia. Pero allí estaban, establecidos en sus costumbres, y aparentemente inconscientes de que eran diferentes de otras personas; y cuando ofrecían una de sus lúgubres fiestas anuales en el jardín, cada familia de los acantilados, debido a la conexión Sillerton-Pennilow-Dagonet, tenía que echar suertes y enviar un representante reacio.

—Es un milagro —comentó la señora Welland— que no eligieran el día de la carrera de la Copa. ¿Recuerdas, hace dos años, cuando dieron una fiesta para un hombre negro el día del baile de Julia Mingott? Afortunadamente, esta vez no está sucediendo nada más que yo sepa, porque, por supuesto, algunos de nosotros tendremos que irnos.

El señor Welland suspiró nervioso. —Algunos de nosotros, querida mía... ¿más de uno? Las tres de la tarde es una hora muy incómoda. Tengo que estar aquí a las tres y media para tomar mis gotas: de nada sirve tratar de seguir el nuevo tratamiento de Bencomb si no lo hago sistemáticamente; y si me reúno contigo más tarde, por supuesto que perderé mi viaje. Al pensarlo, volvió a dejar el cuchillo y el tenedor, y un rubor de ansiedad subió a su mejilla finamente arrugada.

—No hay ninguna razón por la que debas ir, querida —respondió su esposa con una alegría que se había vuelto automática—. Tengo que dejar algunas tarjetas en el otro extremo de la avenida Bellevue, y pasaré por allí a eso de las tres y media y me quedaré el tiempo suficiente para que la pobre Amy sienta que no ha sido menospreciada. Miró vacilante a su hija. Y si la tarde de Newland está prevista, tal vez mayo pueda llevarte con los ponis y probar su nuevo arnés rojizo.

Era un principio en la familia Welland que los días y las horas de las personas debían ser lo que la señora Welland llamaba "provisto". La melancólica posibilidad de tener que "matar el tiempo" (especialmente para aquellos a los que no les importaba el whist o el solitario) era una visión que la perseguía mientras el espectro de los desempleados persigue al filántropo. Otro de sus principios era que los padres nunca debían (al menos visiblemente) interferir en los planes de sus hijos casados; y la dificultad de ajustar este respeto por la independencia de May a la exigencia de las pretensiones del señor Welland sólo podía superarse mediante el ejercicio de un ingenio que no dejaba ni un segundo del tiempo de la señora Welland sin proveer.

—Por supuesto que conduciré con papá, estoy segura de que Newland encontrará algo que hacer —dijo May, en un tono que le recordó amablemente a su marido su falta de respuesta—. Era una causa de constante angustia para la señora Welland que su yerno mostrara tan poca previsión al planificar sus días. A menudo, durante los quince días que había pasado bajo su techo, cuando ella le preguntaba cómo pensaba pasar la tarde, él le había respondido paradójicamente: «Oh, creo que, para variar, lo ahorraré en lugar de gastarlo...», y una vez, cuando ella y May habían tenido que hacer una ronda de visitas vespertinas largamente pospuestas: Había confesado que había pasado toda la tarde bajo una roca en la playa debajo de la casa.

—Newland nunca parece mirar hacia adelante —se atrevió a quejarse una vez la señora Welland a su hija—; y May respondió serenamente: "No; Pero ya ves que no importa, porque cuando no hay nada en particular que hacer, lee un libro".

—¡Ah, sí, como su padre! —convino la señora Welland, como si admitiera una rareza heredada—. y después de eso, la cuestión del desempleo de Newland se abandonó tácitamente.

Sin embargo, a medida que se acercaba el día de la recepción de Sillerton, May comenzó a mostrar una preocupación natural por su bienestar, y a sugerir un partido de tenis en casa de los Chiverse, o una navegación en el cúter de Julio Beaufort, como medio de expiar su deserción temporal. —Volveré a las seis, querida, ya sabes: papá nunca conduce más tarde de eso... —y no se tranquilizó hasta que Archer dijo que pensaba alquilar un coche para correr y conducir por la isla hasta una yeguada para buscar un segundo caballo para su criadero. Llevaban algún tiempo buscando a este caballo, y la sugerencia fue tan aceptable que May miró a su madre como diciendo: —Ya ves que sabe planificar su tiempo tan bien como cualquiera de nosotros.

La idea de la yeguada y del caballo brougham había germinado en la mente de Archer el mismo día en que se mencionó por primera vez la invitación de Emerson Sillerton; Pero se lo había guardado para sí mismo, como si hubiera algo clandestino en el plan, y el descubrimiento pudiera impedir su ejecución. Sin embargo, había tomado la precaución de embarcarse por adelantado en un rodeo con un par de viejos trotones de establo que aún podían recorrer sus dieciocho millas por caminos llanos; Y a las dos de la tarde, abandonando apresuradamente la mesa del almuerzo, subió de un salto al carruaje ligero y se marchó.

El día fue perfecto. Una brisa del norte empujaba pequeñas nubes blancas a través de un cielo ultramar, con un mar brillante corriendo bajo él. La avenida Bellevue estaba vacía a esa hora, y después de dejar al mozo de cuadra en la esquina de Mill Street, Archer dobló por Old Beach Road y cruzó Eastman's Beach.

Tenía la sensación de excitación inexplicable con la que, en las vacaciones de la escuela, solía lanzarse a lo desconocido. Tomando su pareja a paso fácil, contaba con llegar a la yeguada, que no estaba lejos de Paradise Rocks, antes de las tres; de modo que, después de mirar al caballo (y probarlo si le parecía prometedor), aún tendría cuatro horas doradas de las que disponer.

Tan pronto como se enteró de la fiesta de los Sillerton, se dijo a sí mismo que la marquesa Manson vendría sin duda a Newport con los Blenker, y que madame Olenska podría aprovechar de nuevo la oportunidad para pasar el día con su abuela. De todos modos, la habitación de Blenker probablemente estaría desierta, y él sería capaz, sin indiscreción, de satisfacer una vaga curiosidad al respecto. No estaba seguro de querer volver a ver a la condesa Olenska; Pero desde que la había mirado desde el sendero sobre la bahía, había querido, irracional e indescriptiblemente, ver el lugar en el que vivía, y seguir los movimientos de su figura imaginaria como había observado la real en la casa de verano. El anhelo lo acompañaba día y noche, un deseo incesante e indefinible, como el capricho repentino de un enfermo por comida o bebida que una vez ha probado y olvidado hace mucho tiempo. No podía ver más allá del deseo, ni imaginar a qué podría conducir, porque no era consciente de ningún deseo de hablar con Madame Olenska o de oír su voz. Simplemente sintió que si podía llevarse la visión del lugar de la tierra sobre el que caminaba, y la forma en que el cielo y el mar lo envolvían, el resto del mundo podría parecer menos vacío.

Cuando llegó a la yeguada, una mirada le mostró que el caballo no era lo que él quería; Sin embargo, dio una vuelta atrás para demostrarse a sí mismo que no tenía prisa. Pero a las tres de la tarde sacudió las riendas de los trotones y se metió en los caminos que conducían a Portsmouth. El viento había amainado y una tenue neblina en el horizonte mostraba que una niebla estaba esperando para robar el Saconnet en el cambio de marea; Pero a su alrededor, los campos y los bosques estaban impregnados de luz dorada.

Pasó por delante de granjas de tejas grises en huertos, por campos de heno y robledales, por aldeas con campanarios blancos que se elevaban bruscamente en el cielo que se desvanecía; Y por fin, después de detenerse para preguntar el camino de unos hombres que trabajaban en un campo, dobló por un camino entre altos bancos de varas de oro y zarzas. Al final del camino se veía el resplandor azul del río; A la izquierda, de pie frente a un grupo de robles y arces, vio una casa larga y derruida con la pintura blanca desprendida de sus tablillas.

Al borde de la carretera, frente a la entrada, se encontraba uno de los cobertizos abiertos en los que el habitante de Nueva Inglaterra refugia sus aperos de labranza y los visitantes "enganchan" sus "equipos". Archer, saltando, condujo a su pareja al cobertizo y, después de atarlos a un poste, se volvió hacia la casa. El pedazo de césped que tenía delante se había convertido en un campo de heno; pero a la izquierda, un jardín de bojes cubierto de dalias y rosales oxidados rodeaba una fantasmal casa de verano de enrejado que una vez había sido blanca, coronada por un Cupido de madera que había perdido su arco y su flecha, pero continuaba apuntando ineficazmente.

Archer se apoyó un rato contra la puerta. No había nadie a la vista, y no se oía un solo ruido desde las ventanas abiertas de la casa: un Terranova canoso dormitando ante la puerta parecía un guardián tan ineficaz como el Cupido sin flechas. Era extraño pensar que este lugar de silencio y decadencia fuera el hogar de los turbulentos Blenkers; sin embargo, Archer estaba seguro de que no se equivocaba.

Permaneció allí largo rato, contento de contemplar la escena, y cayendo poco a poco bajo su somnoliento hechizo; pero al fin despertó a la conciencia del paso del tiempo. ¿Debería mirar hasta saciarse y luego marcharse? Permaneció indeciso, deseando ver de repente el interior de la casa, para poder imaginar la habitación en la que estaba sentada la señora Olenska. No había nada que le impidiera acercarse a la puerta y tocar el timbre; Si, como suponía, ella se había marchado con el resto del grupo, podía dar fácilmente su nombre y pedir permiso para entrar en la sala de estar y escribir un mensaje.

Pero en lugar de eso, cruzó el césped y se volvió hacia el jardín de bojes. Al entrar, vio algo de colores brillantes en la casa de verano, y pronto se dio cuenta de que era una sombrilla rosa. La sombrilla lo atrajo como un imán: estaba seguro de que era de ella. Entró en la casa de verano y, sentándose en el desvencijado asiento, cogió la cosa de seda y miró su mango tallado, que estaba hecho de una madera rara que desprendía un aroma aromático. Archer se llevó el mango a los labios.

Oyó el crujido de las faldas contra la caja, y se quedó sentado, inmóvil, apoyado en el mango de la sombrilla con las manos entrelazadas, y dejando que el susurro se acercara sin levantar los ojos. Siempre había sabido que esto tenía que suceder...

—¡Oh, señor Archer! —exclamó una voz joven y fuerte—; y al levantar la vista vio ante sí a la más joven y corpulenta de las muchachas Blenker, rubia y desaliñada, vestida con una muselina desaliñada. Una mancha roja en una de sus mejillas parecía mostrar que la habían presionado recientemente contra una almohada, y sus ojos medio despiertos lo miraban con hospitalidad pero confusión.

"Gracioso, ¿de dónde caíste? Debía de estar profundamente dormido en la hamaca. Todos los demás se han ido a Newport. ¿Llamaste?", preguntó incoherentemente.

La confusión de Archer era mayor que la de ella. "Yo... no... es decir, simplemente iba a hacerlo. Tuve que subir a la isla para ver un caballo, y me dirigí hasta allí con la esperanza de encontrar a la señora Blenker y a sus visitantes. Pero la casa parecía vacía, así que me senté a esperar".

La señorita Blenker, sacudiéndose los vapores del sueño, lo miró con creciente interés. "La casa está vacía. No está aquí mi madre, ni la marquesa, ni nadie más que yo. Su mirada se volvió ligeramente de reproche. ¿No sabía usted que el profesor y la señora Sillerton van a dar una fiesta en el jardín para mamá y para todos nosotros esta tarde? Fue muy mala suerte que no pudiera ir; pero he tenido dolor de garganta, y mi madre tenía miedo de volver a casa esta noche. ¿Alguna vez supiste algo tan decepcionante? Por supuesto —añadió alegremente—, no me habría importado ni la mitad si hubiera sabido que ibas a venir.

Los síntomas de una torpe coquetería se hicieron visibles en ella, y Archer encontró la fuerza para irrumpir: —Pero Madame Olenska, ¿también ha ido a Newport?

La señorita Blenker lo miró con sorpresa. —Madame Olenska, ¿no sabía usted que la habían llamado?

—¿Te han llamado?

—¡Oh, mi mejor sombrilla! Se lo presté a esa gallina de los huevos de oro, porque hacía juego con sus cintas, y la cosa descuidada debe haberlo dejado caer aquí. Nosotros, los Blenkers, somos todos así... ¡Bohemios de verdad!" Recuperando la sombrilla con una mano poderosa, la desplegó y suspendió su cúpula rosada sobre su cabeza. —Sí, a Ellen la llamaron ayer: nos deja llamarla Ellen, ¿sabes? Llegó un telegrama de Boston: decía que podría estar fuera por dos días. Me encanta la forma en que se peina, ¿no es así? La señorita Blenker siguió divagando.

Archer continuó mirándola fijamente como si hubiera sido transparente. Todo lo que vio fue la sombrilla de trompeta que arqueaba su color rosado sobre su cabeza risueña.

Al cabo de un momento aventuró: —¿No sabe usted por qué la señora Olenska fue a Boston? Espero que no haya sido por malas noticias.

La señorita Blenker lo tomó con una alegre incredulidad. "Oh, no lo creo. No nos dijo lo que había en el telegrama. Creo que no quería que la marquesa lo supiera. Tiene un aspecto tan romántico, ¿no? ¿No le recuerda a la señora Scott-Siddons cuando lee El cortejo de lady Geraldine? ¿Nunca la escuchaste?

Archer estaba lidiando apresuradamente con pensamientos agobiantes. Todo su porvenir parecía desenrollarse de repente ante él; y pasando por su vacío sin fin, vio la figura menguante de un hombre a quien nunca le iba a suceder nada. Echó una ojeada a su alrededor hacia el jardín sin podar, la casa derruida y el robledal bajo el cual se acumulaba el crepúsculo. Le había parecido exactamente el lugar en el que debería haber encontrado a la señora Olenska; y ella estaba lejos, y ni siquiera la sombrilla rosa era suya ...

Frunció el ceño y vaciló. —No lo sabe, supongo... Mañana estaré en Boston. Si pudiera conseguirme verla...

Sintió que la señorita Blenker estaba perdiendo interés en él, aunque su sonrisa persistía. —Oh, por supuesto; ¡Qué encantadora de tu parte! Ella se está quedando en la Casa Parker; Debe ser horrible allí con este clima".

Después de eso, Archer estuvo consciente de los comentarios que intercambiaron. Solo recordaba haberse resistido tenazmente a su súplica de que esperara a la familia que regresaba y tomara el té con ellos antes de volver a casa. Al fin, con su anfitriona todavía a su lado, pasó fuera del alcance del Cupido de madera, desató sus caballos y se alejó. Al recodo de la callejuela vio a la señorita Blenker de pie junto a la puerta y agitando la sombrilla rosa.

XXIII.

A la mañana siguiente, cuando Archer bajó del tren de Fall River, emergió en un Boston humeante en pleno verano. Las calles cercanas a la estación estaban llenas del olor de la cerveza, el café y la fruta en descomposición, y una población en mangas de camisa se movía por ellas con el abandono íntimo de los huéspedes que bajan por el pasillo hacia el baño.

Archer encontró un taxi y se dirigió al Somerset Club para desayunar. Incluso los barrios de moda tenían el aire de una domesticidad desordenada a la que ningún exceso de calor degrada jamás las ciudades europeas. Los cuidadores vestidos de calicó descansaban en los umbrales de las puertas de los ricos, y el Common parecía un lugar de recreo al día siguiente de un picnic masónico. Si Archer hubiera tratado de imaginar a Ellen Olenska en escenas inverosímiles, no habría podido evocar ninguna en la que fuera más difícil encajarla que este Boston postrado por el calor y desierto.

Desayunaba con apetito y método, comenzando con una rodaja de melón y estudiando un periódico de la mañana mientras esperaba sus tostadas y huevos revueltos. Un nuevo sentido de energía y actividad se había apoderado de él desde que le había anunciado a May la noche anterior que tenía negocios en Boston, y que esa noche tomaría el barco del río Fall y se dirigiría a Nueva York la noche siguiente. Siempre se había entendido que regresaría a la ciudad a principios de la semana, y cuando regresó de su expedición a Portsmouth, una carta de la oficina, que el destino había colocado llamativamente en una esquina de la mesa del vestíbulo, bastó para justificar su repentino cambio de planes. Incluso se avergonzaba de la facilidad con que se había hecho todo aquello: le recordó, por un momento incómodo, las magistrales artimañas de Lawrence Lefferts para asegurar su libertad. Pero esto no le preocupó mucho tiempo, porque no estaba en un estado de ánimo analítico.

Después de desayunar fumó un cigarrillo y echó un vistazo al Anunciante Comercial. Mientras estaba ocupado en esto, entraron dos o tres hombres que conocía, y se intercambiaron los saludos habituales: después de todo, era el mismo mundo, aunque tenía la extraña sensación de haberse deslizado a través de las mallas del tiempo y el espacio.

Miró su reloj y, al ver que eran las nueve y media, se levantó y entró en la sala de escritura. Allí escribió unas líneas y ordenó a un mensajero que tomara un taxi hasta la casa Parker y esperara la respuesta. Luego se sentó detrás de otro periódico y trató de calcular cuánto tiempo tardaría un taxi en llegar a la Casa Parker.

—La señora ha salido, señor —oyó de pronto la voz de un camarero a su lado—; y tartamudeó: —¿Fuera?... —como si fuera una palabra en un idioma extraño.

Se levantó y entró en el vestíbulo. Debía de ser un error: no podía salir a esa hora. Se sonrojó de rabia por su propia estupidez: ¿por qué no había enviado la nota tan pronto como llegó?

Cogió su sombrero y su bastón y salió a la calle. De repente, la ciudad se había vuelto tan extraña, vasta y vacía como si fuera un viajero de tierras lejanas. Por un momento se quedó en el umbral de la puerta, vacilando; entonces decidió ir a la Casa Parker. ¿Y si la mensajera había sido mal informada y ella todavía estaba allí?

Empezó a caminar por el Common; Y en el primer banco, debajo de un árbol, la vio sentada. Tenía un parasol de seda gris sobre la cabeza... ¿cómo podía haberla imaginado con uno rosa? Al acercarse, le llamó la atención su actitud apática: se sentó allí como si no tuviera nada más que hacer. Vio su perfil caído, y el mechón de pelo recogido en el cuello bajo su sombrero oscuro, y el guante largo y arrugado en la mano que sostenía la sombrilla. Él se acercó uno o dos pasos, y ella se volvió y lo miró.

—¡Oh! —dijo ella—; Y por primera vez notó una expresión de asombro en su rostro; pero al cabo de un instante dio paso a una lenta sonrisa de asombro y satisfacción.

—Oh —murmuró de nuevo, en un tono diferente, mientras él se quedaba mirándola—. Y, sin levantarse, le hizo un sitio en el banco.

—Estoy aquí por negocios, acabo de llegar —explicó Archer—; Y, sin saber por qué, de repente comenzó a fingir asombro al verla. —¿Pero qué demonios haces en este desierto? En realidad, no tenía ni idea de lo que estaba diciendo: sentía como si le estuviera gritando a través de distancias interminables, y ella podría desaparecer de nuevo antes de que él pudiera alcanzarla.

"¿Yo? Oh, yo también estoy aquí por negocios —contestó ella, volviendo la cabeza hacia él para que estuvieran cara a cara—. Las palabras apenas le llegaban: sólo era consciente de su voz, y del hecho sorprendente de que no había quedado ni un eco de ella en su memoria. Ni siquiera recordaba que era de tono bajo, con una leve aspereza en las consonantes.

—Te peinas de otra manera —dijo, con el corazón latiendo como si hubiera pronunciado algo irrevocable—.

"¿De manera diferente? No, es solo que lo hago lo mejor que puedo cuando estoy sin Nastasia.

"Nastasia; ¿Pero no está ella contigo?

—No, estoy solo. Durante dos días no valió la pena traerla.

—¿Estás solo, en la casa Parker?

Ella lo miró con un destello de su antigua malicia. —¿Te parece peligroso?

—No; no es peligroso...

"¿Pero poco convencional? Ya veo; Supongo que sí. Pensó un momento. "No lo había pensado, porque acababa de hacer algo mucho menos convencional". El leve matiz de ironía persistía en sus ojos. "Acabo de negarme a recuperar una suma de dinero que me pertenecía".

Archer se levantó de un salto y se alejó uno o dos pasos. Había enrollado su sombrilla y se había sentado distraídamente a dibujar dibujos en la grava. Al cabo de un rato volvió y se paró frente a ella.

—¿Alguien ha venido aquí a recibirte?

—Sí.

—¿Con esta oferta?

Ella asintió.

—¿Y usted se negó, debido a las condiciones?

—Me negué —dijo al cabo de un momento—.

Volvió a sentarse a su lado. —¿Cuáles eran las condiciones?

—Oh, no eran onerosas: sólo sentarse a la cabecera de su mesa de vez en cuando.

Hubo otro intervalo de silencio. El corazón de Archer se había cerrado de golpe de la extraña manera que lo había hecho, y se sentó a tientas en vano para decir una palabra.

- ¿Quiere que vuelvas, a cualquier precio?

—Bueno, un precio considerable. Al menos la suma es considerable para mí".

Volvió a hacer una pausa, dando vueltas a la pregunta que sentía que debía hacer.

—¿Has venido a encontrarte con él aquí?

Ella se quedó mirando y luego se echó a reír. —¿Conocerlo, mi marido? ¿AQUÍ? En esta temporada siempre está en Cowes o Baden".

—¿Ha enviado a alguien?

—Sí.

—¿Con una carta?

Ella negó con la cabeza. —No; Solo un mensaje. Nunca escribe. Creo que no he recibido más de una carta suya. La alusión le dio color a las mejillas, y se reflejó en el vívido rubor de Archer.

—¿Por qué nunca escribe?

"¿Por qué debería hacerlo? ¿Para qué se tienen secretarios?

El rubor del joven se profundizó. Había pronunciado la palabra como si no tuviera más significado que cualquier otra en su vocabulario. Por un momento estuvo en la punta de su lengua preguntar: —¿Envió a su secretaria, entonces? Pero el recuerdo de la única carta del conde Olenski a su esposa estaba demasiado presente para él. Volvió a hacer una pausa y luego dio otro paso.

—¿Y la persona? —

—¿El emisario? El emisario -replicó la señora Olenska, todavía sonriendo- podría, por lo que a mí respecta, haberse marchado ya; pero ha insistido en esperar hasta esta noche... por si... en la oportunidad ..."

—¿Y has venido aquí a pensar en la oportunidad?

"Salí a tomar aire. El hotel es demasiado sofocante. Voy a tomar el tren de la tarde de vuelta a Portsmouth.

Permanecieron sentados en silencio, sin mirarse unos a otros, sino de frente a la gente que pasaba por el camino. Finalmente, volvió a mirar su rostro y dijo: "No has cambiado".

Sintió ganas de responder: «Lo fui, hasta que te volví a ver», pero en lugar de eso, se levantó bruscamente y miró a su alrededor hacia el parque desordenado y sofocante.

"Esto es horrible. ¿Por qué no salir un poco a la bahía? Hay una brisa y estará más fresco. Podríamos tomar el barco de vapor hasta Point Arley. Ella lo miró vacilante y él prosiguió: —Un lunes por la mañana no habrá nadie en el barco. Mi tren no sale hasta la noche: vuelvo a Nueva York. ¿Por qué no habríamos de hacerlo nosotros?", insistió él, mirándola; y de repente estalló: "¿No hemos hecho todo lo que hemos podido?"

—Oh —murmuró de nuevo—. Se levantó y volvió a abrir la sombrilla, mirando a su alrededor como para tomar consejo sobre la escena y asegurarse de la imposibilidad de permanecer en ella. Entonces sus ojos volvieron a su rostro. —No debes decirme cosas así —dijo—.

"Diré lo que quieras; o nada. No abriré la boca a menos que me digas que lo haga. ¿Qué daño puede hacerle a alguien? Lo único que quiero es escucharte —tartamudeó—.

Sacó un relojito con esfera dorada colgado de una cadena esmaltada. —Oh, no calcules —exclamó—; "¡Dame el día! Quiero alejarte de ese hombre. ¿A qué hora vendría?

Su color volvió a subir. – A las once.

—Entonces tienes que venir de inmediato.

—No tienes por qué tener miedo, si no voy.

—Ni tú tampoco, si es que lo haces. Te juro que solo quiero saber de ti, saber lo que has estado haciendo. Han pasado cien años desde que nos conocimos, puede que pasen otros cien antes de que nos volvamos a encontrar.

Ella todavía vacilaba, sus ojos ansiosos en su rostro. "¿Por qué no viniste a la playa a buscarme, el día que estuve en casa de la abuela?", preguntó.

—Porque no miraste a tu alrededor, porque no sabías que yo estaba allí. Juro que no lo haría a menos que miraras a tu alrededor. Se echó a reír cuando le impresionó lo pueril.

"Pero no miré a mi alrededor a propósito".

—¿A propósito?

"Sabía que estabas allí; cuando llegaste, reconocí a los ponis. Así que bajé a la playa".

—¿Para alejarte de mí tanto como pudieras?

Ella repitió en voz baja: "Para alejarme de ti lo más lejos que pude".

Volvió a reír, esta vez con una satisfacción infantil. "Bueno, ya ves que no sirve de nada. Bien puedo decirte -añadió- que el asunto por el que he venido aquí era sólo para encontrarte. Pero, mira, tenemos que empezar o perderemos nuestro barco.

—¿Nuestro barco? Ella frunció el ceño perpleja y luego sonrió. —Oh, pero primero tengo que volver al hotel: tengo que dejar una nota...

"Tantas notas como quieras. Puedes escribir aquí". Sacó un estuche de notas y uno de los nuevos bolígrafos estilográficos. "Incluso tengo un sobre, ¡ya ves cómo todo está predestinado! Listo, aprieta la cosa en tu rodilla y pondré en marcha el bolígrafo en un segundo. Hay que darles humor; Espera... —Golpeó la mano que sostenía el bolígrafo contra el respaldo del banco—. "Es como bajar el mercurio en un termómetro: solo un truco. Ahora intenta...

Ella se echó a reír y, inclinándose sobre la hoja de papel que él había dejado en su estuche de notas, se puso a escribir. Archer se alejó unos pasos, mirando con ojos radiantes e invisibles a los transeúntes, quienes, a su vez, se detuvieron para contemplar la insólita visión de una dama vestida a la moda escribiendo una nota de rodillas en un banco del Common.

Madame Olenska metió la hoja en el sobre, escribió un nombre en ella y se la metió en el bolsillo. Entonces ella también se puso de pie.

Caminaron de regreso hacia Beacon Street, y cerca del club, Archer alcanzó a ver al «herdico» forrado de felpa que había llevado su nota a la casa Parker, y cuyo conductor descansaba de este esfuerzo bañándose la frente en la boca de incendios de la esquina.

"¡Te dije que todo estaba predestinado! Aquí hay un taxi para nosotros. ¡Ya ves!" Se reían, asombrados por el milagro de recoger un transporte público a esa hora, y en ese lugar inverosímil, en una ciudad donde las paradas de taxis eran todavía una novedad «extranjera».

Archer, mirando su reloj, vio que había tiempo para conducir hasta la Casa Parker antes de ir al embarcadero del barco de vapor. Traquetearon por las calurosas calles y se detuvieron en la puerta del hotel.

Archer extendió la mano para recoger la carta. —¿Lo llevo? —preguntó—. pero la señora Olenska, meneando la cabeza, saltó y desapareció por las puertas acristaladas. Eran apenas las diez y media; pero ¿qué pasaría si el emisario, impaciente por su respuesta, y sin saber de qué otra manera emplear su tiempo, estuviera ya sentado entre los viajeros, con bebidas refrescantes a sus lados, a los que Archer había vislumbrado mientras ella entraba?

Esperó, paseándose de un lado a otro delante del herdic. Un joven siciliano con ojos como los de Nastasia se ofreció a lustrar sus botas, y una matrona irlandesa a venderle melocotones; Y de vez en cuando se abrían las puertas para dejar salir a hombres calientes con sombreros de paja inclinados hacia atrás, que lo miraban a su paso. Se maravilló de que la puerta se abriera tan a menudo, y de que todas las personas a las que dejaba salir se parecieran tanto unas a otras, y tan parecidas a todos los demás hombres calientes que, a esa hora, a lo largo y ancho de la tierra, entraban y salían continuamente de las puertas batientes de los hoteles.

Y entonces, de repente, apareció un rostro que no podía relacionar con los otros rostros. No captó más que un destello, porque sus pasos le habían llevado hasta el punto más lejano de su ritmo, y fue al volverse al hotel cuando vio, en un grupo de semblantes típicos, el larguirucho y cansado, el redondo y sorprendido, el apacible y con mandíbula de linterna, este otro rostro que era otras tantas cosas a la vez, y cosas tan diferentes. Era la de un hombre joven, pálido también, y medio extinguido por el calor, o la preocupación, o ambas cosas, pero de alguna manera, más rápido, más vívido, más consciente; O tal vez lo aparentaba porque era muy diferente. Archer se quedó un momento en un delgado hilo de memoria, pero se rompió y se alejó flotando con el rostro que desaparecía, aparentemente el de un hombre de negocios extranjero, con un aspecto doblemente extranjero en un entorno así. Desapareció entre la corriente de transeúntes y Archer reanudó su patrulla.

No le importaba que le vieran reloj en mano a la vista del hotel, y su cálculo sin ayuda del tiempo transcurrido le llevó a la conclusión de que, si Madame Olenska tardó tanto en reaparecer, sólo podía ser porque se había encontrado con el emisario y había sido interceptada por él. Al pensarlo, la aprensión de Archer se convirtió en angustia.

"Si no viene pronto, entraré a buscarla", dijo.

Las puertas se abrieron de nuevo y ella estaba a su lado. Subieron al herdín, y mientras se alejaba, sacó su reloj y vio que ella había estado ausente sólo tres minutos. En el estrépito de las ventanas sueltas que hacían imposible hablar, tropezaron con los adoquines inconexos hasta el muelle.

Sentados uno al lado del otro en un banco de la barca medio vacía, se dieron cuenta de que apenas tenían nada que decirse, o más bien que lo que tenían que decir se comunicaba mejor en el bendito silencio de su liberación y de su aislamiento.

A medida que las ruedas de paletas empezaban a girar, y los muelles y los barcos a alejarse a través del velo de calor, a Archer le pareció que todo en el viejo mundo familiar de la costumbre también se estaba alejando. Deseaba preguntar a la señora Olenska si no tenía la misma sensación: la sensación de que emprendían un largo viaje del que tal vez no regresarían jamás. Pero tenía miedo de decirlo, o de cualquier otra cosa que pudiera perturbar el delicado equilibrio de la confianza que ella tenía en él. En realidad, no tenía ningún deseo de traicionar esa confianza. Había días y noches en que el recuerdo de su beso había ardido y ardido en sus labios; incluso el día anterior, en el camino a Portsmouth, el pensamiento de ella lo había atravesado como el fuego; Pero ahora que ella estaba a su lado, y que se adentraban en este mundo desconocido, parecían haber alcanzado el tipo de proximidad más profunda que un toque puede romper.

Cuando el barco abandonó el puerto y viró hacia el mar, una brisa se agitó a su alrededor y la bahía se rompió en largas ondulaciones aceitosas, luego en ondas cubiertas de rocío. La niebla del bochorno aún se cernía sobre la ciudad, pero por delante se extendía un mundo fresco de aguas agitadas y promontorios lejanos con faros al sol. Madame Olenska, recostada contra la barandilla, bebió el frescor entre los labios entreabiertos. Había enrollado un largo velo alrededor de su sombrero, pero dejaba su rostro al descubierto, y Archer quedó impresionado por la tranquila alegría de su expresión. Parecía tomar su aventura como algo natural, y no temía los encuentros inesperados, ni (lo que era peor) se sentía excesivamente eufórica por su posibilidad.

En el desolado comedor de la posada, que había esperado que tuvieran para ellos solos, se encontraron con un grupo estridente de jóvenes de aspecto inocente —maestros de escuela de vacaciones, les dijo el posadero—, y el corazón de Archer se hundió ante la idea de tener que hablar a través de su ruido.

—Esto es inútil, pediré una habitación privada —dijo—; y la señora Olenska, sin poner objeción alguna, esperó mientras él iba a buscarla. La habitación daba a una larga galería de madera, con el mar entrando por las ventanas. Estaba desnudo y fresco, con una mesa cubierta con un mantel tosco a cuadros y adornada con una botella de pepinillos y un pastel de arándanos debajo de una jaula. Ningún gabinete particulier de aspecto ingenuo ofreció jamás su refugio a una pareja clandestina: Archer creyó ver la sensación de su tranquilidad en la sonrisa ligeramente divertida con que Madame Olenska se sentó frente a él. Una mujer que había huido de su marido —y se decía que con otro hombre— probablemente había dominado el arte de dar las cosas por sentado; Pero algo en la calidad de su compostura le quitaba el filo a su ironía. Con ser tan callada, tan poco sorprendida y tan sencilla, había conseguido deshacerse de las convenciones y hacerle sentir que buscar estar solo era lo natural para dos viejos amigos que tenían tanto que decirse...

XXIV.

Almorzaron lenta y meditativamente, con intervalos mudos entre las ráfagas de conversación; Porque, una vez roto el hechizo, tenían mucho que decir, y sin embargo, momentos en los que el decir se convertía en el mero acompañamiento de largos dúlogos de silencio. Archer mantuvo la conversación alejada de sus propios asuntos, no con intención consciente, sino porque no quería perderse ni una palabra de su historia; Y, apoyada en la mesa, con la barbilla apoyada en las manos entrelazadas, le habló del año y medio que no se habían visto.

Se había cansado de lo que la gente llamaba "sociedad"; Nueva York era amable, era casi opresivamente hospitalaria; nunca olvidaría la forma en que la había acogido; pero después de la primera oleada de novedad, se había encontrado, como ella decía, demasiado «diferente» para preocuparse por las cosas que le importaban, y por eso había decidido probar en Washington, donde se suponía que uno debía conocer más variedades de personas y de opiniones. Y, en general, probablemente debería establecerse en Washington y hacer allí un hogar para la pobre Medora, que había agotado la paciencia de todos sus otros parientes justo en el momento en que más necesitaba ser cuidada y protegida de los peligros matrimoniales.

—Pero doctor Carver... ¿no le tiene miedo al doctor Carver? He oído que se ha quedado contigo en casa de los Blenker.

Ella sonrió. —Oh, el peligro de Carver ha pasado. El Dr. Carver es un hombre muy inteligente. Quiere una esposa rica para financiar sus planes, y Medora es simplemente una buena publicidad como converso.

—¿Un converso a qué?

"A todo tipo de nuevos y disparatados planes sociales. Pero, ¿sabe usted?, me interesan más que la ciega conformidad con la tradición, la tradición de otra persona, que veo entre nuestros propios amigos. Parece estúpido haber descubierto América solo para convertirla en una copia de otro país". Sonrió al otro lado de la mesa. —¿Cree usted que Cristóbal Colón se habría tomado tantas molestias para ir a la Ópera con los Selfridge Merrys?

Archer cambió de color. —Y Beaufort... ¿le dices estas cosas a Beaufort? —preguntó bruscamente.

"Hace mucho tiempo que no lo veo. Pero solía hacerlo; Y él lo entiende".

"Ah, es lo que siempre te he dicho; No te gustamos. Y a ti te gusta Beaufort porque es muy diferente a nosotros. Miró alrededor de la habitación desnuda y hacia la playa desnuda y la hilera de casas blancas de aldea colgadas a lo largo de la orilla. "Somos condenadamente aburridos. No tenemos carácter, ni color, ni variedad.—Me pregunto — exclamó—, ¿por qué no vuelves?

Sus ojos se oscurecieron y él esperaba una réplica indignada. Pero ella permaneció sentada en silencio, como si pensara en lo que él había dicho, y él se asustó de que ella respondiera que ella también se lo preguntaba.

Al final dijo: "Creo que es por ti".

Era imposible hacer la confesión de manera más desapasionada, o en un tono menos alentador para la vanidad de la persona a la que se dirigía. Archer enrojeció hasta las sienes, pero no se atrevió a moverse ni a hablar: era como si sus palabras hubieran sido una rara mariposa a la que el menor movimiento podría ahuyentar con alas asustadas, pero que podría reunir una bandada a su alrededor si no se la molestaba.

—Al menos —prosiguió—, fuiste tú quien me hizo comprender que, bajo la monotonía, hay cosas tan finas, sensibles y delicadas que incluso las que más me importaban en mi otra vida parecen baratas en comparación. No sé cómo explicarme —frunció las cejas turbadas—, pero parece como si nunca antes hubiera comprendido cuánto es duro, desgastado y vil se pueden pagar los placeres más exquisitos.

«¡Placeres exquisitos, es algo haberlos tenido!», sintió ganas de replicar; Pero la súplica en sus ojos lo mantuvo en silencio.

—Quiero —prosiguió— ser perfectamente honesta contigo y conmigo misma. Durante mucho tiempo he esperado que llegara esta oportunidad: que pudiera contarte cuánto me has ayudado, qué has hecho de mí...

Archer se sentó mirando bajo el ceño fruncido. Él la interrumpió con una carcajada. —¿Y qué es lo que te das cuenta de mí?

Palideció un poco. —¿De ti?

—Sí, porque yo soy de ti mucho más de lo que tú nunca fuiste de la mía. Soy el hombre que se casó con una mujer porque otra se lo dijo".

Su palidez se convirtió en un rubor fugitivo. —Pensé, me lo prometiste, que no ibas a decir esas cosas hoy.

—¡Ah, qué mujer menuda! ¡Ninguno de ustedes verá nunca un mal negocio!"

Ella bajó la voz. —¿Es un mal negocio para May?

Estaba de pie junto a la ventana, tamborileando contra la faja levantada, y sintiendo en cada fibra la melancólica ternura con que ella había pronunciado el nombre de su prima.

—Porque eso es lo que siempre tenemos que pensar... ¿no es así..., según tu propia demostración? —insistió ella—.

—¿Mi propia demostración? —repitió, con los ojos inexpresivos aún fijos en el mar.

—O si no —continuó, prosiguiendo su propio pensamiento con una dolorosa aplicación—, si no vale la pena haber renunciado, haber perdido cosas, para que otros puedan salvarse de la desilusión y la miseria, entonces todo por lo que volví a casa, todo lo que hizo que mi otra vida pareciera, por contraste, tan desnuda y tan pobre porque nadie allí las tenía en cuenta, todas estas cosas son una farsa o un sueño...

Se dio la vuelta sin moverse de su sitio. "¿Y en ese caso, no hay ninguna razón en la tierra por la que no debas regresar?", concluyó para ella.

Sus ojos se aferraban a él desesperadamente. "Oh, ¿no hay ninguna razón?"

—No, si lo has apostado todo por el éxito de mi matrimonio. Mi matrimonio —dijo salvajemente— no va a ser un espectáculo para retenerte aquí. Ella no respondió, y él prosiguió: "¿De qué sirve? Me diste mi primer atisbo de una vida real, y en el mismo momento me pediste que continuara con una falsa. Está más allá de lo que el ser humano puede soportar, eso es todo".

"Oh, no digas eso; ¡cuando lo estoy soportando!", exclamó con los ojos llenos.

Sus brazos habían caído a lo largo de la mesa, y estaba sentada con el rostro abandonado a su mirada, como si estuviera en la imprudencia de un peligro desesperado. El rostro la exponía tanto como si hubiera sido toda su persona, con el alma detrás: Archer se quedó mudo, abrumado por lo que de repente le decía.

—Tú también... oh, todo este tiempo, ¿tú también?

Como respuesta, dejó que las lágrimas de sus párpados se desbordaran y corrieran lentamente hacia abajo.

La mitad de la anchura de la habitación permanecía todavía entre ellos, y ninguno de los dos hacía alarde de moverse. Archer era consciente de una curiosa indiferencia hacia su presencia corporal: difícilmente se habría dado cuenta si una de las manos que ella había extendido sobre la mesa no hubiera atraído su mirada como en la ocasión en que, en la casita de la calle Veintitrés, él la había vigilado para no mirarla a la cara. Ahora su imaginación giraba alrededor de la mano como al borde de un vórtice; pero aun así no hizo ningún esfuerzo por acercarse. Había conocido el amor que se alimenta de las caricias y las alimenta; Pero esta pasión, que estaba más cerca que sus huesos, no debía ser satisfecha superficialmente. Su único terror era hacer cualquier cosa que pudiera borrar el sonido y la impresión de sus palabras; Su único pensamiento era que nunca más se sentiría completamente solo.

Pero después de un momento, la sensación de desperdicio y ruina se apoderó de él. Allí estaban, muy juntos, seguros y encerrados; sin embargo, tan encadenados a sus destinos separados que bien podrían haber estado separados por la mitad del mundo.

—¿De qué sirve, cuándo vas a volver? —exclamó él, con una gran desesperación? ¿CÓMO DIABLOS PUEDO RETENERTE? gritándole bajo sus palabras.

Permanecía inmóvil, con los párpados bajos. —¡Oh, todavía no me iré!

"¿Todavía no? ¿En algún momento, entonces? ¿Algún tiempo que ya preveas?

Al oír esto, alzó sus ojos más claros. "Te lo prometo: no mientras aguantes. No mientras podamos mirarnos de frente el uno al otro de esta manera".

Se dejó caer en la silla. Lo que su respuesta realmente dijo fue: "Si mueves un dedo, me harás retroceder: volver a todas las abominaciones que conoces y a todas las tentaciones que adivinas a medias". Lo entendió tan claramente como si ella hubiera pronunciado las palabras, y el pensamiento lo mantuvo anclado a su lado de la mesa en una especie de sumisión conmovida y sagrada.

—¡Qué vida para ti! —gimió—.

—Oh, siempre y cuando sea parte tuya.

—¿Y la mía una parte de la tuya?

Ella asintió.

—¿Y eso va a ser todo, para cualquiera de los dos?

—Bueno; es todo, ¿no?"

Al oír esto, se levantó de un salto, olvidándose de todo, excepto de la dulzura de su rostro. Ella también se levantó, no como para encontrarse con él o para huir de él, sino en silencio, como si la peor de las tareas estuviera terminada y no tuviera más que esperar; Tan silenciosamente que, cuando se acercó, sus manos extendidas no actuaron como un control, sino como una guía para él. Cayeron en el suyo, mientras sus brazos, extendidos pero no rígidos, lo mantenían lo suficientemente lejos como para que su rostro rendido dijera el resto.

Es posible que hayan permanecido de esa manera durante mucho tiempo, o solo por unos momentos; Pero fue suficiente para que su silencio comunicara todo lo que tenía que decir, y para que él sintiera que sólo importaba una cosa. No debe hacer nada para que este encuentro sea el último; Debe dejar su futuro a su cuidado, pidiéndole solo que se mantenga firme en él.

—No... no seas infeliz —dijo ella, con un quiebre en la voz, mientras retiraba las manos—; y él respondió: «¿No volverás, no volverás?», como si fuera la única posibilidad que no podía soportar.

—No volveré —dijo ella—; Y, volviéndose, abrió la puerta y condujo al comedor público.

Los estridentes maestros de escuela estaban recogiendo sus posesiones preparándose para una huida rezagada hacia el muelle; Al otro lado de la playa estaba el barco de vapor blanco en el muelle; y sobre las aguas iluminadas por el sol, Boston se alzaba en una línea de bruma.

XXV.

Una vez de nuevo en el barco, y en presencia de otros, Archer sintió una tranquilidad de espíritu que lo sorprendió tanto como lo sostuvo.

El día, según cualquier valoración actual, había sido un fracaso bastante ridículo; ni siquiera había tocado la mano de la señora Olenska con los labios, ni había extraído de ella una sola palabra que le prometiera nuevas oportunidades. Sin embargo, para un hombre enfermo de amor insatisfecho y que se separaba por un tiempo indefinido del objeto de su pasión, se sentía casi humillantemente tranquilo y reconfortado. Era el perfecto equilibrio que ella había mantenido entre su lealtad a los demás y su honestidad consigo mismos lo que tanto lo había conmovido y, sin embargo, lo había tranquilizado; Un equilibrio no calculado con arte, como mostraban sus lágrimas y sus vacilaciones, sino que resultaba naturalmente de su sinceridad descarada. Le llenó de un tierno temor, ahora que el peligro había pasado, y le hizo agradecer al destino que ninguna vanidad personal, ningún sentido de desempeñar un papel ante testigos sofisticados, le hubiera tentado a tentarla. Incluso después de haberse dado la mano para despedirse en la estación de Fall River, y de que él se hubiera marchado solo, seguía con la convicción de haber salvado de su encuentro mucho más de lo que había sacrificado.

Regresó al club y se sentó solo en la biblioteca desierta, dando vueltas y vueltas en sus pensamientos cada segundo de sus horas juntos. Tenía claro, y se hacía más claro bajo un examen más minucioso, que si finalmente se decidía a regresar a Europa, a su marido, no sería porque su antigua vida la tentara, incluso en los nuevos términos que se le ofrecían. No: solo iría si sentía que se estaba convirtiendo en una tentación para Archer, una tentación de alejarse del estándar que ambos habían establecido. Su elección sería quedarse cerca de él siempre y cuando él no le pidiera que se acercara; Y dependía de él mantenerla allí, segura pero apartada.

En el tren, estos pensamientos seguían acompañándole. Lo envolvían en una especie de neblina dorada, a través de la cual los rostros que lo rodeaban parecían remotos e indistintos: tenía la sensación de que si hablaba con sus compañeros de viaje, no entenderían lo que estaba diciendo. En este estado de abstracción se encontró, a la mañana siguiente, despertando a la realidad de un sofocante día de septiembre en Nueva York. Los rostros marchitos por el calor de la larga cola pasaban a su lado, y él seguía mirándolos a través de la misma mancha dorada; Pero de repente, al salir de la estación, uno de los rostros se desprendió se acercó y se impuso a su conciencia. Era, como recordó al instante, el rostro del joven que había visto, el día anterior, salir de la casa Parker, y que había notado que no se ajustaba al tipo, que no tenía cara de hotel americano.

Lo mismo le llamó la atención ahora; Y de nuevo se dio cuenta de un vago revuelo de antiguas asociaciones. El joven miraba a su alrededor con el aire aturdido del extranjero arrojado a las duras misericordias de los viajes americanos; luego avanzó hacia Archer, se levantó el sombrero y dijo en inglés: —¿Seguramente, monsieur, nos encontramos en Londres?

—Ah, por supuesto: ¡en Londres! Archer agarró su mano con curiosidad y simpatía. —¿De modo que has llegado hasta aquí, después de todo? —exclamó, echando una mirada asombrada al semblante astuto y demacrado del tutor de francés del joven Carfry.

—Oh, he llegado aquí, sí —sonrió el señor Rivière con los labios fruncidos—. "Pero no por mucho tiempo; Vuelvo pasado mañana. Estaba de pie, agarrando su ligera maleta con una mano cuidadosamente enguantada, y miraba ansiosamente, perplejo, casi suplicantemente, el rostro de Archer.

—Me pregunto, señor, si pude, ya que he tenido la suerte de encontrarme con usted...

"Solo iba a sugerirlo: ven a almorzar, ¿no? En el centro de la ciudad, quiero decir: si me buscas en mi oficina, te llevaré a un restaurante muy decente en ese barrio.

El señor Rivière estaba visiblemente conmovido y sorprendido. "Eres demasiado amable. Pero solo iba a preguntar si me podía decir cómo llegar a algún tipo de medio de transporte. No hay porteadores, y aquí nadie parece escuchar...

"Lo sé: nuestras estaciones americanas deben sorprenderte. Cuando pides un porteador, te dan chicle. Pero si vienes, te sacaré; Y tienes que almorzar conmigo, ¿sabes?

El joven, después de una vacilación apenas perceptible, respondió, con profuso agradecimiento, y en un tono que no transmitía una completa convicción, que ya estaba comprometido; Pero cuando llegaron a la relativa tranquilidad de la calle, preguntó si podía ir a visitarlo esa tarde.

Archer, a gusto en el ocio de la oficina en pleno verano, fijó una hora y garabateó su dirección, que el francés se guardó en el bolsillo con reiterado agradecimiento y un amplio movimiento de su sombrero. Un coche de caballos lo recibió, y Archer se alejó.

Puntualmente a la hora apareció el señor Rivière, afeitado, alisado, pero todavía inconfundiblemente demacrado y serio. Archer estaba solo en su despacho, y el joven, antes de aceptar el asiento que le ofrecía, comenzó bruscamente: —Creo que le vi, señor, ayer en Boston.

La declaración era lo suficientemente insignificante, y Archer estaba a punto de formular un asentimiento cuando sus palabras fueron interrumpidas por algo misterioso pero esclarecedor en la mirada insistente de su visitante.

—Es extraordinario, muy extraordinario —prosiguió el señor Rivière—, que nos hayamos encontrado en las circunstancias en que me encuentro.

—¿En qué circunstancias? —preguntó Archer, preguntándose un poco bruscamente si necesitaba dinero.

El señor Rivière continuaba estudiándole con ojos vacilantes. —He venido, no para buscar empleo, como dije la última vez que nos vimos, sino con una misión especial...

—¡Ah...! —exclamó Archer—. En un abrir y cerrar de ojos, las dos reuniones se habían conectado en su mente. Hizo una pausa para asimilar la situación que de repente se le había aclarado, y el señor Rivière también permaneció en silencio, como si se diera cuenta de que lo que había dicho era suficiente.

—Una misión especial —repitió Archer al fin—.

El joven francés, abriendo las palmas de las manos, las levantó ligeramente, y los dos hombres continuaron mirándose a través del escritorio de la oficina hasta que Archer se levantó para decir: —Siéntate; Después de lo cual el señor Rivière hizo una reverencia, se sentó a distancia y volvió a esperar.

—¿Quería consultarme sobre esta misión? —preguntó finalmente Archer.

El señor Rivière inclinó la cabeza. "No en mi propio nombre: en ese sentido, yo... me he ocupado completamente de mí mismo. Me gustaría, si me lo permite, hablarle de la condesa Olenska.

Archer había sabido durante los últimos minutos que las palabras iban a llegar; Pero cuando llegaron, la sangre le subió a las sienes, como si hubiera sido atrapado por una rama encorvada en un matorral.

—¿Y en nombre de quién —dijo— queréis hacer esto?

El señor Rivière respondió a la pregunta con firmeza. —Bueno... podría decir HERS, si no sonara como una libertad. ¿Diré en cambio: en nombre de la justicia abstracta?

Archer lo consideró irónicamente. —En otras palabras: ¿es usted el mensajero del conde Olenski?

Vio su rubor reflejado más oscuramente en el semblante cetrino del señor Rivière. —A usted no, monsieur. Si acudo a ti, es por otros motivos.

—¿Qué derecho tiene usted, en estas circunstancias, a estar en cualquier otro terreno? —replicó Archer—. "Si eres un emisario, eres un emisario".

El joven reflexionó. "Mi misión ha terminado: en lo que respecta a la condesa Olenska, ha fracasado".

—No puedo evitarlo —replicó Archer con la misma nota de ironía—.

—No, pero usted puede ayudarme... —El señor Riviere hizo una pausa, giró su sombrero con las manos todavía cuidadosamente enguantadas, miró su forro y luego volvió a mirar el rostro de Archer—. —Estoy convencido de que usted puede ayudar, monsieur, a que sea un fracaso igual que su familia.

Archer empujó su silla hacia atrás y se levantó. "¡Bueno, y por Dios que lo haré!", exclamó. Permanecía de pie, con las manos en los bolsillos, mirando con ira al pequeño francés, cuyo rostro, aunque él también se había levantado, todavía estaba una o dos pulgadas por debajo de la línea de los ojos de Archer.

El señor Rivière palideció a su tono normal: más pálido que eso, su tez apenas podía cambiar.

—¿Por qué demonios —continuó Archer de manera explosiva— habría pensado —puesto que supongo que me está apelando por mi relación con Madame Olenska— que yo debería tener una opinión contraria al resto de su familia?

El cambio de expresión en el rostro del señor Rivière fue durante un tiempo su única respuesta. Su mirada pasaba de la timidez a la angustia absoluta: para un joven de su semblante habitualmente ingenioso habría sido difícil parecer más desarmado e indefenso. —¡Oh, monsieur...!

—No puedo imaginar —continuó Archer— por qué habrías venido a verme cuando hay otros mucho más cercanos a la condesa; menos aún por qué pensabas que debía ser más accesible a los argumentos con los que supongo que te enviaron.

El señor Rivière asumió esta embestida con una humildad desconcertante. —Los argumentos que quiero presentarle, señor, son míos y no de los que me enviaron.

"Entonces veo aún menos razón para escucharlos".

El señor Rivière volvió a mirar dentro de su sombrero, como si pensara si estas últimas palabras no eran una insinuación lo suficientemente amplia como para ponérselo y marcharse. Luego habló con súbita decisión. — Monsieur, ¿quiere usted decirme una cosa? ¿Es mi derecho estar aquí lo que usted cuestiona? ¿O tal vez crees que todo el asunto ya está cerrado?

Su silenciosa insistencia hizo que Archer sintiera la torpeza de su propia fanfarronería. El señor Rivière había logrado imponerse: Archer, enrojeciendo ligeramente, volvió a dejarse caer en su silla e hizo señas al joven para que se sentara.

—Le ruego que me perdone, pero ¿por qué no se cierra el asunto?

El señor Rivière le devolvió la mirada con angustia. —Entonces, ¿está usted de acuerdo con el resto de la familia en que, a la vista de las nuevas propuestas que he presentado, es casi imposible que la señora Olenska no vuelva con su marido?

—¡Dios mío! —exclamó Archer—; Y su visitante emitió un murmullo de confirmación.

"Antes de verla, vi, a petición del conde Olenski, al señor Lovell Mingott, con quien tuve varias conversaciones antes de ir a Boston. Entiendo que representa el punto de vista de su madre; y que la influencia de la señora Manson Mingott es grande en toda su familia".

Archer permaneció sentado en silencio, con la sensación de aferrarse al borde de un precipicio que se deslizaba. El descubrimiento de que había sido excluido de una participación en estas negociaciones, e incluso del conocimiento de que se estaban llevando a cabo, le causó una sorpresa apenas opacada por el asombro más agudo de lo que estaba aprendiendo.

Comprendió en un instante que si la familia había dejado de consultarle era porque algún profundo instinto tribal les advertía de que ya no estaba de su parte; y recordó, con un sobresalto de comprensión, un comentario de May durante el viaje de vuelta a casa de la señora Manson Mingott el día de la reunión de tiro con arco: «Quizás, después de todo, Ellen sería más feliz con su marido».

Incluso en el tumulto de los nuevos descubrimientos, Archer recordaba su exclamación de indignación, y el hecho de que desde entonces su esposa nunca le había llamado Madame Olenska. Su descuidada alusión había sido, sin duda, la gota que colmó el vaso para ver en qué dirección soplaba el viento; el resultado había sido informado a la familia, y a partir de entonces Archer había sido tácitamente omitido de sus consejos. Admiraba la disciplina tribal que hizo que May se inclinara ante esta decisión. Sabía que no lo habría hecho si su conciencia hubiera protestado; pero probablemente compartía la opinión familiar de que a Madame Olenska le iría mejor como esposa infeliz que como esposa separada, y que era inútil discutir el caso con Newland, que tenía una forma torpe de no dar por sentadas las cosas más fundamentales.

Archer levantó la vista y se encontró con la mirada ansiosa de su visitante. —¿No sabe usted, señor —es posible que no lo sepa...?, que la familia empieza a dudar de si tiene derecho a aconsejar a la condesa que rechace las últimas propuestas de su marido.

—¿Las propuestas que trajiste?

"Las propuestas que yo presenté".

Estaba en boca de Archer exclamar que lo que supiera o no supiera no era asunto del señor Rivière; pero algo en la humilde y a la vez valiente tenacidad de la mirada del señor Rivière le hizo rechazar esta conclusión, y respondió a la pregunta del joven con otra. —¿Cuál es tu objeto al hablarme de esto?

No tuvo que esperar ni un momento para recibir la respuesta. -Suplicarle, señor, rogarle con todas mis fuerzas que soy capaz, que no la deje volver... ¡Oh, no se lo permita! -exclamó el señor Rivière-.

Archer lo miró con creciente asombro. No cabía duda de la sinceridad de su angustia ni de la fuerza de su determinación: evidentemente había resuelto dejarlo todo por la borda, excepto la suprema necesidad de dejar constancia de ello. Archer consideró.

—¿Puedo preguntarle —dijo al fin— si éste es el camino que ha seguido usted con la condesa Olenska?

El señor Rivière se enrojeció, pero sus ojos no vacilaron. —No, monsieur: acepté mi misión de buena fe. Realmente creía, por razones que no necesito molestarle, que sería mejor para madame Olenska recuperar su situación, su fortuna, la consideración social que le da la posición de su marido.

—Así que supuse: de otro modo, difícilmente habrías aceptado semejante misión.

"No debería haberlo aceptado".

—¿Y entonces...? Archer volvió a hacer una pausa y sus miradas se encontraron en otro escrutinio prolongado.

-¡Ah, señor!, después de haberla visto, después de haberla escuchado, supe que estaba mejor aquí.

—¿Sabías...?

"Monsieur, cumplí fielmente mi misión: expuse los argumentos del conde, expuse sus ofertas, sin añadir ningún comentario propio. La condesa tuvo la bondad de escuchar pacientemente; llevó su bondad hasta el punto de verme dos veces; consideró imparcialmente todo lo que yo había venido a decir. Y fue en el transcurso de estas dos charlas que cambié de opinión, que llegué a ver las cosas de manera diferente".

—¿Puedo preguntar qué llevó a este cambio?

—Simplemente viendo el cambio en ella —replicó el señor Rivière—.

—¿El cambio en ella? ¿Entonces la conocías antes?

El joven volvió a subir de color. "Solía verla en la casa de su marido. Conozco al conde Olenski desde hace muchos años. Te puedes imaginar que él no habría enviado a un extraño en una misión así".

La mirada de Archer, que se alejaba hacia las paredes blancas de la oficina, se posaba en un calendario colgante coronado por las robustas facciones del presidente de los Estados Unidos. Que una conversación así tuviera lugar en cualquier lugar dentro de los millones de millas cuadradas sujetas a su gobierno parecía tan extraño como cualquier cosa que la imaginación pudiera inventar.

—El cambio... ¿qué tipo de cambio?

-¡Ah, monsieur, si pudiera decírselo! -hizo una pausa el señor Rivière-. —Tenez, el descubrimiento, supongo, de lo que nunca antes había pensado: que es americana. Y que si eres un estadounidense de SU clase, de tu clase, las cosas que se aceptan en ciertas otras sociedades, o al menos se toleran como parte de un conveniente toma y daca general, se vuelven impensables, simplemente impensables. Si los parientes de Madame Olenska comprendieran lo que eran estas cosas, su oposición a su regreso sería sin duda tan incondicional como la suya propia; pero parecen considerar el deseo de su marido de tenerla de vuelta como prueba de un irresistible anhelo de vida doméstica. -El señor Rivière hizo una pausa, y luego añadió-: Aunque está lejos de ser tan simple como eso.

Archer volvió a mirar al presidente de los Estados Unidos, y luego a su escritorio y a los papeles esparcidos por él. Durante uno o dos segundos no pudo confiar en sí mismo para hablar. Durante este intervalo, oyó que la silla del señor Rivière se echaba hacia atrás, y se dio cuenta de que el joven se había levantado. Cuando volvió a levantar la vista, vio que su visitante estaba tan conmovido como él.

—Gracias —dijo Archer simplemente—.

—No hay nada que agradecerme, monsieur: soy yo, más bien... — interrumpió el señor Rivière, como si también para él le resultara difícil hablar—. —Sin embargo, me gustaría —continuó con voz más firme— añadir una cosa. Usted me preguntó si yo estaba al servicio del conde Olenski. Estoy en este momento: regresé a él, hace unos meses, por razones de necesidad privada, como las que pueden suceder a cualquiera que tenga personas, enfermas y ancianas, a su cargo. Pero desde el momento en que he dado el paso de venir aquí a decirte estas cosas, me considero dado de baja, y se lo diré a mi regreso, y le daré las razones. Eso es todo, monsieur.

El señor Rivière hizo una reverencia y retrocedió un paso.

—Gracias —dijo Archer de nuevo, mientras sus manos se encontraban—.

.

XXVI.

Cada año, el quince de octubre, la Quinta Avenida abría sus persianas, desenrollaba sus alfombras y colgaba la triple capa de cortinas de las ventanas.

Para el primero de noviembre, este ritual doméstico había terminado, y la sociedad había comenzado a mirar a su alrededor y a hacer un balance de sí misma. Para el día 15 la temporada estaba en pleno apogeo, la ópera y los teatros presentaban sus nuevas atracciones, las cenas se acumulaban y las fechas para los bailes se fijaban. Y puntualmente, por esta época, la señora Archer siempre decía que Nueva York había cambiado mucho.

Al observarlo desde el elevado punto de vista de una persona que no participa, fue capaz, con la ayuda del señor Sillerton Jackson y de la señorita Sophy, de trazar cada nueva grieta en su superficie, y todas las extrañas malas hierbas que se abrían paso entre las ordenadas hileras de vegetales sociales. Había sido una de las diversiones de la juventud de Archer esperar este pronunciamiento anual de su madre, y oírla enumerar los diminutos signos de desintegración que su mirada descuidada había pasado por alto. Porque Nueva York, en la mente de la señora Archer, nunca cambiaba sin cambiar para peor; y en este punto de vista la señorita Sophy Jackson estaba de acuerdo.

El señor Sillerton Jackson, como un hombre de mundo, suspendió su juicio y escuchó con divertida imparcialidad las lamentaciones de las damas. Pero ni siquiera él negó nunca que Nueva York hubiera cambiado; y Newland Archer, en el invierno del segundo año de su matrimonio, se vio obligado a admitir que, si no había cambiado realmente, sin duda estaba cambiando.

Estos puntos habían sido planteados, como de costumbre, en la cena de Acción de Gracias de la señora Archer. En la fecha en que se le ordenaba oficialmente dar gracias por las bendiciones del año, tenía la costumbre de hacer un balance triste, aunque no amargado, de su mundo, y preguntarse por qué había que estar agradecida. En todo caso, no el estado de la sociedad; La sociedad, si se podía decir que existía, era más bien un espectáculo sobre el cual invocar imprecaciones bíblicas, y de hecho, todos sabían a qué se refería el reverendo Dr. Ashmore cuando eligió un texto de Jeremías (cap. ii, versículo 25) para su sermón de Acción de Gracias. El Dr. Ashmore, el nuevo rector de San Derecho, había sido elegido porque era muy "avanzado": sus sermones se consideraban audaces en el pensamiento y novedosos en el lenguaje. Cuando arremetía contra la sociedad de moda, siempre hablaba de su "tendencia"; y para la señora Archer era aterrador y, a la vez, fascinante sentirse parte de una comunidad que estaba de moda.

—No hay duda de que el doctor Ashmore tiene razón: hay una tendencia marcada —dijo, como si se tratara de algo visible y medible, como una grieta en una casa—.

—Era extraño, sin embargo, predicar sobre ello el Día de Acción de Gracias —opinó la señorita Jackson—; y su anfitriona replicó secamente: "Oh, quiere que demos gracias por lo que queda".

Archer solía sonreír ante estas vaticinaciones anuales de su madre; Pero este año incluso él se vio obligado a reconocer, mientras escuchaba una enumeración de los cambios, que la "tendencia" era visible.

—La extravagancia en el vestir... —empezó a decir la señorita Jackson—. "Sillerton me llevó a la primera noche de la Ópera, y sólo puedo decirte que el vestido de Jane Merry fue el único que reconocí del año pasado; E incluso a eso le habían cambiado el panel frontal. Sin embargo, sé que lo sacó de Worth hace solo dos años, porque mi costurera siempre entra a arreglar sus vestidos de París antes de usarlos.

—Ah, Jane Merry es una de nosotras —dijo la señora Archer suspirando, como si no fuera algo tan envidiable estarlo en una época en que las damas empezaban a lucir en el extranjero sus vestidos de París tan pronto como salían de la aduana, en lugar de dejar que se suavizaran bajo llave, a la manera de los contemporáneos de la señora Archer—.

—Sí; Es una de las pocas. En mi juventud —replicó la señorita Jackson—, se consideraba vulgar vestirse a la última moda; y Amy Sillerton siempre me ha dicho que en Boston la regla era guardar los vestidos de París durante dos años. La anciana señora Baxter Pennilow, que lo hacía todo a la perfección, solía importar doce al año, dos de terciopelo, dos de satén, dos de seda y las otras seis de popelín y la más fina cachemira. Era una orden permanente, y como estuvo enferma durante dos años antes de morir, encontraron cuarenta y ocho vestidos de Worth que nunca habían sido sacados de papel de seda; y cuando las muchachas dejaron de llorar, pudieron ponerse el primer lote en los conciertos de la Sinfónica sin adelantarse a la moda".

"Ah, bueno, Boston es más conservadora que Nueva York; pero siempre pienso que es una regla segura que una dama deje de lado sus vestidos franceses por una temporada", admitió la señora Archer.

"Fue Beaufort quien inició la nueva moda haciendo que su esposa se pusiera sus ropas nuevas en la espalda tan pronto como llegaron: debo decir que a veces se necesita toda la distinción de Regina para no parecerse... como..." La señorita Jackson echó un vistazo alrededor de la mesa, captó la mirada abultada de Janey y se refugió en un murmullo ininteligible.

—Como sus rivales —dijo el señor Sillerton Jackson, con aire de producir un epigrama—.

—Oh... —murmuraron las damas—; y la señora Archer añadió, en parte para distraer la atención de su hija de los temas prohibidos: —¡Pobre Regina! Me temo que su Día de Acción de Gracias no ha sido muy alegre. ¿Has oído los rumores sobre las especulaciones de Beaufort, Sillerton?

El señor Jackson asintió descuidadamente. Todo el mundo había oído los rumores en cuestión, y él desdeñó confirmar una historia que ya era propiedad común.

Un silencio sombrío se apoderó de la fiesta. A nadie le gustaba Beaufort, y no era del todo desagradable pensar lo peor de su vida privada; Pero la idea de que él hubiera traído deshonra financiera a la familia de su esposa era demasiado chocante para ser disfrutada incluso por sus enemigos. La Nueva York de Archer toleraba la hipocresía en las relaciones privadas; pero en los negocios exigía una honestidad límpida e impecable. Hacía mucho tiempo que ningún banquero conocido había fracasado de manera deshonrosa; Pero todo el mundo recordaba la extinción social que se abatió sobre los jefes de la empresa cuando ocurrió el último suceso de este tipo. Lo mismo ocurriría con los Beaufort, a pesar de su poder y de su popularidad; no toda la fuerza de la conexión con Dallas salvaría a la pobre Regina si hubiera algo de verdad en los informes de las especulaciones ilegales de su marido.

La charla se refugió en temas menos ominosos; pero todo lo que mencionaban parecía confirmar la sensación de la señora Archer de una tendencia acelerada.

—Por supuesto, Newland, sé que dejaste ir a la querida May a las tardes de los domingos de la señora Struthers... —comenzó—; y May intervino alegremente: —Oh, ya sabes, ahora todo el mundo va a casa de la señora Struthers; y la invitaron a la última recepción de la abuelita".

Fue así, reflexionó Archer, que Nueva York manejó sus transiciones: conspirando para ignorarlas hasta que terminaron, y luego, de buena fe, imaginando que habían tenido lugar en una época anterior. Siempre había un traidor en la ciudadela; Y después de que él (o en general ella) hubiera entregado las llaves, ¿de qué servía pretender que era inexpugnable? Una vez que la gente había probado la sencilla hospitalidad dominical de la señora Struthers, no era probable que se quedaran en casa recordando que su champaña estaba transmutada en esmalte de zapatos.

—Lo sé, querida, lo sé —suspiró la señora Archer—. "Esas cosas tienen que ser, supongo, siempre y cuando la diversión sea lo que la gente busca; pero nunca he perdonado del todo a su prima, madame Olenska, por haber sido la primera persona que toleró a la señora Struthers.

Un súbito rubor se apoderó del rostro de la joven señora Archer; Sorprendió a su marido tanto como a los demás invitados de la mesa. —Oh, ELLEN... —murmuró ella, en el mismo tono acusador y a la vez despectivo con el que sus padres podrían haber dicho—: Oh, LOS BLENKERS...

Era la nota que la familia había tomado en tono al mencionar el nombre de la condesa Olenska, ya que ella los había sorprendido e incomodado al permanecer obstinada a las insinuaciones de su marido; pero en los labios de May daba que pensar, y Archer la miró con la sensación de extrañeza que a veces se apoderaba de él cuando ella estaba más en el tono de su entorno.

Su madre, con menos sensibilidad de la habitual hacia el ambiente, seguía insistiendo: "Siempre he pensado que personas como la condesa Olenska, que han vivido en sociedades aristocráticas, deberían ayudarnos a mantener nuestras distinciones sociales, en lugar de ignorarlas".

El rubor de May permaneció permanentemente vivo: parecía tener un significado más allá del que implicaba el reconocimiento de la mala fe social de Madame Olenska.

—No me cabe duda de que todos parecemos iguales a los extranjeros —dijo la señorita Jackson con sarcasmo—.

"No creo que a Ellen le importe la sociedad; pero nadie sabe exactamente lo que le importa —continuó May, como si hubiera estado buscando a tientas algo evasivo—.

—Ah, bueno... —suspiró de nuevo la señora Archer—.

Todo el mundo sabía que la condesa Olenska ya no gozaba del beneplácito de su familia. Incluso su devota campeona, la anciana señora Manson Mingott, había sido incapaz de defender su negativa a volver con su marido. Los Mingott no habían proclamado su desaprobación en voz alta: su sentido de solidaridad era demasiado fuerte. Simplemente, como decía la señora Welland, habían «dejado que la pobre Ellen encontrara su propio nivel», y eso, mortificante e incomprensiblemente, estaba en las oscuras profundidades donde prevalecían los Blenker, y «la gente que escribía» celebraba sus desordenados ritos. Era increíble, pero era un hecho, que Ellen, a pesar de todas sus oportunidades y sus privilegios, se había vuelto simplemente "bohemia". El hecho reforzó la afirmación de que había cometido un error fatal al no volver con el conde Olenski. Después de todo, el lugar de una mujer joven estaba bajo el techo de su esposo, especialmente cuando lo había dejado en circunstancias que ... pozo... si uno se hubiera preocupado de investigarlos...

—Madame Olenska es la favorita de los caballeros —dijo la señorita Sophy, con su aire de querer mostrar algo conciliador cuando sabía que estaba plantando un dardo—.

—Ah, ése es el peligro al que siempre se expone una joven como madame Olenska —convino la señora Archer con tristeza—; y las damas, al llegar a esta conclusión, recogieron sus colas para buscar los globos de carcella del salón, mientras Archer y el señor Sillerton Jackson se retiraban a la biblioteca gótica.

Una vez instalado ante la parrilla, y consolándose por lo inadecuado de la cena con la perfección de su cigarro, el señor Jackson se volvió portentoso y comunicable.

"Si llega el embate de Beaufort", anunció, "va a haber revelaciones".

Archer levantó la cabeza rápidamente: nunca podía oír el nombre sin la aguda visión de la pesada figura de Beaufort, opulentamente peluda y calzada, avanzando a través de la nieve en Skuytercliff.

—Seguramente habrá —continuó el señor Jackson— el tipo de limpieza más desagradable. No ha gastado todo su dinero en Regina.

—Oh, bueno, eso está rebajado, ¿no? Creo que todavía se retirará", dijo el joven, queriendo cambiar de tema.

—Quizás, quizás. Sé que iba a ver a algunas de las personas influyentes de hoy. Por supuesto —admitió el señor Jackson a regañadientes—, es de esperar que puedan sacarlo adelante, al menos esta vez. No me gustaría pensar en la pobre Regina que pasará el resto de su vida en algún miserable balneario extranjero para bancarrotas.

Archer no dijo nada. Le parecía tan natural, por trágico que fuera, que el dinero mal habido fuera cruelmente expiado, que su mente, sin detenerse en el destino de la señora Beaufort, volvió a preguntas más cercanas. ¿Cuál era el significado del rubor de May cuando se mencionó a la condesa Olenska?

Habían pasado cuatro meses desde el día de verano que él y madame Olenska habían pasado juntos; Y desde entonces no la había visto. Sabía que ella había regresado a Washington, a la casita que ella y Medora Manson habían tomado allí: él le había escrito una vez, unas palabras, preguntándole cuándo se volverían a encontrar, y ella le había respondido aún más brevemente: «Todavía no».

Desde entonces no había habido más comunicación entre ellos, y él había construido dentro de sí mismo una especie de santuario en el que ella entronizaba entre sus pensamientos y anhelos secretos. Poco a poco se convirtió en el escenario de su vida real, de sus únicas actividades racionales; Allí llevaba los libros que leía, las ideas y sentimientos que lo alimentaban, sus juicios y sus visiones. Fuera de ella, en la escena de su vida real, se movía con una creciente sensación de irrealidad e insuficiencia, tropezando con los prejuicios familiares y los puntos de vista tradicionales como un hombre distraído sigue tropezando con los muebles de su propia habitación. Ausente, eso era lo que era: tan ausente de todo lo más densamente real y cercano a los que le rodeaban, que a veces le sobresaltaba descubrir que todavía se imaginaban que estaba allí.

Se dio cuenta de que el señor Jackson se estaba aclarando la garganta en preparación para nuevas revelaciones.

—No sé, por supuesto, hasta qué punto la familia de su esposa está al tanto de lo que la gente dice sobre... bueno, sobre la negativa de Madame Olenska a aceptar la última oferta de su marido.

Archer guardó silencio, y el señor Jackson continuó oblicuamente: "Es una lástima, ciertamente es una lástima, que ella lo rechazara".

"¿Una lástima? En el nombre de Dios, ¿por qué?"

Jackson bajó la vista de la pierna hacia el calcetín sin arrugas que lo unía a un zapato de tacón brillante.

—Bueno, para decirlo en el terreno más bajo, ¿de qué va a vivir ahora?

—¿Y ahora...?

—Si Beaufort...

Archer se levantó de un salto, golpeando con el puño el borde de nogal negro del escritorio. Los pozos del tintero doble de bronce bailaban en sus zócalos.

—¿A qué diablos se refiere, señor?

El señor Jackson, moviéndose ligeramente en su silla, dirigió una mirada tranquila al rostro ardiente del joven.

—Pues bien, tengo la certeza de que la vieja Catherine es la misma de Catherine, que la familia redujo considerablemente la asignación de la condesa Olenska cuando ésta se negó rotundamente a volver con su marido; y como, con esta negativa, también pierde el dinero que se le había asignado cuando se casó, que Olenski estaba dispuesto a entregarle si ella regresaba, ¿qué diablos quiere decir, mi querido hijo, al preguntarme qué quiero decir? -replicó el señor Jackson con buen humor-.

Archer se acercó a la repisa de la chimenea y se inclinó para arrojar sus cenizas a la rejilla.

—No sé nada de los asuntos privados de la señora Olenska; pero no lo necesito, para estar seguro de que lo que insinúas...

—Oh, no lo sé: es Lefferts, por ejemplo —intervino el señor Jackson.

—¡Lefferts, que le hizo el amor y fue desairado por ello! Archer estalló con desdén.

—Ah... ¿Lo hizo? —espetó el otro, como si éste fuera exactamente el hecho por el que había estado tendiendo una trampa. Seguía sentado de lado, alejado del fuego, de modo que su dura y vieja mirada sostenía el rostro de Archer como si estuviera en un resorte de acero.

—Bueno, bueno: es una lástima que no haya regresado antes de la cosecha de Beaufort —repitió—. Si ella se va ahora, y si él fracasa, no hará más que confirmar la impresión general, que no es en absoluto peculiar de Lefferts, por cierto.

"Oh, ella no volverá ahora: ¡menos que nunca!" Tan pronto como Archer lo dijo, tuvo una vez más la sensación de que era exactamente lo que el señor Jackson había estado esperando.

El anciano caballero lo examinó atentamente. "Esa es tu opinión, ¿eh? Bueno, sin duda lo sabes. Pero todo el mundo te dirá que los pocos centavos que le quedan a Medora Manson están todos en manos de Beaufort; y cómo las dos mujeres van a mantener la cabeza fuera del agua a menos que él lo haga, no puedo imaginarlo. Por supuesto, Madame Olenska todavía puede ablandar a la vieja Catherine, que ha sido la que más inexorablemente se ha opuesto a que se quede; y la vieja Catherine podía hacerle cualquier mesada que quisiera. Pero todos sabemos que detesta desprenderse de un buen dinero; y el resto de la familia no tiene ningún interés particular en mantener a Madame Olenska aquí.

Archer ardía en una ira inútil: estaba exactamente en el estado en que un hombre está seguro de hacer algo estúpido, sabiendo todo el tiempo que lo está haciendo.

Vio que al señor Jackson le había llamado la atención al instante el hecho de que las diferencias de la señora Olenska con su abuela y sus otros parientes no eran conocidas por él, y que el anciano caballero había sacado sus propias conclusiones sobre las razones de la exclusión de Archer de los consejos familiares. Este hecho advirtió a Archer que fuera cauteloso; pero las insinuaciones sobre Beaufort lo hicieron temerario. Sin embargo, era consciente, si no de su propio peligro, al menos del hecho de que el señor Jackson estaba bajo el techo de su madre y, por consiguiente, era su huésped. Old New York observaba escrupulosamente la etiqueta de la hospitalidad, y nunca se permitía que ninguna discusión con un huésped degenerara en un desacuerdo.

—¿Subimos y nos reunimos con mi madre? —sugirió secamente, mientras el último cono de cenizas del señor Jackson caía en el cenicero de latón que tenía a su lado.

En el camino de regreso a casa, May permaneció extrañamente en silencio; A través de la oscuridad, todavía la sentía envuelta en su amenazante rubor. No podía adivinar lo que significaba su amenaza, pero estaba suficientemente advertido por el hecho de que el nombre de Madame Olenska lo había evocado.

Subieron las escaleras y él entró en la biblioteca. Por lo general, ella lo seguía; Pero la oyó pasar por el pasillo que conducía a su dormitorio.

—¡Mayo! —exclamó con impaciencia—. Y ella regresó, con una leve mirada de sorpresa por su tono.

"Esta lámpara está humeando de nuevo; Creo que los sirvientes se encargarán de que esté bien recortado —refunfuñó nervioso—.

—Lo siento mucho: no volverá a suceder —contestó ella, con el tono firme y brillante que había aprendido de su madre—; y a Archer le exasperaba sentir que ya empezaba a tomarle el pelo como a un joven señor Welland. Se inclinó para bajar la mecha, y mientras la luz incidía en sus blancos hombros y en las claras curvas de su rostro, él pensó: —¡Qué joven es! ¡Por qué años interminables tendrá que continuar esta vida!"

Sintió, con una especie de horror, su propia juventud fuerte y la sangre que corría por sus venas. —Mira —dijo de pronto—, es posible que tenga que ir a Washington por unos días, pronto; la semana que viene, quizás.

Su mano permaneció en la llave de la lámpara mientras se volvía lentamente hacia él. El calor de su llama le había devuelto un brillo a la cara, pero palideció cuando levantó la vista.

—¿Por negocios? —preguntó ella, en un tono que daba a entender que no podía haber ninguna otra razón concebible, y que había formulado la pregunta automáticamente, como si quisiera terminar la frase de él.

"Por negocios, naturalmente. Hay un caso de patentes que se está planteando ante el Tribunal Supremo... -Dio el nombre del inventor y siguió dando detalles con toda la naturalidad de Lawrence Lefferts, mientras ella escuchaba atentamente, diciendo a intervalos-: Sí, ya veo.

—El cambio te hará bien —dijo ella simplemente, cuando él hubo terminado—; —Y tienes que asegurarte de ir a ver a Ellen —añadió ella, mirándolo directamente a los ojos con su sonrisa despejada, y hablando en el tono que podría haber empleado para instarle a que no descuidara algún molesto deber familiar—.

Fue la única palabra que pasó entre ellos sobre el tema; pero en el código en el que ambos habían sido entrenados significaba: «Por supuesto que comprende que sé todo lo que la gente ha estado diciendo sobre Ellen, y simpatizo de todo corazón con mi familia en su esfuerzo por conseguir que regrese con su marido. También sé que, por alguna razón que no has decidido decírmelo, le has aconsejado que no siga este camino, que todos los hombres mayores de la familia, así como nuestra abuela, están de acuerdo en aprobar; y que es gracias a su aliento que Ellen nos desafía a todos y se expone a la clase de crítica de la que el señor Sillerton Jackson probablemente le dio, esta noche, la insinuación que le ha hecho tan irritable... De hecho, no han faltado pistas; pero como usted parece no estar dispuesto a quitárselas a los demás, yo mismo le ofrezco ésta, en la única forma en que las personas bien educadas de nuestra especie pueden comunicarse cosas desagradables entre sí: haciéndole entender que sé que tiene la intención de ver a Ellen cuando esté en Washington, y tal vez vaya allí expresamente con ese propósito; y que, puesto que está seguro de verla, deseo que lo haga con mi plena y explícita aprobación, y que aproveche la oportunidad para hacerle saber a qué puede conducir el curso de conducta en el que la ha alentado".

Su mano todavía estaba en la llave de la lámpara cuando le llegó la última palabra de este mensaje mudo. Bajó la mecha, levantó el globo y respiró sobre la llama enfurruñada.

"Huelen menos si uno los sopla", explicó, con su alegre aire de limpieza. En el umbral, ella se volvió y se detuvo para besarlo.

XXVII.

Wall Street, al día siguiente, tenía informes más tranquilizadores sobre la situación de Beaufort. No eran definitivos, pero tenían esperanzas. En general se entendía que podía recurrir a poderosas influencias en caso de emergencia, y que lo había hecho con éxito; y aquella noche, cuando la señora Beaufort apareció en la Ópera con su antigua sonrisa y un nuevo collar de esmeraldas, la sociedad respiró aliviada.

Nueva York fue inexorable en su condena de las irregularidades comerciales. Hasta ahora no había habido ninguna excepción a su regla tácita de que los que violaban la ley de la probidad debían pagar; y todo el mundo sabía que incluso Beaufort y la esposa de Beaufort se ofrecerían sin vacilar a este principio. Pero verse obligado a ofrecerlos no sólo sería doloroso sino inconveniente. La desaparición de los Beaufort dejaría un vacío considerable en su pequeño círculo compacto; y los que eran demasiado ignorantes o demasiado descuidados para estremecerse ante la catástrofe moral, lamentaban de antemano la pérdida del mejor salón de baile de Nueva York.

Archer había tomado definitivamente la decisión de ir a Washington. Sólo esperaba la apertura del pleito del que había hablado a May, para que su fecha coincidiera con la de su visita; pero el martes siguiente se enteró por el señor Letterblair de que el caso podría posponerse varias semanas. Sin embargo, se fue a su casa esa tarde, decidido a partir de todos modos la noche siguiente. Lo más probable era que May, que no sabía nada de su vida profesional y nunca había mostrado interés en ella, no se enterara del aplazamiento, en caso de que se produjera, ni recordara los nombres de los litigantes si se mencionaban ante ella; y, en cualquier caso, no podía dejar de ver a la señora Olenska. Había demasiadas cosas que tenía que decirle.

El miércoles por la mañana, cuando llegó a su despacho, el señor Letterblair lo recibió con una cara preocupada. Beaufort, después de todo, no había logrado "pasar la marea"; Pero al hacer correr el rumor de que lo había hecho, había tranquilizado a sus depositantes, y los pagos pesados habían llegado al banco hasta la noche anterior, cuando comenzaron a predominar de nuevo los informes inquietantes. En consecuencia, había comenzado una corrida en la orilla, y era probable que sus puertas se cerraran antes de que terminara el día. Se decían las cosas más feas de la cobarde maniobra de Beaufort, y su fracaso prometía ser uno de los más deshonrosos de la historia de Wall Street.

La magnitud de la calamidad dejó al señor Letterblair pálido e incapacitado. "He visto cosas malas en mi tiempo; Pero nada tan malo como esto. Todos los que conocemos serán golpeados, de una forma u otra. ¿Y qué se hará con la señora Beaufort? ¿Qué se puede hacer al respecto? Lástima a la señora Manson Mingott tanto como a cualquiera: teniendo su edad, no se sabe qué efecto puede tener este asunto en ella. Siempre creyó en Beaufort, ¡se hizo amiga de él! Y ahí está toda la conexión de Dallas: la pobre señora Beaufort está emparentada con cada uno de ustedes. Su única oportunidad sería dejar a su marido, pero ¿cómo puede alguien decírselo? Su deber está de su lado; Y, por suerte, parece que siempre ha estado ciega a sus debilidades privadas.

Llamaron a la puerta y el señor Letterblair volvió bruscamente la cabeza. "¿Qué es? No puedo ser molestado".

Un empleado trajo una carta para Archer y se retiró. Al reconocer la mano de su esposa, el joven abrió el sobre y leyó: "¿No podrías venir a la ciudad tan temprano como puedas? La abuela tuvo un leve derrame cerebral anoche. De alguna manera misteriosa, ella se enteró antes que nadie de estas terribles noticias sobre el banco. El tío Lovell está fuera disparando, y la idea de la desgracia ha puesto al pobre papá tan nervioso que tiene fiebre y no puede salir de su habitación. Mamá te necesita terriblemente, y espero que puedas escapar de inmediato e ir directamente a casa de la abuela.

Archer entregó la nota a su socio mayor, y unos minutos más tarde se arrastraba hacia el norte en un abarrotado coche de caballos, que cambió en la calle Catorce por uno de los altos y escalonados ómnibus de la línea de la Quinta Avenida. Eran más de las doce cuando este laborioso vehículo lo dejó en casa de la vieja Catherine. La ventana de la sala de estar de la planta baja, donde solía ocupar su trono, estaba ocupada por la inadecuada figura de su hija, la señora Welland, que firmaba una demacrada bienvenida al ver a Archer; y en la puerta fue recibido por May. El vestíbulo presentaba el aspecto antinatural propio de las casas bien cuidadas invadidas de repente por la enfermedad: los pañuelos y las pieles yacían amontonados sobre las sillas, la bolsa y el abrigo de un médico estaban sobre la mesa, y junto a ellos ya se habían amontonado cartas y tarjetas sin ser escuchadas.

May parecía pálida pero sonriente: el doctor Bencomb, que acababa de venir por segunda vez, tenía una visión más esperanzadora, y la intrépida determinación de la señora Mingott de vivir y curarse ya estaba teniendo un efecto en su familia. May condujo a Archer a la sala de estar de la anciana, donde las puertas correderas que daban al dormitorio habían sido cerradas y las pesadas portières de damasco amarillo habían caído sobre ellas; y aquí la señora Welland le comunicó en voz baja horrorizada los detalles de la catástrofe. Parecía que la noche anterior había ocurrido algo terrible y misterioso. A eso de las ocho, poco después de que la señora Mingott terminara el juego de solitario que siempre jugaba después de la cena, sonó el timbre de la puerta, y una dama con un velo tan espeso que los criados no la reconocieron de inmediato pidió ser recibida.

El mayordomo, al oír una voz familiar, había abierto de par en par la puerta del salón, anunciando: «La señora Julius Beaufort», y luego la había vuelto a cerrar a las dos damas. Debían de haber estado juntos, pensó, alrededor de una hora. Cuando sonó el timbre de la señora Mingott, la señora Beaufort ya se había escabullido sin ser vista, y la anciana, blanca, enorme y terrible, se sentó sola en su gran sillón y le hizo señas al mayordomo para que la ayudara a entrar en su habitación. En ese momento, aunque obviamente angustiada, parecía tener el control total de su cuerpo y su cerebro. La criada mulata la acostó, le trajo una taza de té como de costumbre, lo dejó todo en orden en la habitación y se fue; pero a las tres de la madrugada volvió a sonar el timbre, y los dos criados, apresurándose a acudir a esta insólita llamada (pues la vieja Catalina solía dormir como un bebé), encontraron a su ama sentada contra sus almohadas, con una sonrisa torcida en el rostro y una manita colgando flácida de su enorme brazo.

Era evidente que el golpe había sido leve, pues era capaz de articular y dar a conocer sus deseos; Y poco después de la primera visita al médico, había comenzado a recuperar el control de sus músculos faciales. Pero la alarma había sido grande; y proporcionalmente grande fue la indignación cuando se dedujo de las frases fragmentarias de la señora Mingott que Regina Beaufort había venido a pedirle —¡increíble descaro!— que apoyara a su marido, que los llevara a cabo, que no los «abandonara», como ella lo llamaba, sino que indujera a toda la familia a encubrir y condonar su monstruosa deshonra.

—Le dije: «El honor siempre ha sido honor, y la honradez honestidad, en la casa de Manson Mingott, y lo será hasta que me saquen de ella con los pies por delante», había tartamudeado la anciana al oído de su hija, con la voz gruesa de una paralítica parcial. Y cuando ella dijo: 'Pero mi nombre, tía, mi nombre es Regina Dallas', le dije: 'Fue Beaufort cuando te cubrió de joyas, y tiene que seguir siendo Beaufort ahora que te ha cubierto de vergüenza'".

Tanto, con lágrimas y jadeos de horror, exclamó la señora Welland, pálida y destrozada por la insólita obligación de tener que fijar por fin sus ojos en lo desagradable y lo deshonroso. -¡Ojalá pudiera ocultárselo a tu suegro, que siempre dice: «Augusta, por favor, no destruyas mis últimas ilusiones»... ¿Y cómo voy a evitar que conozca estos horrores? —gimió la pobre señora—.

—Al fin y al cabo, mamá, él no los habrá visto —sugirió su hija—; y la señora Welland suspiró: —Ah, no; Gracias a Dios que está a salvo en la cama. Y el doctor Bencomb ha prometido mantenerlo allí hasta que la pobre mamá se recupere y Regina se haya escapado a alguna parte.

Archer se había sentado cerca de la ventana y miraba fijamente la calle desierta. Era evidente que había sido convocado más por el apoyo moral de las damas afectadas que por alguna ayuda específica que pudiera prestar. Se había telegrafiado al señor Lovell Mingott, y se enviaban mensajes en mano a los miembros de la familia que vivían en Nueva York; y, mientras tanto, no había más remedio que discutir en voz baja las consecuencias de la deshonra de Beaufort y de la acción injustificable de su esposa.

La señora Lovell Mingott, que había estado en otra habitación tomando notas, reapareció al instante y añadió su voz a la discusión. En su día, coincidieron las ancianas, la esposa de un hombre que había hecho algo vergonzoso en los negocios sólo tenía una idea: borrarse a sí misma, desaparecer con él. "Ahí estaba el caso de la pobre abuela Spicer; tu bisabuela, May. Por supuesto —se apresuró a añadir la señora Welland—, las dificultades económicas de tu bisabuelo eran privadas: pérdidas en las cartas o en firmar un pagaré para alguien, nunca lo supe del todo, porque mamá nunca hablaría de ello. Pero se crió en el campo porque su madre tuvo que abandonar Nueva York después de la desgracia, fuera lo que fuera: vivieron solas en el Hudson, invierno y verano, hasta que mamá cumplió dieciséis años. A la abuela Spicer nunca se le habría ocurrido pedirle a la familia que la «aprobara», como tengo entendido que Regina lo llama; aunque una vergüenza privada no es nada comparada con el escándalo de arruinar a cientos de personas inocentes".

—Sí, sería más propio de Regina ocultar su propio semblante que hablar del de los demás —convino la señora Lovell Mingott—. Tengo entendido que el collar de esmeraldas que llevó en la Ópera el viernes pasado había sido enviado con la aprobación de Ball and Black's por la tarde. Me pregunto si alguna vez lo recuperarán.

Archer escuchó impasible el implacable coro. La idea de la probidad financiera absoluta como la primera ley del código de un caballero estaba demasiado profundamente arraigada en él como para que las consideraciones sentimentales la debilitaran. Un aventurero como Lemuel Struthers podría acumular los millones de su betún para zapatos en cualquier cantidad de negocios turbios; pero la honestidad intachable era la nobleza obliga de la vieja Nueva York financiera. Tampoco el destino de la señora Beaufort conmovió mucho a Archer. Sintió, sin duda, más lástima por ella que por sus indignados parientes; Pero le parecía que el lazo entre marido y mujer, aunque se rompiera en la prosperidad, debía ser indisoluble en la desgracia. Como había dicho el señor Letterblair, el lugar de la esposa estaba al lado de su marido cuando éste estaba en apuros; pero el lugar de la sociedad no estaba a su lado, y la fría suposición de la señora Beaufort de que lo estaba parecía casi convertirla en su cómplice. La mera idea de que una mujer apelara a su familia para ocultar la deshonra de los negocios de su marido era inadmisible, ya que era lo único que la Familia, como institución, no podía hacer.

La doncella mulata llamó a la señora Lovell Mingott al vestíbulo, y ésta volvió al cabo de un instante con el ceño fruncido.

- Quiere que telegrafíe a Ellen Olenska. Le había escrito a Ellen, por supuesto, y a Medora; Pero ahora parece que eso no es suficiente. Voy a telegrafiarle inmediatamente y decirle que tiene que venir sola.

El anuncio fue recibido en silencio. La señora Welland suspiró resignada, y May se levantó de su asiento y fue a recoger algunos periódicos que habían quedado esparcidos por el suelo.

—Supongo que hay que hacerlo —continuó la señora Lovell Mingott, como si esperara que la contradijeran—; y May se volvió hacia el centro de la habitación.

"Por supuesto que hay que hacerlo", dijo. "La abuela sabe lo que quiere y debemos cumplir todos sus deseos. ¿Te escribo el telegrama, tía? Si sale de inmediato, es probable que Ellen pueda coger el tren de mañana por la mañana. Pronunció las sílabas del nombre con una claridad peculiar, como si hubiera golpeado dos campanillas de plata.

"Bueno, no puede ir de una vez. Jasper y el despensero han salido con notas y telegramas.

May se volvió hacia su marido con una sonrisa. Pero aquí está Newland, dispuesto a hacer cualquier cosa. ¿Aceptas el telegrama, Newland? Ya habrá tiempo antes del almuerzo.

Archer se levantó con un murmullo de prontitud, y se sentó ante el "Bonheur du Jour" de palisandro de la vieja Catherine, y escribió el mensaje con su gran mano inmadura. Cuando lo escribió, lo borró cuidadosamente y se lo entregó a Archer.

—¡Qué lástima —dijo— que tú y Ellen os crucéis en el camino! Newland —añadió, dirigiéndose a su madre y a su tía— se ve obligada a ir a Washington por un pleito de patentes que se presenta ante el Tribunal Supremo. Supongo que el tío Lovell volverá mañana por la noche, y con la abuela mejorando tanto, no parece correcto pedirle a Newland que renuncie a un compromiso importante para la empresa, ¿verdad?

Hizo una pausa, como si buscara una respuesta, y la señora Welland se apresuró a declarar: —Oh, por supuesto que no, querida. Tu abuelita sería la última persona en desearlo. Cuando Archer salió de la habitación con el telegrama, oyó que su suegra añadía, presumiblemente dirigiéndose a la señora Lovell Mingott: —Pero ¿por qué demonios debería obligarte a telegrafiar para Ellen Olenska...? —y la voz clara de May replicó: —Quizá sea para insistirle de nuevo en que, después de todo, su deber es con su marido.

La puerta exterior se cerró para Archer y éste se alejó apresuradamente hacia la oficina de telégrafos.

XXVIII.

—¿Cómo se deletrea, de todos modos? —preguntó la agria joven a la que Archer había empujado el telegrama de su esposa por la cornisa de bronce de la oficina de Western Union.

—Olenska, O-len-ska —repitió, retirando el mensaje para imprimir las sílabas extranjeras sobre la incoherente letra de May—.

"Es un nombre poco probable para una oficina de telégrafos de Nueva York; Al menos en este barrio —observó una voz inesperada—; y, volviéndose, Archer vio a Lawrence Lefferts a su lado, tirando de un bigote imperturbable y fingiendo no mirar el mensaje.

—Hola, Newland: pensé que te encontraría aquí. Acabo de enterarme de la apoplejía de la anciana señora Mingott; y cuando iba camino a la casa, te vi doblar por esta calle y te perseguí. Supongo que has venido de allí.

Archer asintió y empujó su telegrama por debajo de la celosía.

—Muy mal, ¿eh? Lefferts continuó. "Cableado a la familia, supongo. Deduzco que es malo, si incluyes a la condesa Olenska.

Los labios de Archer se tensaron; Sintió un impulso salvaje de estrellar su puño contra el largo y vanidoso rostro guapo que tenía a su lado.

"¿Por qué?", preguntó.

Lefferts, que era conocido por rehuir la discusión, alzó las cejas con una mueca irónica que advirtió al otro de la doncella que observaba detrás de la celosía. Nada podría ser peor "forma", le recordó la mirada a Archer, que cualquier muestra de temperamento en un lugar público.

Archer nunca había sido más indiferente a los requisitos de la forma; pero su impulso de hacerle una lesión física a Lawrence Lefferts fue solo momentáneo. La idea de que el nombre de Ellen Olenska apareciera con él en un momento así, y a cualquier provocación, era impensable. Pagó su telegrama, y los dos jóvenes salieron juntos a la calle. Allí, Archer, habiendo recobrado el dominio de sí mismo, prosiguió: «La señora Mingott está mucho mejor: el médico no siente ansiedad alguna»; y Lefferts, con profusas expresiones de alivio, le preguntó si había oído que había vuelto a haber rumores bestialmente malos sobre Beaufort...

Esa tarde, el anuncio del fracaso de Beaufort apareció en todos los periódicos. Eclipsó el informe sobre el derrame cerebral de la señora

Manson Mingott, y sólo los pocos que habían oído hablar de la misteriosa conexión entre los dos acontecimientos pensaron en atribuir la enfermedad de la vieja Catherine a algo más que a la acumulación de carne y años.

Toda Nueva York se oscureció con la historia de la deshonra de Beaufort. Nunca, como dijo el señor Letterblair, había habido un caso peor en su memoria, ni, para el caso, en la memoria del lejano Letterblair que había dado su nombre a la empresa. El banco había seguido recibiendo dinero durante todo un día después de que su quiebra fuera inevitable; y como muchos de sus clientes pertenecían a uno u otro de los clanes gobernantes, la duplicidad de Beaufort parecía doblemente cínica. Si la señora Beaufort no hubiera adoptado el tono de que tales desgracias (la palabra era suya) eran «la prueba de la amistad», la compasión por ella podría haber moderado la indignación general contra su marido. Así las cosas, y sobre todo después de que se conociera el objeto de su visita nocturna a la señora Manson Mingott, se consideró que su cinismo superaba al de él; Y no tenía la excusa —ni sus detractores la satisfacción— de alegar que era "extranjera". Era un consuelo (para aquellos cuyas seguridades no estaban en peligro) poder recordarse a sí mismos que Beaufort ERA; pero, después de todo, si un Dallas de Carolina del Sur adoptaba su punto de vista sobre el caso, y hablaba con ligereza de que pronto estaría "de pie de nuevo", el argumento perdía su filo, y no había nada que hacer más que aceptar esta horrible evidencia de la indisolubilidad del matrimonio. La sociedad debía arreglárselas para seguir adelante sin los Beaufort, y todo esto tenía un fin, excepto para las desventuradas víctimas del desastre como Medora Manson, la pobre señorita Lannings y algunas otras damas descarriadas de buena familia que, si tan solo hubieran escuchado al señor Henry van der Luyden...

—Lo mejor que pueden hacer los Beaufort —dijo la señora Archer, resumiéndolo como si estuviera pronunciando un diagnóstico y recetando un tratamiento— es irse a vivir a la pequeña casa de Regina en Carolina del Norte. Beaufort siempre ha tenido un establo de carreras, y era mejor que criara caballos de trote. Debo decir que tenía todas las cualidades de un exitoso comerciante de caballos. Todos estaban de acuerdo con ella, pero nadie condescendió a preguntar qué era lo que realmente pretendían hacer los Beaufort.

Al día siguiente, la señora Manson Mingott se sintió mucho mejor: recobró la voz lo suficiente como para dar órdenes de que nadie volviera a mencionarle a los Beaufort, y preguntó —cuando apareció el doctor Bencomb— qué demonios quería decir su familia con tanto alboroto por su salud.

—Si la gente de mi edad come ensalada de pollo por la noche, ¿qué van a esperar? —preguntó—. Y, habiendo modificado oportunamente la doctora su dieta, el derrame se transformó en un ataque de indigestión. Pero a pesar de su tono firme, la vieja Catalina no recobró del todo su antigua actitud ante la vida. La creciente lejanía de la vejez, aunque no había disminuido su curiosidad por sus vecinos, había embotado su compasión nunca muy viva por sus problemas; y no parecía tener dificultad en apartar de su mente el desastre de Beaufort. Pero, por primera vez, se quedó absorta en sus propios síntomas y empezó a interesarse sentimentalmente por ciertos miembros de su familia a los que hasta entonces había sido desdeñosamente indiferente.

El Sr. Welland, en particular, tuvo el privilegio de llamar su atención. De sus yernos, él era el que más sistemáticamente había ignorado; Y todos los esfuerzos de su esposa por representarlo como un hombre de carácter enérgico y marcada capacidad intelectual (si tan solo hubiera "elegido") habían sido recibidos con una risa burlona. Pero su eminencia como valetudinario lo convertía ahora en objeto de un interés absorbente, y la señora Mingott le hizo un llamado imperial para que viniera a comparar dietas tan pronto como su temperatura se lo permitiera; porque la vieja Catalina era ahora la primera en darse cuenta de que no se podía ser demasiado cuidadoso con las temperaturas.

Veinticuatro horas después de la citación de Madame Olenska, un telegrama anunciaba que llegaría de Washington en la tarde del día siguiente. En casa de los Welland, donde los arqueros de Newland estaban almorzando, se planteó de inmediato la cuestión de quién debía reunirse con ella en Jersey City; y las dificultades materiales en las que se debatía la casa de Welland como si se tratara de un puesto fronterizo, animaron el debate. Se acordó que la señora Welland no podía ir a Jersey City porque iba a acompañar a su marido a casa de la vieja Catherine esa tarde, y el brougham no podía salvarse, ya que, si el señor Welland se sentía «molesto» al ver a su suegra por primera vez después de su ataque, tal vez tendría que ser llevado a casa en cualquier momento. Los hijos de Welland, por supuesto, estarían «en el centro de la ciudad», el señor Lovell Mingott se apresuraría a regresar de su rodaje, y el carruaje de Mingott se dedicaría a recibirlo; y no se le podía pedir a May, al final de una tarde de invierno, que cruzara sola el transbordador hacia Jersey City, ni siquiera en su propio carruaje. Sin embargo, podría parecer inhóspito —y contrario a los deseos expresos de la vieja Catalina— que se permitiera a Madame Olenska llegar sin que ningún miembro de la familia estuviera en la estación para recibirla. Era propio de Ellen, insinuaba la voz cansada de la señora Welland, poner a la familia en semejante dilema. —Siempre es una cosa tras otra —se lamentó la pobre dama, en una de sus raras rebeliones contra el destino—; Lo único que me hace pensar que mamá debe estar peor de lo que el doctor Bencomb admite es este morboso deseo de que Ellen venga de inmediato, por muy inconveniente que sea encontrarse con ella.

Las palabras habían sido irreflexivas, como suelen serlo las expresiones de impaciencia; y el señor Welland se abalanzó sobre ellos con un salto.

—Augusta —dijo, poniéndose pálido y dejando el tenedor—, ¿tienes alguna otra razón para pensar que Bencomb es menos digno de confianza que él? ¿Te has dado cuenta de que ha sido menos concienzudo que de costumbre en el seguimiento de mi caso o del de tu madre?

Era el turno de la señora Welland de palidecer a medida que las interminables consecuencias de su error se desplegaban ante ella; pero se las arregló para reírse y tomar una segunda ración de ostras gratinadas, antes de decir, luchando por volver a su antigua armadura de alegría: —Querida, ¿cómo pudiste imaginar tal cosa? Lo único que quería decir era que, después de la decidida posición que adoptó mamá sobre el deber de Ellen de volver con su marido, parece extraño que se viera presa de este repentino capricho de verla, cuando hay media docena de otros nietos a los que podría haber pedido. Pero nunca debemos olvidar que Mamá, a pesar de su maravillosa vitalidad, es una mujer muy anciana.

El señor Welland tenía el ceño fruncido, y era evidente que su perturbada imaginación se había apoderado de inmediato de esta última observación. —Sí: tu madre es una mujer muy anciana; y por lo que sabemos, Bencomb puede no tener tanto éxito con personas muy mayores. Como dices, querida, siempre es una cosa tras otra; y dentro de otros diez o quince años supongo que tendré el agradable deber de buscar un nuevo médico. Siempre es mejor hacer un cambio así antes de que sea absolutamente necesario". Y habiendo llegado a esta decisión espartana, el señor Welland tomó con firmeza su tenedor.

—Pero mientras tanto —empezó a decir la señora Welland, mientras se levantaba de la mesa del almuerzo y se dirigía hacia el desierto de satén púrpura y malaquita conocido como el salón del fondo—, no veo cómo va a llegar Ellen aquí mañana por la noche; y me gusta tener las cosas arregladas por lo menos con veinticuatro horas de anticipación".

Archer se apartó de la contemplación fascinada de una pequeña pintura que representaba a dos cardenales de juerga, en un marco octogonal de ébano engastado con medallones de ónix.

—¿Voy a buscarla? —propuso. - Puedo salir fácilmente de la oficina a tiempo para encontrarme con el brougham en el ferry, si May lo envía allí. Su corazón latía emocionado mientras hablaba.

La señora Welland dejó escapar un suspiro de gratitud, y May, que se había alejado hacia la ventana, se volvió para lanzarle una luz de aprobación. —Ya ves, mamá, todo se arreglará con veinticuatro horas de antelación —dijo, inclinándose para besar la frente atribulada de su madre—.

El brougham de May la esperaba en la puerta, y ella debía llevar a Archer a Union Square, donde podría recoger un coche de Broadway para llevarlo a la oficina. Mientras se acomodaba en su rincón, dijo: "No quería preocupar a mamá levantando nuevos obstáculos; pero ¿cómo puedes encontrarte con Ellen mañana y traerla de vuelta a Nueva York, cuando vas a ir a Washington?

"Oh, no voy a ir", respondió Archer.

"¿No vas? ¿Por qué, qué ha pasado? Su voz era clara como una campana y estaba llena de solicitud de esposa.

"El caso está apagado, pospuesto".

"¿Aplazado? ¡Qué raro! Esta mañana he visto una nota del señor Letterblair a mamá en la que decía que iba a ir a Washington mañana para el gran caso de patentes que iba a presentar ante el Tribunal Supremo. Dijiste que era un caso de patente, ¿no?

"Bueno, eso es todo: toda la oficina no puede ir. Letterblair decidió ir esta mañana.

—¿Entonces no se pospone? —continuó ella, con una insistencia tan diferente a ella que él sintió que la sangre le subía a la cara, como si se sonrojara por su insólito lapsus de todos los manjares tradicionales.

—No, pero yo sí —contestó, maldiciendo las explicaciones innecesarias que había dado cuando había anunciado su intención de ir a Washington, y preguntándose dónde había leído que los mentirosos astutos dan detalles, pero que los más astutos no. No le dolía ni la mitad de decirle a May una mentira que verla tratando de fingir que no lo había detectado.

—No me voy hasta más tarde: por suerte para la comodidad de tu familia —continuó, refugiándose en el sarcasmo—. Mientras hablaba, sintió que ella lo estaba mirando, y volvió sus ojos hacia los de ella para no parecer que los estaba evitando. Sus miradas se cruzaron por un segundo, y tal vez les permitieron penetrar en los significados del otro más profundamente de lo que a ninguno de los dos le importaba llegar.

—Sí; es muy conveniente —convino May alegremente— que, después de todo, puedas conocer a Ellen; viste cuánto apreciaba mamá que te ofrecieras a hacerlo".

"Oh, estoy encantado de hacerlo". El carruaje se detuvo, y cuando él saltó del coche, ella se inclinó hacia él y puso su mano sobre la suya. —Adiós, querida —dijo ella, con los ojos tan azules que él se preguntó después si le habrían brillado a través de las lágrimas—.

Se dio la vuelta y se apresuró a cruzar Union Square, repitiéndose a sí mismo, en una especie de canto interior: —Son dos horas desde Jersey City hasta la vieja Catherine's. Son dos horas, y puede que sean más.

XXIX.

El brougham azul oscuro de su esposa (con el barniz de boda todavía en él) se encontró con Archer en el ferry y lo transportó lujosamente a la terminal de Pensilvania en Jersey City.

Era una tarde sombría y nevada, y las lámparas de gas estaban encendidas en la gran estación de reverberación. Mientras caminaba por el andén, esperando el expreso de Washington, recordó que había gente que pensaba que algún día habría un túnel bajo el Hudson a través del cual los trenes del ferrocarril de Pensilvania irían directamente a Nueva York. Pertenecían a la hermandad de los visionarios que también predijeron la construcción de barcos que cruzarían el Atlántico en cinco días, la invención de una máquina voladora, la iluminación por electricidad, la comunicación telefónica sin cables y otras maravillas de Las mil y una noches.

"No me importa cuál de sus visiones se haga realidad", reflexionó Archer, "siempre y cuando el túnel aún no esté construido". En su insensata felicidad de colegial, se imaginó el descenso de la señora Olenska del tren, su descubrimiento a lo lejos, entre la multitud de rostros insignificantes, ella aferrándose a su brazo mientras él la guiaba hasta el carruaje, su lenta aproximación al muelle entre caballos que resbalaban, carros cargados, camioneros vociferantes, y luego el sorprendente silencio del transbordador. donde se sentaban uno al lado del otro bajo la nieve, en el carruaje inmóvil, mientras la tierra parecía deslizarse bajo ellos, rodando hacia el otro lado del sol. Era increíble la cantidad de cosas que tenía que decirle, y en qué orden elocuente se iban formando en sus labios...

El estrépito y el gemido del tren se acercaron, y entró lentamente en la estación como un monstruo cargado de presas en su guarida. Archer avanzó, abriéndose paso a codazos entre la multitud y mirando ciegamente a las ventanas de los carruajes altos. Y entonces, de repente, vio de cerca el rostro pálido y sorprendido de la señora Olenska, y volvió a tener la mortificada sensación de haber olvidado su aspecto.

Se acercaron, sus manos se encontraron y él pasó el brazo de ella por el suyo. —Por aquí, tengo el carruaje —dijo—.

Después de eso, todo sucedió como lo había soñado. La ayudó a entrar en el cochero con sus maletas, y después tuvo el vago recuerdo de haberla tranquilizado adecuadamente sobre su abuela y haberle dado un resumen de la situación de Beaufort (le llamó la atención la dulzura de ella: «¡Pobre Regina!»). Mientras tanto, el carruaje se había abierto paso fuera de la espiral que rodeaba la estación, y ellos se arrastraban por la resbaladiza pendiente hasta el muelle, amenazados por el balanceo de los carros de carbón, los caballos desconcertados, los vagones desaliñados y un coche fúnebre vacío... ¡ah, ese coche fúnebre! Cerró los ojos al pasar y se aferró a la mano de Archer.

—¡Ojalá no signifique... ¡pobre abuelita!

—Oh, no, no, ella está mucho mejor, está bien, de verdad. ¡Ya está, lo hemos superado!", exclamó, como si eso marcara la diferencia. Su mano permaneció en la suya y, mientras el carruaje se tambaleaba por el tablón de la pasarela hacia el transbordador, él se inclinó, desabrochó su ajustado guante marrón y le besó la palma como si hubiera besado una reliquia. Ella se desentendió con una leve sonrisa y él dijo: "¿No me esperabas hoy?"

—Oh, no.

—Tenía la intención de ir a Washington a verte. Había hecho todos mis arreglos, estuve a punto de cruzarme contigo en el tren.

—¡Oh...! —exclamó ella, como si estuviera aterrorizada por la estrechez de su escape—.

—¿Sabes que apenas me acordaba de ti?

—¿Apenas se acordaba de mí?

"Quiero decir: ¿cómo voy a explicar? Siempre es así. CADA VEZ QUE ME VUELVES A PASAR".

"Oh, sí: ¡lo sé! ¡Lo sé!"

—¿A ti también? —insistió.

Ella asintió, mirando por la ventana.

"¡Ellen, Ellen, Ellen!"

Ella no respondió, y él se sentó en silencio, observando cómo su perfil se volvía indistinto contra el crepúsculo nevado más allá de la ventana. ¿Qué había estado haciendo en esos cuatro largos meses?, se preguntó. ¡Qué poco sabían el uno del otro, después de todo! Los preciosos momentos se le escapaban, pero él había olvidado todo lo que había querido decirle y solo podía cavilar impotente sobre el misterio de su lejanía y su proximidad, que parecía estar simbolizada por el hecho de que estaban sentados tan cerca el uno del otro y, sin embargo, no podían verse las caras.

—¡Qué carruaje tan bonito! ¿Es de May? -preguntó, apartando de repente la cara de la ventana.

—Sí.

—¿Ha sido May quien te ha enviado a buscarme, entonces? ¡Qué amable de su parte!

No contestó por un momento; luego dijo explosivamente: "La secretaria de su esposo vino a verme el día después de que nos conocimos en Boston".

En su breve carta a ella no había hecho ninguna alusión a la visita del señor Rivière, y su intención había sido enterrar el incidente en su seno. Pero el recordatorio de que estaban en el carruaje de su esposa lo provocó en un impulso de represalia. ¡Vería si a ella le gustaba su referencia a Riviere más de lo que a él le gustaba la suya a May! Como en otras ocasiones en las que había esperado sacarla de su habitual compostura, ella no mostró ningún signo de sorpresa, y en seguida concluyó: —Entonces le escribe a ella.

—¿El señor Rivière ha ido a verle?

—Sí: ¿no lo sabías?

"No", respondió ella simplemente.

—¿Y no te sorprende?

Ella vaciló. "¿Por qué debería estarlo? Me dijo en Boston que te conocía; que te había conocido en Inglaterra, creo.

– Ellen, debo preguntarte una cosa.

—Sí.

"Quería preguntarlo después de verlo, pero no pude ponerlo en una carta. ¿Fue Rivière quien te ayudó a escapar, cuando dejaste a tu marido?

Su corazón latía sofocantemente. ¿Respondería a esta pregunta con la misma serenidad?

—Sí: tengo una gran deuda con él —respondió ella, sin el menor temblor en su voz tranquila—.

Su tono era tan natural, casi indiferente, que la confusión de Archer disminuyó. Una vez más, con su sencillez había conseguido que se sintiera estúpidamente convencional justo cuando creía que estaba tirando las convenciones a los cuatro vientos.

"¡Creo que eres la mujer más honesta que he conocido!", exclamó.

—Oh, no, pero probablemente uno de los menos quisquillosos —contestó ella, con una sonrisa en la voz—.

"Llámalo como quieras: miras las cosas como son".

—Ah, he tenido que hacerlo. He tenido que mirar a la Gorgona.

—Bueno... ¡no te ha cegado! Has visto que no es más que un viejo fantasma como todos los demás.

"Ella no ciega a uno; pero ella seca las lágrimas".

La respuesta frenó la súplica en los labios de Archer: parecía provenir de las profundidades de la experiencia más allá de su alcance. El lento avance del transbordador había cesado, y sus proas chocaban contra los montones de la rampa con una violencia que hizo tambalear al brougham y lanzarlo uno contra el otro. El joven, temblando, sintió la presión de su hombro y la rodeó con el brazo.

"Si no estás ciego, entonces, debes ver que esto no puede durar".

—¿Qué no puede?

"Nuestro estar juntos, y no estar juntos".

"No. No deberías haber venido hoy —dijo ella con voz alterada—; Y de repente ella se volvió, lo rodeó con los brazos y apretó sus labios contra los suyos. En el mismo instante, el carruaje comenzó a moverse, y una lámpara de gas en la cabecera de la rampa iluminó la ventana. Ella se alejó, y permanecieron sentados en silencio e inmóviles, mientras el brougham se abría paso entre la congestión de carruajes que rodeaba el embarcadero del transbordador. A medida que avanzaban por la calle, Archer comenzó a hablar apresuradamente.

"No me tengas miedo: no tienes por qué meterte de nuevo en tu rincón de esa manera. Un beso robado no es lo que quiero. Mira: ni siquiera estoy tratando de tocar la manga de tu chaqueta. No pienses que no entiendo tus razones para no querer dejar que este sentimiento entre nosotros se convierta en una historia de amor ordinaria. No podría haber hablado así ayer, porque cuando hemos estado separados, y estoy deseando verte, cada pensamiento se quema en una gran llama. Pero luego vienes tú; y eres mucho más de lo que recordaba, y lo que quiero de ti es mucho más que una hora o dos de vez en cuando, con desperdicios de espera sedienta entre medias, que pueda sentarme perfectamente quieto a tu lado, así, con esa otra visión en mi mente, confiando tranquilamente en que se hará realidad.

Por un momento ella no respondió; luego preguntó, apenas en un susurro: —¿Qué quieres decir con confiar en que se hará realidad?

—Vaya... sabes que lo hará, ¿verdad?

—¿Cuál es la visión que tenemos de mí y tú juntos? Ella estalló en una súbita carcajada. "¡Eliges bien tu lugar para ponérmelo!"

—¿Te refieres a que estamos en la casa de mi mujer? ¿Salgamos y caminamos, entonces? Supongo que no te importa un poco de nieve.

Volvió a reír, más suavemente. —No; No saldré a caminar, porque mi tarea es llegar a casa de la abuela lo más rápido que pueda. Y tú te sentarás a mi lado, y miraremos, no a visiones, sino a realidades".

"No sé a qué te refieres con realidades. La única realidad para mí es esta".

Respondió a las palabras con un largo silencio, durante el cual el carruaje rodó por una oscura calle lateral y luego se convirtió en la iluminación escrutadora de la Quinta Avenida.

—¿Es tu idea, entonces, que yo viva contigo como tu amante, ya que no puedo ser tu esposa? —preguntó ella.

La crudeza de la pregunta lo sobresaltó: la palabra era una que las mujeres de su clase luchaban con reticencia, incluso cuando su charla se acercaba más al tema. Se dio cuenta de que Madame Olenska lo pronunciaba como si tuviera un lugar reconocido en su vocabulario, y se preguntó si lo habría usado familiarmente en su presencia en la horrible vida de la que había huido. Su pregunta lo levantó de un tirón y se tambaleó.

"Quiero, quiero de alguna manera salirme con la tuya en un mundo donde palabras como esa, categorías como esa, no existan. Donde seremos simplemente dos seres humanos que se aman, que son la totalidad de la vida el uno para el otro; y nada más en la tierra importará".

Exhaló un profundo suspiro que terminó en otra carcajada. —Oh, querida mía, ¿dónde está ese país? ¿Has estado allí alguna vez?", preguntó; y mientras él permanecía hoscamente mudo, ella prosiguió: —Conozco a tantos que han tratado de encontrarlo; y, créanme, todos salieron por error en las estaciones de camino: en lugares como Boulogne, Pisa o Montecarlo, y no era en absoluto diferente del viejo mundo que habían dejado, sino que era bastante más pequeño, más sucio y más promiscuo.

Nunca la había oído hablar en ese tono, y recordó la frase que había usado un rato antes.

—Sí, la Gorgona te ha secado las lágrimas —dijo—.

"Bueno, ella también me abrió los ojos; Es una ilusión decir que ciega a la gente. Lo que ella hace es justo lo contrario: les abre los párpados, para que nunca más estén en la bendita oscuridad. ¿No hay una tortura china como esa? Debería haberlo. ¡Ah, créeme, es un pequeño país miserable!"

El carruaje había cruzado la calle Cuarenta y Dos: el robusto caballo de May los llevaba hacia el norte como si hubiera sido un trotón de Kentucky. Archer se atragantó con la sensación de minutos perdidos y palabras vanas.

"Entonces, ¿cuál es exactamente tu plan para nosotros?", preguntó.

"¿Para nosotros? ¡Pero no hay Estados Unidos en ese sentido! Estamos cerca el uno del otro solo si nos mantenemos lejos el uno del otro. Entonces podemos ser nosotros mismos. De lo contrario, solo somos Newland Archer, el esposo de la prima de Ellen Olenska, y Ellen Olenska, la prima de la esposa de Newland Archer, tratando de ser felices a espaldas de la gente que confía en ellos.

—Ah, estoy más allá de eso —gimió—.

"¡No, no lo eres! Nunca has ido más allá. Y yo lo he hecho —dijo con voz extraña—, y sé cómo es allí.

Permaneció sentado en silencio, aturdido por un dolor inarticulado. Luego buscó a tientas, en la oscuridad del carruaje, la campanilla que daba órdenes al cochero. Recordó que May llamó dos veces cuando quiso parar. Pulsó el timbre y el carruaje se detuvo junto al bordillo.

"¿Por qué nos detenemos? Esto no es de la abuela -exclamó la señora Olenska-.

—No, me iré de aquí —tartamudeó, abriendo la puerta y saltando a la acera—. A la luz de una farola vio su rostro sobresaltado y el movimiento instintivo que hizo para detenerlo. Cerró la puerta y se asomó un momento a la ventana.

—Tienes razón: no debería haber venido hoy —dijo, bajando la voz para que el cochero no lo oyera—. Se inclinó hacia delante y pareció a punto de hablar; Pero ya había dado la orden de seguir adelante, y el carruaje se alejó rodando mientras él estaba parado en la esquina. La nieve había terminado y se había levantado un viento hormigueante que azotaba su rostro mientras miraba. De repente sintió algo rígido y frío en sus pestañas, y se dio cuenta de que había estado llorando y que el viento había congelado sus lágrimas.

Se metió las manos en los bolsillos y caminó a paso lento por la Quinta Avenida hasta su casa.

XXX.

Aquella noche, cuando Archer bajó antes de la cena, encontró el salón vacío.

Él y May estaban cenando solos, ya que todos los compromisos familiares habían sido pospuestos desde la enfermedad de la señora Manson Mingott; y como May era la más puntual de los dos, se sorprendió de que ella no le hubiera precedido. Sabía que ella estaba en casa, porque mientras se vestía la había oído moverse en su habitación; Y se preguntó qué la había retrasado.

Había caído en el hábito de detenerse en tales conjeturas como un medio de atar sus pensamientos a la realidad. A veces tenía la sensación de haber encontrado la clave de la absorción de su suegro en nimiedades; tal vez incluso el señor Welland, hacía mucho tiempo, había tenido escapes y visiones, y había conjurado a todas las huestes de la domesticidad para defenderse de ellas.

Cuando May apareció, pensó que parecía cansada. Se había puesto el vestido de gala de cuello bajo y ceñido que el ceremonial de los Mingott exigía en las ocasiones más informales, y se había recogido el cabello rubio en sus habituales rizos acumulados; Y su rostro, en contraste, era pálido y casi descolorido. Pero ella lo iluminaba con su ternura habitual, y sus ojos habían conservado el brillo azul del día anterior.

—¿Qué fue de ti, querida? —preguntó. "Estaba esperando en casa de la abuela, y Ellen vino sola, y me dijo que te había dejado en el camino porque tenías que salir corriendo por negocios. ¿No pasa nada?"

Solo había olvidado algunas cartas y quería bajarme antes de la cena.

—Ah... —dijo ella—; y un momento después: "Lamento que no hayas venido a casa de la abuela, a menos que las cartas fueran urgentes".

—Lo eran —replicó él, sorprendido por su insistencia—. Además, no veo por qué debería haber ido a casa de tu abuela. No sabía que estabas allí.

Se dio la vuelta y se acercó al espejo que había encima de la repisa de la chimenea. Mientras permanecía allí, levantando su largo brazo para sujetar una bocanada que se había deslizado de su lugar en su intrincado cabello, Archer se sintió sorprendida por algo lánguido e inelástico en su actitud, y se preguntó si la monotonía mortal de sus vidas también habría hecho caer su peso sobre ella. Entonces recordó que, como él había salido de la casa esa mañana, ella había llamado por las escaleras para que se encontrara con él en casa de su abuela para que pudieran volver juntos a casa. Había respondido con un alegre «¡Sí!» y luego, absorto en otras visiones, había olvidado su promesa. Ahora estaba lleno de remordimientos, pero irritado por el hecho de que una omisión tan insignificante se acumulara contra él después de casi dos años de matrimonio. Estaba cansado de vivir en una perpetua y tibia luna de miel, sin el calor de la pasión pero con todas sus exacciones. Si May hubiera expresado sus quejas (sospechaba que era de muchas), podría haberlas rechazado a carcajadas; pero estaba entrenada para ocultar heridas imaginarias bajo una sonrisa espartana.

Para disimular su propio disgusto, preguntó cómo estaba su abuela, y ella respondió que la señora Mingott todavía estaba mejorando, pero que las últimas noticias sobre los Beaufort habían perturbado bastante.

—¿Qué noticias?

"Parece que se van a quedar en Nueva York. Creo que se va a dedicar a un negocio de seguros, o algo así. Están buscando una casa pequeña".

Lo absurdo del caso estaba más allá de toda discusión, y entraron a cenar. Durante la cena, su charla se desarrolló en su habitual círculo limitado; pero Archer se dio cuenta de que su esposa no hacía ninguna alusión a Madame Olenska, ni a la recepción que la había dado la vieja Catherine. Estaba agradecido por el hecho, pero sentía que era vagamente ominoso.

Subieron a la biblioteca a tomar un café, Archer encendió un cigarro y tomó un volumen de Michelet. Se había aficionado a la historia por las tardes desde que May había mostrado una tendencia a pedirle que leyera en voz alta cada vez que lo veía con un volumen de poesía: no porque le disgustara el sonido de su propia voz, sino porque siempre podía prever sus comentarios sobre lo que leía. En los días de su noviazgo, ella simplemente (como él ahora percibía) se había hecho eco de lo que él le había dicho; Pero desde que él había dejado de darle opiniones, ella había comenzado a arriesgar las suyas propias, con resultados destructivos para su disfrute de las obras comentadas.

Al ver que él había elegido la historia, fue a buscar su cesta de trabajo, acercó un sillón a la lámpara de estudiante de pantalla verde y descubrió un cojín que estaba bordando para su sofá. No era una costurera inteligente; Sus manos grandes y capaces estaban hechas para montar a caballo, remar y actividades al aire libre; Pero como otras esposas bordaban cojines para sus maridos, no quiso omitir este último eslabón en su devoción.

Estaba colocada de tal manera que Archer, con sólo levantar los ojos, podía verla inclinada sobre su armazón de trabajo, sus mangas de codo con volantes deslizándose hacia atrás de sus firmes brazos redondos, el zafiro de compromiso brillando en su mano izquierda sobre su ancho anillo de bodas de oro, y la mano derecha apuñalando lenta y laboriosamente el lienzo. Mientras ella permanecía sentada así, con la luz de la lámpara iluminando su frente despejada, él se dijo a sí mismo, con una secreta consternación, que siempre sabría lo que había detrás, que nunca, en todos los años venideros, ella lo sorprendería con un estado de ánimo inesperado, con una nueva idea, una debilidad, una crueldad o una emoción. Había gastado su poesía y su romance en su corto cortejo: la función estaba agotada porque la necesidad había pasado. Ahora simplemente estaba madurando para convertirse en una copia de su madre, y misteriosamente, por el mismo proceso, intentaba convertirlo en un señor Welland. Dejó el libro y se levantó con impaciencia; Y al instante levantó la cabeza.

"¿Qué pasa?"

"La habitación es sofocante: quiero un poco de aire".

Había insistido en que las cortinas de la biblioteca se corrieran hacia atrás y hacia adelante en una barra, de modo que pudieran cerrarse por la noche, en lugar de permanecer clavadas en una cornisa dorada y enrolladas inmóviles sobre capas de encaje, como en el salón; Y los retiró y subió la faja, asomándose a la noche helada. El solo hecho de no mirar a May, sentada junto a su mesa, bajo su lámpara, el hecho de ver otras casas, tejados, chimeneas, de tener la sensación de otras vidas fuera de la suya, de otras ciudades más allá de Nueva York, y de todo un mundo más allá de su mundo, despejaba su cerebro y le facilitaba la respiración.

Después de haberse asomado a la oscuridad durante unos minutos, la oyó decir: —¡Newland! Cierra la ventana. Atraparás tu muerte".

Bajó la faja y se volvió. "¡Atrapa mi muerte!", repitió; y le dieron ganas de añadir: "Pero ya me he contagiado. ESTOY muerto, he estado muerto durante meses y meses".

Y de repente, el juego de palabras hizo surgir una sugerencia descabellada. ¡Y si fuera ELLA la que estuviera muerta! ¡Si ella iba a morir, a morir pronto, y lo dejaba libre! La sensación de estar allí, en aquella cálida habitación familiar, mirándola y deseándole la muerte, era tan extraña, tan fascinante y sobrecogedora, que su enormidad no le llamó la atención de inmediato. Simplemente sintió que el azar le había dado una nueva posibilidad a la que su alma enferma podía aferrarse. Sí, May podría morir, la gente lo hizo: los jóvenes, la gente sana como ella: ella podría morir y liberarlo de repente.

Ella alzó la vista, y él vio por sus ojos muy abiertos que debía de haber algo extraño en los suyos.

—¡Nueva York! ¿Estás enfermo?

Sacudió la cabeza y se volvió hacia su sillón. Ella se inclinó sobre su armazón de trabajo y, al pasar, le puso la mano en el pelo. —¡Pobre May! —exclamó—.

"¿Pobre? ¿Por qué pobre?", repitió con una risa forzada.

—Porque nunca podré abrir una ventana sin preocuparte —replicó él, riendo también—.

Por un momento guardó silencio; luego dijo en voz muy baja, con la cabeza inclinada sobre su trabajo: "Nunca me preocuparé si eres feliz".

—¡Ah, querida mía! ¡Y nunca seré feliz a menos que pueda abrir las ventanas!"

—¿Con este tiempo? —protestó ella—; Y con un suspiro enterró la cabeza en su libro.

Pasaron seis o siete días. Archer no escuchó nada de Madame Olenska, y se dio cuenta de que su nombre no sería mencionado en su presencia por ningún miembro de la familia. No trató de verla; hacerlo mientras estaba al lado de la cama vigilada de la vieja Catherine habría sido casi imposible. En la incertidumbre de la situación, se dejó llevar, consciente, en algún lugar bajo la superficie de sus pensamientos, de la resolución que le había llegado cuando se asomó a la ventana de su biblioteca en la noche helada. La fuerza de esa determinación hizo que fuera fácil esperar y no hacer ninguna señal.

Entonces, un día, May le dijo que la señora Manson Mingott había pedido verlo. No había nada sorprendente en la petición, porque la anciana se estaba recuperando poco a poco, y siempre había declarado abiertamente que prefería a Archer a cualquiera de sus otros nietos políticos. May dio el mensaje con evidente placer: estaba orgullosa del aprecio que la vieja Catherine tenía por su marido.

Hubo una pausa momentánea, y entonces Archer sintió que le correspondía decir: —Está bien. ¿Vamos juntos esta tarde?

El rostro de su esposa se iluminó, pero al instante respondió: "Oh, será mucho mejor que vayas solo. A la abuela le aburre ver a las mismas personas con demasiada frecuencia".

El corazón de Archer latía violentamente cuando tocó el timbre de la anciana señora Mingott. Había deseado sobre todas las cosas ir solo, porque estaba seguro de que la visita le daría la oportunidad de decir unas palabras en privado a la condesa Olenska. Había decidido esperar hasta que la oportunidad se presentara de forma natural; Y allí estaba, y aquí estaba él en el umbral de la puerta. Detrás de la puerta, detrás de las cortinas de la habitación de damasco amarillo junto al vestíbulo, seguramente lo estaba esperando; Dentro de un momento la vería y podría hablar con ella antes de que ella lo llevara a la habitación del enfermo.

Sólo quería hacer una pregunta: después de eso su rumbo estaría claro. Lo que quería preguntar era simplemente la fecha de su regreso a Washington; Y esa pregunta no podía negarse a responder.

Pero en el salón amarillo era la criada mulata la que esperaba. Con sus dientes blancos brillando como un teclado, empujó las puertas correderas y lo condujo a la presencia de la vieja Catherine.

La anciana estaba sentada en un gran sillón como un trono, cerca de su cama. A su lado había un soporte de caoba con una lámpara de bronce fundido con un globo grabado, sobre el que se había equilibrado una pantalla de papel verde. No había un libro ni un periódico al alcance de la mano, ni ninguna prueba de empleo femenino: la conversación siempre había sido la única actividad de la señora Mingott, y habría desdeñado fingir interés por la fantasía.

Archer no vio rastro de la ligera distorsión dejada por su golpe. Simplemente parecía más pálida, con sombras más oscuras en los pliegues y recovecos de su obesidad; Y, con la gorra acanalada atada por un lazo almidonado entre las dos primeras barbillas, y el pañuelo de muselina cruzado sobre su ondulante bata púrpura, parecía una antepasada suya astuta y bondadosa que podría haberse rendido demasiado libremente a los placeres de la mesa.

Extendió una de las manitas que se acurrucaban en un hueco de su enorme regazo como animales de compañía, y llamó a la criada: "No dejes entrar a nadie más. Si mis hijas llaman, que digan que estoy dormida".

La criada desapareció y la anciana se volvió hacia su nieto.

—Querida, ¿soy completamente horrible? —preguntó alegremente, extendiendo una mano en busca de los pliegues de muselina en su pecho inaccesible. "Mis hijas me dicen que no importa a mi edad, ¡como si la fealdad no importara tanto más cuanto más difícil se vuelve ocultar!"

"¡Querida, estás más guapo que nunca!" Archer se reincorporó en el mismo tono; Y echó la cabeza hacia atrás y se echó a reír.

—¡Ah, pero no tan guapo como Ellen! —exclamó ella, mirándolo con malicia—. y antes de que él pudiera responder, ella añadió: —¿Era tan terriblemente guapa el día que la llevaste del transbordador?

Él se echó a reír y ella continuó: "¿Fue porque se lo dijiste que tuvo que dejarte en camino? En mi juventud, los jóvenes no abandonaban a las mujeres bonitas a menos que se les obligara a hacerlo". Ella soltó otra risita y la interrumpió para decir casi quejumbrosamente: "Es una lástima que no se haya casado contigo; Siempre se lo dije. Me habría ahorrado todas estas preocupaciones. Pero, ¿a quién se le ocurrió ahorrarle la preocupación a su abuela?

Archer se preguntó si su enfermedad había nublado sus facultades; pero de repente estalló: "Bueno, de todos modos está decidido: ¡se va a quedar conmigo, diga lo que diga el resto de la familia! No había pasado ni cinco minutos antes de que yo me hubiera arrodillado para retenerla... ¡si tan solo, durante los últimos veinte años, hubiera podido ver dónde estaba el suelo!

Archer escuchó en silencio, y prosiguió: —Me habían hablado, como sin duda usted sabe: me habían persuadido a mí, a Lovell, a Letterblair, a Augusta Welland y a todos los demás, de que debía resistir y cortarle la asignación, hasta que se diera cuenta de que era su deber volver con Olenski. Creyeron haberme convencido cuando el secretario, o lo que fuera, salió con las últimas propuestas: propuestas hermosas, confieso que eran. Después de todo, el matrimonio es matrimonio, y el dinero es dinero, ambas cosas útiles a su manera. y yo no supe qué contestar... —Se interrumpió y respiró hondo, como si hablar se hubiera convertido en un esfuerzo—. "Pero en el momento en que la vi, le dije: '¡Dulce pájaro, tú!

¿Te encerraré en esa jaula otra vez? ¡Nunca!' Y ahora está decidido que ella se quedará aquí y cuidará a su abuelita mientras haya una abuelita a la que amamantar. No es una perspectiva gay, pero a ella no le importa; y, por supuesto, le he dicho a Letterblair que se le va a dar la asignación que le corresponde.

El joven la oyó con las venas encendidas; pero en su confusión de mente, apenas sabía si sus noticias le traían alegría o dolor. Había decidido tan claramente el rumbo que se proponía seguir, que por el momento no podía reajustar sus pensamientos. Pero poco a poco se apoderó de él la deliciosa sensación de las dificultades aplazadas y de las oportunidades milagrosamente proporcionadas. Si Ellen había consentido en venir a vivir con su abuela, debía ser seguramente porque había reconocido la imposibilidad de renunciar a él. Esta fue su respuesta a su último llamamiento del otro día: si no quería dar el paso extremo que él le había instado, al final había cedido a las medias tintas. Volvió a sumergirse en el pensamiento con el alivio involuntario de un hombre que ha estado dispuesto a arriesgarlo todo, y de repente saborea la peligrosa dulzura de la seguridad.

"No podía haber vuelto, ¡era imposible!", exclamó.

—Ah, querida, siempre supe que estabas de su lado; y por eso te he mandado llamar hoy, y por eso le dije a tu bella esposa, cuando me propuso venir contigo: «No, querida, estoy deseando ver Newland, y no quiero que nadie comparta nuestros transportes». Porque ya ves, querida mía... —echó la cabeza hacia atrás hasta donde se lo permitían sus barbillas y lo miró fijamente a los ojos—, ya ves, todavía tendremos una pelea. La familia no la quiere aquí, y dirán que es porque he estado enferma, porque soy una vieja débil, que ella me ha persuadido. Todavía no estoy lo suficientemente bien como para luchar contra ellos uno por uno, y tienes que hacerlo por mí".

—¿Yo? —tartamudeó.

"Tú. ¿Por qué no? -le respondió bruscamente, sus ojos redondos de repente tan agudos como navajas-. Su mano se desprendió del brazo de la silla y se posó sobre la suya con un puñado de pequeñas uñas pálidas como garras de pájaro. "¿Por qué no?", repitió inquisitivamente.

Archer, bajo la exposición de su mirada, había recuperado el dominio de sí mismo.

"Oh, no cuento, soy demasiado insignificante".

—Bueno, eres el compañero de Letterblair, ¿verdad? Tienes que llegar a ellos a través de Letterblair. A menos que tengas una razón", insistió.

"Oh, querida mía, te apoyo para que te defiendas de todos ellos sin mi ayuda; pero lo tendrás si lo necesitas", la tranquilizó.

—¡Entonces estamos a salvo! —suspiró—; y, sonriéndole con toda su antigua astucia, añadió, mientras acomodaba la cabeza entre los cojines: -Siempre supe que nos apoyarías, porque nunca te citan cuando hablan de que es su deber volver a casa.

Hizo una pequeña mueca de dolor ante su aterradora perspicacia, y deseó preguntar: —Y May... ¿la citan? Pero juzgó que era más seguro darle la vuelta a la cuestión.

—¿Y la señora Olenska? ¿Cuándo voy a verla?", dijo.

La anciana soltó una risita, arrugó los párpados y se dedicó a la pantomima de la arquicardia. "Hoy no. Uno a la vez, por favor. Madame Olenska ha salido.

Él enrojeció de decepción, y ella prosiguió: —Ha salido, hija mía: se ha ido en mi carruaje a ver a Regina Beaufort.

Hizo una pausa para que este anuncio produjera su efecto. "A eso es a lo que ya me ha reducido. Al día siguiente de su llegada se puso su mejor sombrero y me dijo, fría como un pepino, que iba a visitar a Regina Beaufort. —No la conozco; ¿Quién es ella?', le digo. -Es tu sobrina nieta y una mujer muy infeliz -dice ella-. —Es la mujer de un sinvergüenza —respondí—. "Bueno", dice ella, "y yo también, y sin embargo toda mi familia quiere que vuelva con él". Bueno, eso me dejó anonadado, y la dejé ir; Y finalmente un día me dijo que estaba lloviendo demasiado para salir a pie, y quería que le prestara mi carruaje. – ¿Para qué? Le pregunté; y ella dijo: 'A ver a la prima Regina'... ¡PRIMA! Ahora, querida mía, miré por la ventana y vi que no llovía ni una gota; pero yo la entendí, y le dejé el carruaje... Después de todo, Regina es una mujer valiente, y ella también lo es; y siempre me ha gustado el coraje por encima de todo".

Archer se inclinó y apretó sus labios contra la manita que aún descansaba sobre la suya.

—¡Eh, eh, eh! ¿De quién pensabas que besabas la mano, joven, la de tu mujer, espero? -espetó la anciana con su risa burlona-. y cuando se levantó para irse, ella le gritó: "Dale a su abuela el amor de su abuela; Pero será mejor que no digas nada sobre nuestra charla.

XXXI.

Archer se había quedado atónito con las noticias de la vieja Catherine. Era natural que Madame Olenska se apresurara a salir de Washington en respuesta a la llamada de su abuela; pero el hecho de que hubiera decidido permanecer bajo su techo, especialmente ahora que la señora Mingott casi había recuperado la salud, era menos fácil de explicar.

Archer estaba seguro de que la decisión de Madame Olenska no había sido influenciada por el cambio en su situación financiera. Conocía la cifra exacta de los escasos ingresos que su marido le había permitido a cambio de su separación. Sin la adición de la asignación de su abuela, apenas era suficiente para vivir, en cualquier sentido conocido por el vocabulario de Mingott; y ahora que Medora Manson, que compartía su vida, había sido arruinada, tal miseria apenas mantendría a las dos mujeres vestidas y alimentadas. Sin embargo, Archer estaba convencido de que Madame Olenska no había aceptado la oferta de su abuela por motivos interesados.

Tenía la generosidad descuidada y la extravagancia espasmódica de las personas acostumbradas a las grandes fortunas e indiferentes al dinero; pero podía prescindir de muchas cosas que sus parientes consideraban indispensables, y a menudo se había oído a la señora Lovell Mingott y a la señora Welland deplorar que alguien que había disfrutado de los lujos cosmopolitas de los establecimientos del conde Olenski se preocupara tan poco por «cómo se hacían las cosas». Además, como Archer sabía, habían pasado varios meses desde que le cortaron la asignación; Sin embargo, en el intervalo no había hecho ningún esfuerzo por recuperar el favor de su abuela. Por lo tanto, si ella había cambiado de rumbo, debía ser por una razón diferente.

No tenía que ir muy lejos por esa razón. En el camino desde el transbordador, ella le había dicho que él y ella debían permanecer separados; Pero ella lo había dicho con la cabeza en su pecho. Sabía que no había ninguna coquetería calculada en sus palabras; Ella luchaba contra su destino como él había luchado contra el suyo, y se aferraba desesperadamente a su resolución de no romper la fe con la gente que confiaba en ellos. Pero durante los diez días que habían transcurrido desde su regreso a Nueva York, tal vez había adivinado por su silencio, y por el hecho de que no había hecho ningún intento de verla, que estaba meditando un paso decisivo, un paso del que no había vuelta atrás. Al pensarlo, un súbito temor de su propia debilidad podría haberse apoderado de ella, y podría haber sentido que, después de todo, era mejor aceptar el compromiso habitual en tales casos y seguir la línea de menor resistencia.

Una hora antes, cuando había tocado el timbre de la señora Mingott, Archer había creído que su camino estaba despejado ante él. Tenía la intención de hablar a solas con la señora Olenska y, en su defecto, averiguar de su abuela qué día y en qué tren regresaría a Washington. En ese tren tenía la intención de unirse a ella y viajar con ella a Washington, o tanto más lejos como ella estuviera dispuesta a ir. Su propia fantasía se inclinaba hacia Japón. En cualquier caso, comprendería de inmediato que, dondequiera que fuera, él iba. Tenía la intención de dejar una nota para May que debería cortar cualquier otra alternativa.

Se había imaginado no sólo nervioso por este salto, sino ansioso por darlo; Sin embargo, su primera sensación al oír que el curso de los acontecimientos había cambiado había sido de alivio. Ahora, sin embargo, mientras volvía a casa de la señora Mingott, se dio cuenta de un creciente disgusto por lo que tenía ante sí. No había nada desconocido o desconocido en el camino que presumiblemente iba a recorrer; pero cuando la había pisado antes, era como un hombre libre, que no tenía que rendir cuentas a nadie de sus actos, y podía prestarse con un divertido desapego al juego de precauciones y prevaricaciones, ocultamientos y cumplimientos que el papel requería. A este procedimiento se le llamaba "proteger el honor de la mujer"; Y la mejor ficción, combinada con la sobremesa de sus mayores, le había iniciado hacía mucho tiempo en todos los detalles de su código.

Ahora veía el asunto bajo una nueva luz, y su papel en él parecía singularmente disminuido. Era, de hecho, lo que, con una secreta fatuidad, había visto a la señora Thorley Rushworth jugar con un marido cariñoso e inadvertido: una mentira sonriente, bromista, humorística, vigilante e incesante. Una mentira de día, una mentira de noche, una mentira en cada tacto y en cada mirada; una mentira en cada caricia y en cada pelea; una mentira en cada palabra y en cada silencio.

Era más fácil, y menos cobarde en general, para una esposa desempeñar ese papel con su marido. El estándar de veracidad de una mujer se consideraba tácitamente más bajo: ella era la criatura sujeta y versada en las artes de los esclavizados. Entonces siempre podía alegar estados de ánimo y nervios, y el derecho a no ser considerada demasiado estricta como para rendir cuentas; E incluso en las sociedades más estrechas, la risa era siempre contra el marido.

Pero en el pequeño mundo de Archer nadie se reía de una mujer engañada, y se atribuía cierto grado de desprecio a los hombres que continuaban su noviazgo después del matrimonio. En la rotación de cultivos había una temporada reconocida para la avena silvestre; pero no debían sembrarse más de una vez.

Archer siempre había compartido este punto de vista: en su corazón pensaba que Lefferts era despreciable. Pero amar a Ellen Olenska no significaba convertirse en un hombre como Lefferts: por primera vez, Archer se encontró cara a cara con el terrible argumento del caso individual. Ellen Olenska no se parecía a ninguna otra mujer, él no se parecía a ningún otro hombre: su situación, por lo tanto, no se parecía a la de nadie más, y no tenían que rendir cuentas ante otro tribunal que el de su propio juicio.

Sí, pero dentro de diez minutos estaría subiendo a la puerta de su casa; y allí estaban May, y la costumbre, y el honor, y todas las viejas decencias en las que él y su gente siempre habían creído...

Al llegar a su esquina vaciló, y luego siguió caminando por la Quinta Avenida.

Delante de él, en la noche de invierno, se alzaba una gran casa sin luz. Al acercarse, pensó en cuántas veces lo había visto resplandeciente de luces, con los escalones cubiertos de toldos y alfombras, y los carruajes esperando en doble fila para detenerse en el bordillo. Fue en el invernadero que se extendía por la calle lateral donde le dio su primer beso a May; fue bajo las miríadas de velas del salón de baile donde la había visto aparecer, alta y brillante como una joven Diana.

Ahora la casa estaba tan oscura como la tumba, excepto por una débil llamarada de gas en el sótano y una luz en una habitación del piso de arriba donde no se había bajado la persiana. Cuando Archer llegó a la esquina, vio que el carruaje que estaba en la puerta era el de la señora Manson Mingott. ¡Qué oportunidad para Sillerton Jackson, si es que tiene la oportunidad de pasar! Archer se había sentido muy conmovido por el relato de la anciana Catherine sobre la actitud de la señora Olenska hacia la señora Beaufort; hizo que la justa reprobación de Nueva York pareciera un paso del otro lado. Pero sabía muy bien qué construcción pondrían los clubes y los salones a las visitas de Ellen Olenska a su prima.

Hizo una pausa y miró hacia la ventana iluminada. Sin duda, las dos mujeres estaban sentadas juntas en esa habitación: Beaufort probablemente había buscado consuelo en otra parte. Incluso hubo rumores de que se había ido de Nueva York con Fanny Ring; pero la actitud de la señora Beaufort hacía que el informe pareciera inverosímil.

Archer tenía la perspectiva nocturna de la Quinta Avenida casi para él solo. A esa hora la mayoría de la gente estaba en el interior, vistiéndose para la cena; y se alegraba secretamente de que la salida de Ellen pasara desapercibida. A medida que el pensamiento pasaba por su mente, la puerta se abrió y ella salió. Detrás de ella había una luz tenue, como la que podría haber sido arrastrada escaleras abajo para mostrarle el camino. Se volvió para decir una palabra a alguien; Entonces la puerta se cerró y ella bajó las escaleras.

– Ellen -dijo en voz baja, mientras ella llegaba a la acera-.

Ella se detuvo con un ligero sobresalto, y justo en ese momento vio que se acercaban dos jóvenes de corte elegante. Había un aire familiar en sus abrigos y en la forma en que sus elegantes bufandas de seda estaban dobladas sobre sus corbatas blancas; Y se preguntaba cómo jóvenes de su calidad salían a cenar tan temprano. Entonces recordó que los Reggie Chiverse, cuya casa estaba unas puertas más arriba, iban a hacer una gran fiesta esa noche para ver a Adelaide Neilson en Romeo y Julieta, y supuso que los dos eran de ese número. Pasaron bajo una lámpara, y reconoció a Lawrence Lefferts y a un joven Chivers.

Un deseo mezquino de que Madame Olenska no fuera vista en la puerta de los Beaufort se desvaneció cuando sintió el calor penetrante de su mano.

—Te veré ahora, estaremos juntos —exclamó, sin saber casi nada de lo que decía—.

—Ah —contestó ella—, ¿te lo ha dicho la abuelita?

Mientras la observaba, se dio cuenta de que Lefferts y Chivers, al llegar al otro lado de la esquina, habían cruzado discretamente la Quinta Avenida. Era el tipo de solidaridad masculina que él mismo practicaba a menudo; Ahora se asqueaba de su connivencia. ¿De verdad se imaginaba que él y ella podrían vivir así? Y si no, ¿qué otra cosa se imaginaba?

—Mañana tengo que verte, en algún lugar donde podamos estar solos —dijo, con una voz que sonaba casi enfadada a sus propios oídos—.

Vaciló y se dirigió hacia el carruaje.

—Pero estaré en casa de la abuela, por el momento —añadió, como si fuera consciente de que su cambio de planes requería alguna explicación—.

"Un lugar donde podamos estar solos", insistió.

Ella soltó una leve carcajada que le irritó.

—¿En Nueva York? Pero no hay iglesias... No hay monumentos".

—Ahí está el Museo de Arte, en el parque —explicó él, mientras ella parecía desconcertada—. —A las dos y media. Estaré en la puerta..."

Se dio la vuelta sin responder y subió rápidamente al carruaje. Mientras se alejaba, ella se inclinó hacia delante, y él creyó que agitaba la mano en la oscuridad. Él la miró fijamente en un torbellino de sentimientos contradictorios. Le parecía que no había estado hablando con la mujer que amaba, sino con otra, una mujer a la que estaba en deuda por placeres de los que ya se había cansado: era odioso verse prisionero de este vocabulario trillado.

«¡Ya vendrá!», se dijo a sí mismo, casi con desdén.

Evitando la popular «colección Wolfe», cuyos lienzos anecdóticos llenaban una de las galerías principales de la extraña naturaleza salvaje de hierro fundido y azulejos hidráulicos conocida como el Museo Metropolitano, habían deambulado por un pasillo hasta la sala donde las «antigüedades de Cesnola» se enmohecían en una soledad no visitada.

Tenían este retiro melancólico para ellos mismos, y sentados en el diván que cerraba el radiador de vapor central, miraban en silencio las vitrinas montadas en madera de ébano que contenían los fragmentos de ilion recuperados.

—Es extraño —dijo la señora Olenska—, nunca antes había venido aquí.

—Ah, bueno... Algún día, supongo, será un gran Museo.

—Sí —asintió distraídamente—.

Se puso de pie y deambuló por la habitación. Archer, que permanecía sentada, observaba los ligeros movimientos de su figura, tan aniñada incluso bajo sus pesadas pieles, el ala de garza hábilmente plantada en su gorro de piel, y la forma en que un rizo oscuro se extendía como una espiral de enredadera aplanada en cada mejilla por encima de la oreja. Su mente, como siempre que se conocieron, estaba completamente absorta en los deliciosos detalles que la hacían ella misma y no otra. De pronto se levantó y se acercó al caso ante el que ella se encontraba. Sus estanterías de cristal estaban abarrotadas de pequeños objetos rotos —utensilios domésticos, adornos y bagatelas apenas reconocibles— hechos de vidrio, de arcilla, de bronce descolorido y de otras sustancias borrosas por el tiempo.

"Parece cruel", dijo, "que después de un tiempo nada importe... no más que estas pequeñas cosas, que solían ser necesarias e importantes para las personas olvidadas, y que ahora tienen que ser adivinadas bajo una lupa y etiquetadas: 'Uso desconocido'".

—Sí; Pero mientras tanto...

—Ah, mientras tanto...

Mientras permanecía allí, con su largo abrigo de piel de foca, las manos metidas en un pequeño manguito redondo, el velo caído como una máscara transparente hasta la punta de la nariz y el ramo de violetas que él le había traído agitándose con su rápida respiración, parecía increíble que esta pura armonía de línea y color sufriera alguna vez la estúpida ley del cambio.

"Mientras tanto, todo importa, eso te concierne a ti", dijo.

Ella lo miró pensativa y se volvió hacia el diván. Se sentó a su lado y esperó; Pero de repente oyó un paso que resonaba a lo lejos en las habitaciones vacías, y sintió la presión de los minutos.

—¿Qué es lo que querías decirme? —preguntó ella, como si hubiera recibido la misma advertencia.

—¿Qué quería decirte? —replicó él. —Vaya, creo que viniste a Nueva York porque tenías miedo.

—¿Miedo?

– De mi llegada a Washington.

Ella bajó la vista hacia su manguito, y él vio que sus manos se agitaban en él con inquietud.

—¿Y bien...?

—Bueno, sí —dijo ella—.

"¿Tenías miedo? ¿Sabías...?

"Sí: sabía..."

—¿Y entonces? —insistió—.

"Bueno, entonces: esto es mejor, ¿no?", respondió ella con un largo suspiro interrogativo.

—¿Mejor...?

"Lastimaremos menos a los demás. ¿No es, después de todo, lo que siempre quisiste?

—¿Tenerte aquí, quieres decir, al alcance de la mano y, sin embargo, fuera de nuestro alcance? ¿Encontrarte de esta manera, a escondidas? Es todo lo contrario de lo que quiero. Te dije el otro día lo que quería.

Ella vaciló. —¿Y sigues pensando que esto es peor?

—¡Mil veces! Hizo una pausa. "Sería fácil mentirte; pero la verdad es que me parece detestable".

—¡Oh, yo también! —exclamó con un profundo suspiro de alivio—.

Se levantó de un salto con impaciencia. "Bueno, entonces, es mi turno de preguntar: ¿qué es, en el nombre de Dios, que piensas mejor?"

Bajó la cabeza y siguió juntando y desabrochando las manos con el manguito. El paso se acercó, y un guardián con una gorra trenzada caminó apático por la habitación como un fantasma acechando a través de una necrópolis. Fijaron sus ojos simultáneamente en el caso que tenían enfrente, y cuando la figura oficial hubo desaparecido en un panorama de momias y sarcófagos, Archer volvió a hablar.

—¿Qué te parece mejor?

En lugar de contestar, murmuró: "Le prometí a la abuelita que se quedaría con ella porque me parecía que aquí estaría más segura".

—¿De mí?

Ella inclinó ligeramente la cabeza, sin mirarlo.

—¿Más seguro de amarme?

Su perfil no se movió, pero vio que una lágrima se desbordaba por sus pestañas y colgaba en una malla de su velo.

"A salvo de causar un daño irreparable. ¡No nos dejen ser como todos los demás!", protestó.

"¿Qué otros? No pretendo ser diferente de los de mi especie. Estoy consumido por los mismos deseos y los mismos anhelos".

Ella lo miró con una especie de terror, y él vio que un leve color se apoderaba de sus mejillas.

"¿Voy a ir a ti una vez; ¿Y luego te vas a casa?", aventuró de repente en voz baja y clara.

La sangre corrió a la frente del joven. —¡Querida! —dijo, sin moverse—. Parecía como si sostuviera su corazón entre las manos, como una taza llena que el menor movimiento podía desbordar.

Entonces su última frase golpeó su oído y su rostro se nubló. "¿Ir a casa? ¿A qué te refieres con ir a casa?

"A casa de mi marido".

—¿Y esperas que diga que sí a eso?

Ella alzó sus ojos turbados hacia los de él. "¿Qué más hay? No puedo quedarme aquí y mentirle a la gente que ha sido buena conmigo".

"¡Pero esa es la razón por la que te pido que te vayas!"

—¿Y destruir sus vidas, cuando me han ayudado a rehacer la mía?

Archer se puso en pie de un salto y se quedó mirándola con inarticulada desesperación. Habría sido fácil decir: "Sí, ven; Ven una vez. Sabía el poder que ella pondría en sus manos si accedía; No habría dificultad entonces en persuadirla de que no volviera con su marido.

Pero algo silenció la palabra en sus labios. Una especie de apasionada honestidad en ella hacía inconcebible que él tratara de arrastrarla a esa trampa familiar. "Si la dejara venir", se dijo a sí mismo, "tendría que dejarla ir de nuevo". Y eso no se lo imaginaba.

Pero vio la sombra de las pestañas en su mejilla mojada y vaciló.

—Al fin y al cabo —empezó de nuevo—, tenemos vidas propias... No sirve de nada intentar lo imposible. Eres tan desprejuiciado en algunas cosas, tan acostumbrado, como dices, a mirar a la Gorgona, que no sé por qué tienes miedo de enfrentarte a nuestro caso y verlo como realmente es, a menos que pienses que no vale la pena hacer el sacrificio.

Ella también se puso de pie, sus labios se apretaron bajo un rápido ceño fruncido.

—Llámalo así, entonces... tengo que irme —dijo ella, sacando su pequeño reloj de su pecho—.

Ella se dio la vuelta, y él la siguió y la agarró por la muñeca. —Bien, entonces: ven a verme una vez —dijo él, volviendo de repente la cabeza ante la idea de perderla—; Y durante un segundo o dos se miraron casi como enemigos.

"¿Cuándo?", insistió. —¿Mañana?

Ella vaciló. – Al día siguiente.

—¡Querido...! —dijo de nuevo—.

Se había desenganchado la muñeca; Pero por un momento continuaron mirándose a los ojos, y vio que el rostro de ella, que se había puesto muy pálido, estaba inundado de un profundo resplandor interior. Su corazón latía de asombro: sentía que nunca antes había visto visible el amor.

—Oh, llegaré tarde, adiós. No, no vayas más allá de esto -exclamó ella, alejándose apresuradamente por la larga habitación, como si el resplandor reflejado en sus ojos la hubiera asustado-. Cuando llegó a la puerta, se volvió un momento para despedirse rápidamente.

Archer caminó solo a casa. Estaba oscureciendo cuando entró en su casa, y miró a su alrededor los objetos familiares del vestíbulo como si los viera desde el otro lado de la tumba.

La criada, al oír sus pasos, corrió escaleras arriba para encender el gas en el rellano superior.

—¿Está aquí la señora Archer?

—No, señor; La señora Archer salió en el carruaje después del almuerzo y no ha vuelto.

Con una sensación de alivio, entró en la biblioteca y se dejó caer en su sillón. La criada de la sala la siguió, trayendo la lámpara de estudiante y sacudiendo algunas brasas sobre el fuego moribundo. Cuando ella se marchó, él seguía sentado, inmóvil, con los codos apoyados en las rodillas, la barbilla apoyada en las manos entrelazadas y los ojos fijos en la rejilla roja.

Permanecía allí sentado, sin pensamientos conscientes, sin sentido del paso del tiempo, en un profundo y grave asombro que parecía suspender la vida en lugar de acelerarla. "Esto era lo que tenía que ser, entonces... Esto era lo que tenía que ser", se repetía a sí mismo, como si estuviera atrapado en las garras de la perdición. Lo que había soñado había sido tan diferente que hubo un escalofrío mortal en su éxtasis.

La puerta se abrió y May entró.

—Llego terriblemente tarde... ¿No estabas preocupado, verdad? —preguntó ella, poniendo su mano en su hombro con una de sus raras caricias.

Alzó la vista asombrado. —¿Es tarde?

"Después de las siete. ¡Creo que has estado dormido!" Ella se echó a reír y, sacando los alfileres de su sombrero, arrojó su sombrero de terciopelo sobre el sofá. Parecía más pálida que de costumbre, pero brillando con una animación inusitada.

"Fui a ver a la abuelita, y justo cuando me iba, Ellen entró de un paseo; así que me quedé y tuve una larga charla con ella. Hacía mucho tiempo que no teníamos una charla de verdad...". Se había dejado caer en su sillón habitual, frente al suyo, y se pasaba los dedos por el pelo alborotado. Se imaginó que ella esperaba que él hablara.

—Una charla realmente buena —prosiguió, sonriendo con lo que a Archer le pareció una viveza antinatural—. "Era tan querida, igual que la vieja Ellen. Me temo que no he sido justo con ella últimamente. A veces he pensado...

Archer se levantó y se apoyó en la repisa de la chimenea, fuera del radio de la lámpara.

—Sí, ¿has pensado...? —repitió él mientras ella hacía una pausa—.

"Bueno, tal vez no la he juzgado justamente. Es muy diferente, al menos en la superficie. Se interesa por personas tan extrañas que parece que le gusta hacerse notar. Supongo que es la vida que ha llevado en esa sociedad europea tan rápida; No hay duda de que le parecemos terriblemente aburridos. Pero no quiero juzgarla injustamente".

Volvió a hacer una pausa, un poco sin aliento por la inusitada duración de su discurso, y se sentó con los labios ligeramente entreabiertos y un profundo rubor en las mejillas.

Archer, al mirarla, recordó el resplandor que había bañado su rostro en el Jardín de la Misión en San Agustín. Se dio cuenta del mismo oscuro esfuerzo en ella, el mismo esfuerzo que se dirigía hacia algo más allá del alcance habitual de su visión.

«Odia a Ellen», pensó, «y está tratando de superar ese sentimiento, y de que yo la ayude a superarlo».

La idea lo conmovió, y por un momento estuvo a punto de romper el silencio entre ellos y arrojarse a su misericordia.

—Comprende, ¿no es cierto —prosiguió—, por qué la familia se ha molestado a veces? Al principio, todos hicimos lo que pudimos por ella; Pero ella nunca pareció entenderlo. ¡Y ahora esta idea de ir a ver a la señora Beaufort, de ir allí en el carruaje de la abuela! Me temo que se ha alienado bastante con los van der Luyden...

—Ah —dijo Archer con una risa impaciente—. La puerta abierta se había vuelto a cerrar entre ellos.

"Es hora de vestirse; Vamos a cenar fuera, ¿verdad?", preguntó, alejándose del fuego.

Ella también se levantó, pero se detuvo cerca del hogar. Al pasar junto a ella, ella avanzó impulsivamente, como si quisiera detenerlo: sus miradas se encontraron, y él vio que las de ella eran del mismo azul que cuando la había dejado para ir a Jersey City.

Le echó los brazos al cuello y apretó su mejilla contra la de él.

—No me has besado hoy —dijo en un susurro—; Y la sintió temblar en sus brazos.

XXXII.

—En la corte de las Tullerías —dijo el señor Sillerton Jackson con su sonrisa reminiscente—, tales cosas se toleraban abiertamente.

El escenario era el comedor de nogal negro de los van der Luydens en Madison Avenue, y la hora de la noche siguiente a la visita de Newland Archer al Museo de Arte. El señor y la señora van der Luyden habían llegado a la ciudad para pasar unos días desde Skuytercliff, adonde habían huido precipitadamente al anunciarse el fracaso de Beaufort. Se les había representado que el desorden en que se había sumido la sociedad por este deplorable asunto hacía que su presencia en la ciudad fuera más necesaria que nunca. Fue una de las ocasiones en las que, como dijo la señora Archer, "le debían a la sociedad" mostrarse en la Ópera, e incluso abrir sus propias puertas.

—No servirá de nada, mi querida Louisa, permitir que personas como la señora Lemuel Struthers piensen que pueden ponerse en el lugar de Regina. Es justo en esos momentos cuando las nuevas personas empujan y se afianzan. Fue debido a la epidemia de varicela en Nueva York, el invierno en que la señora Struthers apareció por primera vez, cuando los hombres casados se escaparon a su casa mientras sus esposas estaban en la guardería. Tú y tu querido Henry, Louisa, debéis permanecer en la brecha como siempre lo habéis hecho.

El señor y la señora van der Luyden no podían permanecer sordos a semejante llamada, y a regañadientes pero heroicamente habían llegado a la ciudad, habían destapado la casa y habían enviado invitaciones para dos cenas y una recepción nocturna.

Esa noche en particular habían invitado a Sillerton Jackson, a la señora Archer, a Newland y a su esposa a ir con ellos a la Ópera, donde se cantaba Fausto por primera vez ese invierno. Bajo el techo de van der Luyden no se hacía nada sin ceremonia, y aunque no había más que cuatro invitados, la comida había comenzado a las siete en punto, para que la secuencia adecuada de platos pudiera servirse sin prisa antes de que los caballeros se sentaran a fumar sus puros.

Archer no había visto a su esposa desde la noche anterior. Había salido temprano para ir a la oficina, donde se había sumergido en una acumulación de asuntos sin importancia. Por la tarde, uno de los socios principales había hecho una llamada inesperada a su hora; y había llegado a casa tan tarde que May le había precedido hasta la casa de los van der Luydens y había devuelto el carruaje.

Ahora, a través de los claveles de Skuytercliff y el enorme plato, le pareció pálido y lánguido; Pero sus ojos brillaban y hablaba con exagerada animación.

El tema que había provocado la alusión favorita del señor Sillerton Jackson había sido sacado a relucir (Archer imaginó no sin intención) por su anfitriona. El fracaso de Beaufort, o más bien la actitud de Beaufort desde el fracaso, era todavía un tema fructífero para el moralista de salón; y después de haberlo examinado y condenado a fondo, la señora van der Luyden había vuelto sus escrupulosos ojos hacia May Archer.

—¿Es posible, querida, que lo que oigo sea verdad? Me han dicho que el carruaje de tu abuela Mingott ha sido visto parado en la puerta de la señora Beaufort. Se notó que ya no llamaba a la dama ofensa por su nombre de pila.

May se puso colorada, y la señora Archer se apresuró a decir: —Si lo fue, estoy convencida de que estaba allí sin que la señora Mingott lo supiera.

—Ah, ¿cree usted...? —La señora van der Luyden hizo una pausa, suspiró y miró a su marido—.

—Me temo —dijo el señor van der Luyden— que el buen corazón de la señora Olenska puede haberla llevado a la imprudencia de visitar a la señora Beaufort.

—O su gusto por las personas peculiares —intervino la señora Archer en tono seco, mientras sus ojos se detenían inocentemente en los de su hijo—

.

—Lamento pensar eso de la señora Olenska —dijo la señora van der Luyden—; y la señora Archer murmuró: —¡Ah, querida..., y después de haberla tenido dos veces en Skuytercliff!

Fue en este punto cuando el Sr. Jackson aprovechó la oportunidad para colocar su alusión favorita.

—En las Tullerías —repitió, al ver que los ojos de la compañía se volvían expectantes hacia él—, el estándar era excesivamente laxo en algunos aspectos; ¡Y si hubieras preguntado de dónde había salido el dinero de Morny...! O que pagó las deudas de algunas de las bellezas de la Corte..."

—Espero, querido Sillerton —dijo la señora Archer—, que no esté sugiriendo que deberíamos adoptar tales normas.

—Nunca sugiero —replicó el señor Jackson, imperturbable—. Pero la educación extranjera de la señora Olenska puede hacerla menos particular...

—Ah —suspiraron las dos ancianas—.

—¡De todos modos, haber dejado el carruaje de su abuela en la puerta de un moroso! —protestó el señor van der Luyden—. y Archer adivinó que recordaba, y se resentía, de las cestas de claveles que había enviado a la casita de la calle Veintitrés.

—Por supuesto, siempre he dicho que ella ve las cosas de manera muy diferente —resumió la señora Archer—.

Un rubor subió a la frente de May. Miró a su marido desde el otro lado de la mesa y dijo precipitadamente: —Estoy segura de que Ellen lo dijo con amabilidad.

—Las personas imprudentes suelen ser amables —dijo la señora Archer, como si el hecho no fuera más que un atenuante—; y la señora van der Luyden murmuró: —Si hubiera consultado a alguien...

—¡Ah, que nunca lo hizo! —replicó la señora Archer—.

En este punto, el señor van der Luyden miró a su esposa, que inclinó ligeramente la cabeza en dirección a la señora Archer; Y las colas relucientes de las tres damas salieron por la puerta mientras los caballeros se acomodaban a sus puros. El Sr. van der Luyden suministraba breves en las noches de ópera; pero eran tan buenos que hacían deplorar a sus invitados su inexorable puntualidad.

Archer, después del primer acto, se había separado de la fiesta y se dirigió al fondo del palco del club. Desde allí observó, por encima de los hombros de Chivers, Mingott y Rushworth, la misma escena que había contemplado, dos años antes, la noche de su primer encuentro con Ellen Olenska. Casi había esperado que volviera a aparecer en la caja de la anciana señora Mingott, pero seguía vacía; y permaneció inmóvil, con los ojos fijos en ella, hasta que de repente la soprano pura de Madame Nilsson prorrumpió en un «M'ama, non m'ama...»

Archer se volvió hacia el escenario, donde, en el escenario familiar de rosas gigantes y pensamientos de limpiaplumas, la misma gran víctima rubia sucumbía al mismo pequeño seductor moreno.

Desde el escenario, sus ojos vagaron hasta la punta de la herradura donde May estaba sentada entre dos señoras mayores, exactamente como aquella noche anterior se había sentado entre la señora Lovell Mingott y su prima «extranjera» recién llegada. Al igual que aquella noche, ella estaba toda vestida de blanco; y Archer, que no se había dado cuenta de lo que llevaba, reconoció el satén blanco azulado y el encaje viejo de su vestido de novia.

Era costumbre, en la vieja Nueva York, que las novias aparecieran con esta costosa prenda durante el primer o segundo año de matrimonio: su madre, lo sabía, guardaba la suya en papel de seda con la esperanza de que Janey pudiera usarla algún día, aunque la pobre Janey estaba llegando a la edad en que el popelín gris perla y la ausencia de damas de honor se considerarían más «apropiados».

A Archer le llamó la atención que, desde su regreso de Europa, May rara vez se había puesto su satén nupcial, y la sorpresa de verla con él le hizo comparar su aspecto con el de la joven a la que había observado con tan dichosas anticipaciones dos años antes.

Aunque el contorno de May era un poco más pesado, como su complexión de diosa había predicho, la erguida erguición de su porte y la transparencia aniñada de su expresión permanecieron inalterables; de no ser por la ligera languidez que Archer había notado recientemente en ella, habría sido la imagen exacta de la muchacha jugando con el ramo de lirios de los valles en su noche de compromiso. El hecho parecía una apelación adicional a su lástima: tal inocencia era tan conmovedora como el abrazo confiado de un niño. Entonces recordó la apasionada generosidad latente bajo aquella calma inquieta. Recordó la mirada de comprensión de ella cuando él había instado a que se anunciara su compromiso en el baile de Beaufort; oyó la voz con la que ella había dicho, en el jardín de la misión: «No podía permitir que mi felicidad se hiciera de un mal, de un mal para alguien más»; y un anhelo incontrolable se apoderó de él de decirle la verdad, de entregarse a su generosidad y pedir la libertad que una vez había negado.

Newland Archer era un joven tranquilo y autocontrolado. La conformidad con la disciplina de una pequeña sociedad se había convertido casi en su segunda naturaleza. Le resultaba profundamente desagradable hacer algo melodramático y llamativo, cualquier cosa que el señor van der Luyden hubiera desaprobado y el palco del club hubiera condenado como de mala educación. Pero de repente había perdido la conciencia del palco del club, del señor van der Luyden, de todo lo que durante tanto tiempo lo había encerrado en el cálido refugio de la costumbre. Caminó por el pasillo semicircular de la parte trasera de la casa y abrió la puerta de la caja de la señora van der Luyden como si se tratara de una puerta a lo desconocido.

—¡M'ama! —exclamó la triunfante Margarita—. y los ocupantes del palco miraron sorprendidos la entrada de Archer. Ya había roto una de las reglas de su mundo, que prohibía entrar en una caja durante un solo.

Deslizándose entre el señor van der Luyden y Sillerton Jackson, se inclinó sobre su esposa.

"Tengo un dolor de cabeza bestial; No se lo digas a nadie, pero vuelve a casa, ¿no?", susurró.

May le dirigió una mirada de comprensión, y él la vio susurrar a su madre, que asintió con simpatía: luego murmuró una excusa a la señora van der Luyden, y se levantó de su asiento en el momento en que Marguerite caía en los brazos de Fausto. Archer, mientras la ayudaba a ponerse su capa de Opera, notó el intercambio de una sonrisa significativa entre las damas mayores.

Mientras se alejaban, May posó tímidamente su mano sobre la suya. "Lamento mucho que no te sientas bien. Me temo que te han vuelto a sobrecargar en la oficina.

—No, no es eso... ¿le importa que abra la ventana? —replicó confuso, bajando el cristal de su costado. Se sentó mirando hacia la calle, sintiendo a su esposa a su lado como un interrogatorio silencioso y vigilante, y manteniendo los ojos fijos en las casas que pasaban. Al llegar a la puerta, ella cogió su falda en el escalón del carruaje y cayó sobre él.

– ¿Te has hecho daño? -preguntó él, sujetándola con el brazo.

—No; pero mi pobre vestido... ¡mira cómo lo he rasgado!", exclamó. Ella se agachó para recoger una anchura manchada de barro y lo siguió por los escalones hasta el vestíbulo. Los sirvientes no los esperaban tan temprano, y solo había un destello de gas en el rellano superior.

Archer subió las escaleras, encendió la luz y colocó una cerilla en los soportes a cada lado de la repisa de la chimenea de la biblioteca. Las cortinas estaban corridas, y el aspecto cálido y amistoso de la habitación lo golpeó como el de un rostro familiar que se encuentra durante un encargo inconfesable.

Se dio cuenta de que su esposa estaba muy pálida y le preguntó si debía traerle un poco de brandy.

—Oh, no —exclamó ella con un rubor momentáneo, mientras se quitaba la capa—. —¿Pero no sería mejor que te fueras a la cama de una vez? —añadió ella, mientras él abría una caja de plata sobre la mesa y sacaba un cigarrillo.

Archer tiró el cigarrillo y se dirigió a su lugar habitual junto al fuego.

—No; Mi cabeza no es tan mala como eso". Hizo una pausa. "Y hay algo que quiero decir; algo importante, que debo decírselo de inmediato.

Ella se había dejado caer en un sillón y levantó la cabeza mientras él hablaba. —¿Sí, querido? —replicó ella, con tanta dulzura que él se asombró de la falta de asombro con que ella recibió este preámbulo.

—Puede... —empezó él, poniéndose de pie a unos metros de su silla y mirándola como si la leve distancia que los separaba fuera un abismo insalvable—. El sonido de su voz resonó misteriosamente a través del silencio hogareño, y repitió: "Hay algo que tengo que decirte... sobre mí mismo..."

Permaneció sentada en silencio, sin un movimiento ni un temblor de sus pestañas. Todavía estaba extremadamente pálida, pero su rostro tenía una curiosa tranquilidad en su expresión que parecía extraída de alguna fuente interior secreta.

Archer comprobó las frases convencionales de autoacusación que se agolpaban en sus labios. Estaba decidido a exponer el caso sin rodeos, sin vanas recriminaciones ni excusas.

—Madame Olenska... —dijo—; Pero al oír el nombre, su esposa levantó la mano como para silenciarlo. Mientras lo hacía, la luz de gas golpeó el oro de su anillo de bodas.

—Oh, ¿por qué deberíamos hablar de Ellen esta noche? —preguntó, con un ligero puchero de impaciencia.

—Porque tendría que haber hablado antes.

Su rostro permaneció tranquilo. "¿Realmente vale la pena, querido? Sé que a veces he sido injusto con ella, tal vez todos lo hemos hecho. La has comprendido, sin duda, mejor que nosotros: siempre has sido amable con ella. Pero, ¿qué importa, ahora todo ha terminado?"

Archer la miró sin comprender. ¿Era posible que la sensación de irrealidad en la que se sentía aprisionado se hubiera comunicado a su esposa?

—Por todas partes... ¿qué quieres decir? —preguntó tartamudeando indistintamente.

May todavía lo miraba con ojos transparentes. —¿Por qué?, ya que va a volver a Europa tan pronto; ya que la abuelita aprueba y comprende, y ha hecho arreglos para independizarla de su marido...

Ella se interrumpió, y Archer, agarrando la esquina de la repisa de la chimenea con una mano convulsa y apoyándose en ella, hizo un vano esfuerzo por extender el mismo control a sus tambaleantes pensamientos.

—Supuse —oyó que la voz serena de su esposa continuaba— que esta noche te habían mantenido en la oficina para hablar de los negocios. Se resolvió esta mañana, creo. Bajó los ojos bajo su mirada ciega y otro rubor fugitivo recorrió su rostro.

Comprendió que sus propios ojos debían ser insoportables y, volviéndose, apoyó los codos en la repisa de la chimenea y se cubrió la cara. Algo tamborileaba y resonaba furiosamente en sus oídos; No podía decir si era la sangre que corría por sus venas o el tic-tac del reloj de la repisa de la chimenea.

May permaneció sentada sin moverse ni hablar mientras el reloj marcaba lentamente cinco minutos. Un trozo de carbón cayó hacia adelante en la chimenea y, al oírla levantarse para empujarlo hacia atrás, Archer se volvió por fin y se enfrentó a ella.

"Es imposible", exclamó.

—¿Imposible...?

—¿Cómo sabes lo que me acabas de decir?

Ayer vi a Ellen, te dije que la había visto en casa de la abuela.

—¿No fue entonces cuando te lo contó?

—No; Esta tarde recibí una nota suya.—¿Quiere verla?

Él no pudo encontrar su voz, y ella salió de la habitación y regresó casi de inmediato.

—Creía que lo sabías —dijo ella simplemente—.

Dejó una hoja de papel sobre la mesa, y Archer extendió la mano y la recogió. La carta contenía solo unas pocas líneas.

—Querida mía, por fin le he hecho comprender a la abuela que mi visita a ella no podía ser más que una visita; Y ha sido tan amable y generosa como siempre. Ahora se da cuenta de que, si vuelvo a Europa, tendré que vivir solo, o mejor dicho, con la pobre tía Medora, que viene conmigo. Me apresuro a regresar a Washington para hacer las maletas, y zarpamos la semana que viene. Debes ser muy bueno con la abuela cuando yo no esté, tan bueno como siempre lo has sido conmigo. Ellen.

"Si alguno de mis amigos desea instarme a cambiar de opinión, por favor dígales que sería completamente inútil".

Archer leyó la carta dos o tres veces; Luego lo tiró al suelo y se echó a reír.

El sonido de su risa lo sobresaltó. Recordaba el susto de medianoche de Janey cuando lo sorprendió meciéndose con una alegría incomprensible por el telegrama de May anunciando que la fecha de su matrimonio se había adelantado.

—¿Por qué escribió esto? —preguntó, conteniendo su risa con un esfuerzo supremo.

May respondió a la pregunta con su inquebrantable franqueza. —Supongo que porque hablamos de las cosas ayer...

—¿Qué cosas?

"Le dije que temía no haber sido justo con ella, que no siempre había entendido lo difícil que debía haber sido para ella estar aquí, sola entre tantas personas que eran parientes y, sin embargo, desconocidas; que se sentían con el derecho de criticar y, sin embargo, no siempre conocían las circunstancias". Hizo una pausa. "Sabía que habías sido la única amiga con la que siempre podría contar; y quería que supiera que tú y yo éramos iguales, en todos nuestros sentimientos.

Ella vaciló, como si esperara a que él hablara, y luego añadió lentamente: —Comprendió mi deseo de decirle esto. Creo que lo entiende todo".

Se acercó a Archer y, tomando una de sus frías manos, la apretó rápidamente contra su mejilla.

"También me duele la cabeza; Buenas noches, querida -dijo, y se volvió hacia la puerta, con su vestido de novia roto y embarrado arrastrándose por la habitación-.

XXXIII.

Fue, como le dijo la señora Archer sonriendo a la señora Welland, un gran acontecimiento para que una joven pareja diera su primera gran cena.

Los arqueros de Newland, desde que habían establecido su hogar, habían recibido mucha compañía de una manera informal. A Archer le gustaba invitar a cenar a tres o cuatro amigos, y May les daba la bienvenida con la radiante prontitud con la que su madre le había dado ejemplo en los asuntos conyugales. Su marido se preguntaba si, de haber sido dejada sola, habría invitado alguna vez a alguien a la casa; Pero hacía tiempo que había renunciado a tratar de desvincular su verdadero yo de la forma en que la tradición y la formación la habían moldeado. Se esperaba que las parejas jóvenes adineradas de Nueva York hicieran una buena cantidad de entretenimiento informal, y un Welland casado con un arquero estaba doblemente comprometido con la tradición.

Pero una gran cena, con un cocinero contratado y dos lacayos prestados, con ponche romano, rosas de Henderson's y menús en cartas con bordes dorados, era un asunto diferente, y no debía emprenderse a la ligera. Como señaló la Sra. Archer, el ponche romano marcó la diferencia; no en sí mismo, sino por sus múltiples implicaciones, ya que significaba lomo de lona o tortuga de agua, dos sopas, un dulce caliente y otro frío, un escote completo con mangas cortas e invitados de una importancia proporcionada.

Siempre era una ocasión interesante cuando una pareja joven lanzaba sus primeras invitaciones en tercera persona, y su convocatoria rara vez era rechazada incluso por los experimentados y codiciados. Aun así, es cierto que fue un triunfo que los van der Luyden, a petición de May, se quedaran para estar presentes en la cena de despedida de la condesa Olenska.

Las dos suegras estaban sentadas en el salón de May en la tarde del gran día, mientras la señora Archer escribía los menús del bristol de bordes dorados más gruesos de Tiffany, mientras la señora Welland supervisaba la colocación de las palmeras y las lámparas estándar.

Archer, que llegó tarde de su oficina, los encontró todavía allí. La señora Archer había centrado su atención en las tarjetas con los nombres de la mesa, y la señora Welland estaba considerando la conveniencia de adelantar el gran sofá dorado para crear otro «rincón» entre el piano y la ventana.

May, le dijeron, estaba en el comedor inspeccionando el montículo de rosas Jacqueminot y culantrillo en el centro de la larga mesa, y la colocación de los bombones Maillard en cestas de plata caladas entre los candelabros. Sobre el piano había una gran cesta de orquídeas que el señor van der Luyden había mandado enviar desde Skuytercliff. Todo era, en suma, como debía ser ante la proximidad de un acontecimiento tan importante.

La señora Archer repasó pensativamente la lista, tachando cada nombre con su afilada pluma dorada.

Henry van der Luyden, Louisa, los Lovell Mingott, los Reggie Chiverse, Lawrence Lefferts y Gertrude (sí, supongo que May tenía razón al tenerlos), los Selfridge Merry, Sillerton Jackson, Van Newland y su esposa. (¡Cómo pasa el tiempo! Parece que fue ayer cuando fue tu padrino, Newland)... y la condesa Olenska... sí, creo que eso es todo...

La señora Welland miró afectuosamente a su yerno. —Nadie puede decir, Newland, que tú y May no estáis despidiéndole a Ellen una bonita despedida.

—Ah, bueno —dijo la señora Archer—, comprendo que May quiera que su primo le diga a la gente del extranjero que no somos del todo bárbaros.

"Estoy seguro de que Ellen lo apreciará. Tenía que llegar esta mañana, creo. Causará una última impresión encantadora. La noche antes de zarpar suele ser muy lúgubre —continuó alegremente la señora Welland—.

Archer se volvió hacia la puerta y su suegra lo llamó: "Entra y echa un vistazo a la mesa. Y no dejes que May se canse demasiado. Pero él fingió no oír y subió de un salto las escaleras hasta su biblioteca. La habitación lo miraba como un semblante extraño compuesto en una mueca cortés; Y se dio cuenta de que había sido "arreglada" y preparada sin piedad, mediante una juiciosa distribución de ceniceros y cajas de madera de cedro, para que los caballeros fumaran en ella.

«Ah, bueno», pensó, «no es por mucho tiempo...», y se fue a su camerino.

Habían pasado diez días desde la partida de Madame Olenska de Nueva York. Durante esos diez días, Archer no había recibido otra señal de ella que la que le demostraba el regreso de una llave envuelta en papel de seda y enviada a su despacho en un sobre sellado con la dirección de su mano. Esta réplica a su última apelación podría haber sido interpretada como una jugada clásica en un juego familiar; Pero el joven optó por darle un significado diferente. Todavía luchaba contra su destino; pero ella iba a Europa, y no iba a volver con su marido. Nada, por tanto, le impedía seguirla; Y una vez que hubo dado el paso irrevocable, y le hubo demostrado que era irrevocable, creyó que ella no lo despediría.

Esta confianza en el futuro lo había estabilizado para desempeñar su papel en el presente. Le había impedido escribirle, o traicionar, por cualquier signo o acto, su miseria y mortificación. Le parecía que en el juego mortal y silencioso entre ellos, las trompetas aún estaban en sus manos; Y esperó.

Había, sin embargo, momentos lo suficientemente difíciles como para pasar; como cuando el señor Letterblair, al día siguiente de la partida de la señora Olenska, le había mandado llamar para que le explicara los detalles del fideicomiso que la señora Manson Mingott deseaba crear para su nieta. Durante un par de horas, Archer había examinado los términos de la escritura con su superior, al mismo tiempo que tenía la oscura sensación de que si había sido consultado era por alguna razón distinta a la obvia de su primatura; y que la clausura de la conferencia lo revelaría.

—Bueno, la señora no puede negar que es un buen arreglo —había resumido Letterblair, después de murmurar un resumen del acuerdo—. "De hecho, estoy obligado a decir que la han tratado bastante bien en general".

—¿Por todos lados? —repitió Archer con un toque de burla—. —¿Se refiere a la propuesta de su marido de devolverle su propio dinero?

Las pobladas cejas del señor Letterblair subieron una fracción de pulgada. "Mi querido señor, la ley es la ley; y el primo de su esposa estaba casado bajo la ley francesa. Es de suponer que ella sabía lo que eso significaba.

"Incluso si lo hizo, lo que sucedió posteriormente..." Pero Archer hizo una pausa. El señor Letterblair había apoyado el mango de la pluma en su gran nariz corrugada, y la miraba con la expresión que adoptan los caballeros ancianos virtuosos cuando quieren que sus hijos comprendan que la virtud no es sinónimo de ignorancia.

—Mi querido señor, no tengo ningún deseo de atenuar las transgresiones del conde; pero, pero del otro lado... No pondría la mano en el fuego... bueno, que no había habido ojo por ojo... con el joven campeón...". El señor Letterblair abrió un cajón y empujó un papel doblado hacia Archer. "Este informe, resultado de discretas indagaciones..." Y luego, como Archer no hizo ningún esfuerzo por echar un vistazo al papel o por repudiar la sugerencia, el abogado continuó con cierta rotundidad: —No digo que sea concluyente, observación; Ni mucho menos. Pero las pajitas muestran ... Y, en general, es eminentemente satisfactorio para todas las partes que se haya alcanzado esta solución digna".

—Oh, eminentemente —asintió Archer, apartando el papel—.

Uno o dos días más tarde, al responder a una citación de la señora Manson Mingott, su alma había sido probada más profundamente.

Había encontrado a la anciana deprimida y quejumbrosa.

—¿Sabes que me ha abandonado? —empezó a decir de inmediato—. y sin esperar su respuesta: "¡Oh, no me preguntes por qué! Dio tantas razones que las he olvidado todas. Mi creencia personal es que ella no pudo enfrentar el aburrimiento. En cualquier caso, eso es lo que piensan Augusta y mis nueras. Y no sé si la culpo del todo. Olenski es un sinvergüenza acabado; pero la vida con él debe haber sido mucho más alegre de lo que es en la Quinta Avenida. No es que la familia lo admita: creen que la Quinta Avenida es el paraíso con la rue de la Paix incluida. Y la pobre Ellen, por supuesto, no tiene ni idea de volver con su marido. Ella se resistió con la misma firmeza de siempre. Así que se va a vivir en París con esa tonta Medora... Bueno, París es París; Y se puede mantener un carruaje allí en casi nada. Pero era tan alegre como un pájaro, y la echaré de menos. Dos lágrimas, las lágrimas resecas de lo viejo, rodaron por sus mejillas hinchadas y se desvanecieron en los abismos de su pecho.

"Lo único que pido es", concluyó, "que no me molesten más. Realmente se me debe permitir digerir mi papilla..." Y le sonrió un poco melancólicamente a Archer.

Fue esa noche, a su regreso a casa, cuando May anunció su intención de dar una cena de despedida a su primo. El nombre de Madame Olenska no se había pronunciado entre ellos desde la noche de su huida a Washington; y Archer miró a su esposa con sorpresa.

"Una cena... ¿por qué?", interrogó.

Su color subió. – Pero a ti te gusta Ellen, pensé que te pondrías contenta.

"Es muy bonito, que lo digas de esa manera. Pero realmente no veo...

—Tengo la intención de hacerlo, Newland —dijo ella, levantándose en silencio y dirigiéndose a su escritorio—. "Aquí están todas las invitaciones, todas escritas. Mamá me ayudó, está de acuerdo en que debemos hacerlo. Hizo una pausa, avergonzada y sin embargo sonriendo, y Archer vio de repente ante él la imagen encarnada de la Familia.

—Oh, está bien —dijo él, mirando con ojos ciegos la lista de invitados que ella le había puesto en la mano—.

Cuando entró en el salón, antes de la cena, May se inclinaba sobre el fuego y trataba de persuadir a los troncos para que se quemaran en su desacostumbrado entorno de baldosas inmaculadas.

Las altas lámparas estaban todas encendidas, y las orquídeas del señor van der Luyden habían sido dispuestas de manera conspicua en varios recipientes de porcelana moderna y plata nudosa. El salón de la señora Newland Archer fue considerado en general como un gran éxito. Una jardinera de bambú dorado, en la que se renovaban puntualmente las prímulas y cinerarias, bloqueaba el acceso al ventanal (donde los anticuados habrían preferido una reducción en bronce de la Venus de Milo); los sofás y sillones de brocado pálido estaban hábilmente agrupados en torno a mesitas de felpa densamente cubiertas de juguetes de plata, animales de porcelana y marcos de fotografías eflorescentes; y altas lámparas de pantalla rosada se alzaban como flores tropicales entre las palmeras.

—No creo que Ellen haya visto nunca esta habitación iluminada —dijo May, levantándose enrojecida por su lucha y lanzando a su alrededor una mirada de orgullo perdonable—. Las tenazas de latón que había apoyado contra el costado de la chimenea cayeron con un estrépito que ahogó la respuesta de su marido; y antes de que pudiera restituirlos, el señor y la señora van der Luyden fueron anunciados.

Los demás invitados no tardaron en seguirlos, pues se sabía que a los van der Luyden les gustaba cenar puntualmente. La habitación estaba casi llena, y Archer estaba ocupado en mostrarle a la señora Selfridge Merry un pequeño «Estudio de ovejas» de Verbeckhoven, muy barnizado, que el señor Welland le había regalado a May por Navidad, cuando encontró a la señora Olenska a su lado.

Estaba excesivamente pálida, y su palidez hacía que su cabello oscuro pareciera más denso y pesado que nunca. Tal vez eso, o el hecho de que se hubiera enrollado varias hileras de cuentas de ámbar alrededor del cuello, le recordara de repente a la pequeña Ellen Mingott con la que había bailado en fiestas infantiles, cuando Medora Manson la había traído por primera vez a Nueva York.

Las cuentas de ámbar estaban tratando su tez, o su vestido era tal vez impropio: su rostro parecía sin brillo y casi feo, y él nunca lo había amado como lo hizo en ese momento. Sus manos se encontraron, y él creyó oírla decir: «Sí, zarpamos mañana en la Rusia...»; luego se oyó el ruido insensato de las puertas que se abrían, y al cabo de un intervalo se oyó la voz de May: —¡Newland! La cena ha sido anunciada. ¿No podrías acoger a Ellen, por favor?

Madame Olenska le puso la mano en el brazo, y él se dio cuenta de que la mano no tenía guantes, y recordó cómo había mantenido los ojos fijos en ella la noche en que se había sentado con ella en el pequeño salón de la calle Veintitrés. Toda la belleza que había abandonado su rostro parecía haberse refugiado en los largos dedos pálidos y en los nudillos ligeramente hoyuelos de su manga, y se dijo a sí mismo: «Si sólo fuera para volver a ver su mano, tendría que seguirla...».

Sólo en un entretenimiento que se ofrecía ostensiblemente a un «visitante extranjero» la señora van der Luyden podía sufrir la disminución de ser colocada a la izquierda de su anfitrión. El hecho de la "extranjería" de Madame Olenska difícilmente podría haber sido enfatizado más hábilmente que por este homenaje de despedida; y la señora van der Luyden aceptó su traslado con una afabilidad que no dejaba lugar a dudas sobre su aprobación. Había ciertas cosas que había que hacer, y si se hacían, se hacían con generosidad y minuciosidad; y una de ellas, en el viejo código de Nueva York, era la concentración tribal en torno a una parienta que estaba a punto de ser eliminada de la tribu. No había nada en la tierra que los Welland y los Mingott no hubieran hecho para proclamar su afecto inalterable por la condesa Olenska ahora que su viaje a Europa estaba comprometido; y Archer, a la cabecera de su mesa, se sentó maravillado de la silenciosa e incansable actividad con que se había recuperado su popularidad, silenciados los agravios contra ella, su pasado semblante y su presente irradiado por la aprobación de la familia. La señora van der Luyden brilló sobre ella con la tenue benevolencia que más se acercaba a la cordialidad, y el señor van der Luyden, desde su asiento a la derecha de May, lanzó a la mesa miradas claramente destinadas a justificar todos los claveles que había enviado desde Skuytercliff.

Archer, que parecía asistir a la escena en un estado de extraña imponderabilidad, como si flotara en algún lugar entre el candelabro y el techo, no se preguntaba nada más que su propia participación en los procedimientos. A medida que su mirada viajaba de un rostro plácido y bien alimentado a otro, vio a todas las personas de aspecto inofensivo ocupadas en los lomos de lona de May como una banda de conspiradores tontos, y a él y a la pálida mujer a su derecha como el centro de su conspiración. Y entonces se le ocurrió, en un vasto relámpago hecho de muchos destellos entrecortados, que él y madame Olenska eran amantes, amantes en el sentido extremo propio de los vocabularios «extranjeros». Supuso que había sido, durante meses, el centro de innumerables ojos que observaban en silencio y escuchaban pacientemente; comprendió que, por medios que él aún desconocía, se había logrado la separación entre él y la compañera de su culpa, y que ahora toda la tribu se había unido en torno a su esposa en la suposición tácita de que nadie sabía nada, ni se lo había imaginado nunca, y que el motivo de la fiesta era simplemente el deseo natural de May Archer de despedirse afectuosamente de su amiga y prima.

Era la vieja manera neoyorquina de tomar la vida "sin efusión de sangre": la manera de las personas que temían más al escándalo que a la enfermedad, que ponían la decencia por encima del coraje y que consideraban que nada era más malo que las "escenas", excepto el comportamiento de quienes las originaban.

A medida que estos pensamientos se sucedían en su mente, Archer se sentía como un prisionero en el centro de un campamento armado. Miró alrededor de la mesa y adivinó la inexorabilidad de sus captores por el tono en que, entre los espárragos de Florida, trataban con Beaufort y su esposa. «Es para mostrarme», pensó, «lo que me sucedería a mí...», y una sensación mortal de la superioridad de la implicación y la analogía sobre la acción directa, y del silencio sobre las palabras precipitadas, se cerró sobre él como las puertas de la bóveda familiar.

Se echó a reír y se encontró con los ojos sorprendidos de la señora van der Luyden.

"¿Crees que es ridículo?", dijo ella con una sonrisa entrecortada. —Por supuesto, la idea de la pobre Regina de quedarse en Nueva York tiene su lado ridículo, supongo —y Archer murmuró—: Por supuesto.

En ese momento, se dio cuenta de que la otra vecina de la señora Olenska había estado comprometida durante algún tiempo con la señora de su derecha. En el mismo instante vio que May, serenamente entronizada entre el señor van der Luyden y el señor Selfridge Merry, había echado una rápida ojeada a la mesa. Era evidente que el anfitrión y la dama de su derecha no podían permanecer sentados en silencio durante toda la comida. Se volvió hacia la señora Olenska, y su pálida sonrisa le salió al encuentro. "Oh, vamos a verlo hasta el final", parecía decir.

—¿Le ha resultado agotador el viaje? —preguntó con una voz que le sorprendió por su naturalidad—. Y ella respondió que, por el contrario, pocas veces había viajado con menos molestias.

—Excepto, ya sabes, el espantoso calor del tren —añadió—; Y comentó que ella no sufriría de esa dificultad particular en el país al que iba.

—Nunca —declaró con intensidad— estuve más cerca de congelarme que una vez, en abril, en el tren entre Calais y París.

Dijo que no se asombraba, pero comentó que, después de todo, siempre se podía llevar una alfombra extra, y que cada forma de viaje tenía sus dificultades; A lo que él respondió bruscamente que pensaba que todos ellos no tenían importancia en comparación con la bendición de escapar. Ella cambió de color, y él añadió, con la voz subiendo de tono de repente: —Tengo la intención de viajar mucho dentro de poco. Un temblor cruzó su rostro y, inclinándose hacia Reggie Chivers, exclamó: —Digo, Reggie, ¿qué dices de un viaje alrededor del mundo? Estoy dispuesta a jugar si tú eres... —a lo que la señora Reggie respondió diciendo que no se le ocurría dejar ir a Reggie hasta después del baile de Martha Washington que se iba a preparar para el Asilo de Ciegos en la semana de Pascua—; y su esposo observó plácidamente que para ese momento tendría que estar entrenando para el partido internacional de polo.

Pero el señor Selfridge Merry había captado la frase «alrededor del mundo», y después de haber dado una vuelta al mundo en su yate de vapor, aprovechó la oportunidad para enviar a la mesa varios artículos llamativos sobre la poca profundidad de los puertos mediterráneos. Aunque, después de todo, añadió, no importaba; porque cuando habías visto Atenas, Esmirna y Constantinopla, ¿qué otra cosa había allí? Y la señora Merry dijo que nunca se cansaría de estar agradecida al doctor Bencomb por haberles hecho prometer que no irían a Nápoles a causa de la fiebre.

—Pero usted tiene que tener tres semanas para arreglar bien la India —concedió su marido, ansioso de que se entendiera que no era un trotamundos frívolo—.

Y en este punto, las damas subieron al salón.

En la biblioteca, a pesar de presencias más pesadas, predominaba Lawrence Lefferts.

La conversación, como de costumbre, se había desviado hacia los Beaufort, e incluso el señor van der Luyden y el señor Selfridge Merry, instalados en los sillones honoríficos tácitamente reservados para ellos, se detuvieron a escuchar la filípica del joven.

Nunca Lefferts había abundado tanto en los sentimientos que adornan la hombría cristiana y exaltan la santidad del hogar. La indignación le daba una elocuencia mordaz, y estaba claro que si otros hubieran seguido su ejemplo y actuado como él hablaba, la sociedad nunca habría sido lo suficientemente débil como para recibir a un advenedizo extranjero como Beaufort, no, señor, ni siquiera si se hubiera casado con una van der Luyden o una Lanning en lugar de con una Dallas. ¿Y qué posibilidades habría habido, cuestionó Lefferts con ira, de que se casara con un miembro de una familia como la de los Dallas, si no se hubiera abierto camino en ciertas casas, como personas como la señora Lemuel Struthers habían logrado hacer las suyas a su paso? Si la sociedad optaba por abrir sus puertas a las mujeres vulgares, el daño no era grande, aunque la ganancia era dudosa; Pero una vez que se interpuso en el camino de tolerar a los hombres de origen oscuro y riqueza manchada, el final fue la desintegración total, y en una fecha no lejana.

—Si las cosas siguen a este ritmo —tronó Lefferts, con el aspecto de un joven profeta vestido por Poole y que aún no había sido apedreado—, veremos a nuestros hijos luchando por invitaciones a las casas de los estafadores y casándose con los bastardos de Beaufort.

—¡Oh, digo, dibújalo suavemente! Reggie Chivers y el joven Newland protestaron, mientras el señor Selfridge Merry parecía genuinamente alarmado, y una expresión de dolor y disgusto se asentó en el rostro sensible del señor van der Luyden.

—¿Tiene alguno? —exclamó el señor Sillerton Jackson, aguzando el oído—. y mientras Lefferts trataba de darle la vuelta a la pregunta con una carcajada, el anciano caballero tuiteó al oído de Archer: —Raros, esos tipos que siempre quieren arreglar las cosas. Las personas que tienen los peores cocineros siempre te dicen que están envenenados cuando salen a cenar. Pero he oído que hay razones apremiantes para la diatriba de nuestro amigo Lawrence: esta vez, esta vez, según tengo entendido...

La charla pasó por delante de Archer como un río sin sentido que corre y corre porque no sabía lo suficiente como para detenerse. Vio en los rostros que lo rodeaban expresiones de interés, diversión e incluso alegría. Escuchó las risas de los jóvenes y las alabanzas del arquero Madeira, que el señor van der Luyden y el señor Merry celebraban atentamente. A pesar de todo, era vagamente consciente de una actitud general de amistad hacia sí mismo, como si el guardián del prisionero que se sentía era estuviera tratando de suavizar su cautiverio; Y la percepción acrecentó su apasionada determinación de ser libre.

En el salón, donde se unieron a las damas, se encontró con los ojos triunfantes de May, y leyó en ellos la convicción de que todo había «salido» maravillosamente. Se levantó del lado de la señora Olenska, e inmediatamente la señora van der Luyden le hizo señas para que se sentara en el sofá dorado donde ella ocupaba el trono. La señora Selfridge Merry cruzó la habitación para unirse a ellos, y a Archer le quedó claro que también allí se estaba llevando a cabo una conspiración de rehabilitación y aniquilación. La silenciosa organización que mantenía unido su pequeño mundo estaba decidida a dejar constancia de que nunca, ni por un momento, había cuestionado la corrección de la conducta de Madame Olenska, ni la integridad de la felicidad doméstica de Archer. Todas estas personas amables e inexorables se dedicaban resueltamente a fingir entre sí que nunca habían oído hablar, sospechado o incluso concebido posible, el menor indicio de lo contrario; y de este tejido de elaborado disimulo mutuo, Archer desentendió una vez más el hecho de que Nueva York creía que él era el amante de Madame Olenska. Captó el brillo de la victoria en los ojos de su esposa, y por primera vez comprendió que ella compartía esa creencia. El descubrimiento despertó una risa de demonios internos que reverberó a través de todos sus esfuerzos por discutir el baile de Martha Washington con la señora Reggie Chivers y la pequeña señora Newland; Y así transcurrió la tarde, corriendo y corriendo como un río sin sentido que no sabía cómo detenerse.

Al fin vio que la señora Olenska se había levantado y se despedía. Comprendió que en un momento ella se iría, y trató de recordar lo que le había dicho durante la cena; Pero no podía recordar una sola palabra que hubieran intercambiado.

Se acercó a May, y el resto de la compañía formó un círculo a su alrededor a medida que avanzaba. Las dos jóvenes se tomaron de la mano; entonces May se inclinó hacia delante y besó a su prima.

—Ciertamente, nuestra anfitriona es la más guapa de las dos —oyó Archer decir a Reggie Chivers en voz baja a la joven señora Newland—; y recordó la burla de Beaufort ante la belleza ineficaz de May.

Un momento después estaba en el vestíbulo, cubriéndole los hombros con la capa de la señora Olenska.

A pesar de toda su confusión mental, se había aferrado a la resolución de no decir nada que pudiera asustarla o perturbarla. Convencido de que ningún poder podía apartarlo de su propósito, había encontrado la fuerza para dejar que los acontecimientos se moldearan a su manera. Pero mientras seguía a la señora Olenska al vestíbulo, pensó, con un súbito apetito, estar un momento a solas con ella en la puerta de su carruaje.

—¿Está aquí tu carruaje? —preguntó—. y en ese momento la señora van der Luyden, que estaba siendo introducida majestuosamente en sus sables, dijo suavemente: —Vamos a llevar a la querida Ellen a casa.

El corazón de Archer dio un tirón, y la señora Olenska, agarrando su capa y su abanico con una mano, le tendió la otra. —Adiós —dijo ella—.

—Adiós, pero pronto te veré en París —respondió en voz alta—, le pareció que lo había gritado.

—¡Oh! —murmuró—, si May y tú pudierais venir...

El señor van der Luyden se adelantó para darle el brazo, y Archer se volvió hacia la señora van der Luyden. Por un momento, en la oscuridad ondulante del interior del gran landau, captó el óvalo tenue de un rostro, con los ojos brillando sin parar, y ella desapareció.

Al subir los escalones, se cruzó con Lawrence Lefferts, que bajaba con su esposa. Lefferts agarró a su anfitrión por la manga y se retiró para dejar pasar a Gertrude.

—Le digo, viejo: ¿te importa que se entienda que mañana por la noche voy a cenar contigo en el club? ¡Muchas gracias, viejo ladrillo! Buenas noches.

"Salió maravillosamente, ¿no?" —preguntó May desde el umbral de la biblioteca.

Archer se despertó sobresaltado. Tan pronto como el último carruaje se hubo alejado, subió a la biblioteca y se encerró en ella, con la esperanza de que su esposa, que aún permanecía abajo, se dirigiera directamente a su habitación. Pero allí estaba ella, pálida y encogida, pero irradiando la energía ficticia de quien ha pasado más allá de la fatiga.

"¿Puedo ir a hablar de ello?", preguntó.

—Por supuesto, si quieres. Pero debes estar terriblemente somnoliento...

"No, no tengo sueño. Me gustaría sentarme un poco con usted.

—Muy bien —dijo él, acercando la silla de ella al fuego—.

Ella se sentó y él volvió a su asiento; Pero ninguno de los dos habló durante mucho tiempo. Al fin, Archer comenzó bruscamente: —Ya que no estás cansado y quieres hablar, hay algo que debo decirte. Lo intenté la otra noche...

Ella lo miró rápidamente. —Sí, querido. ¿Algo sobre ti?

"Sobre mí. Dices que no estás cansado: bueno, yo lo estoy. Horriblemente cansado..."

En un instante se convirtió en toda una tierna ansiedad. —¡Oh, lo he visto venir, Newland! Has estado tan perversamente sobrecargado de trabajo...

"Tal vez sea eso. De todos modos, quiero hacer un descanso...

"¿Un descanso? ¿Renunciar a la ley?

—Que se vaya, en todo caso, de una vez. En un viaje largo, siempre tan lejos, lejos de todo...

Hizo una pausa, consciente de que había fracasado en su intento de hablar con la indiferencia de un hombre que anhela un cambio y que, sin embargo, está demasiado cansado para acogerlo. Hiciera lo que hiciera, vibró la cuerda de la avidez. —Lejos de todo... —repitió—.

—¿Hasta ahora? ¿Dónde, por ejemplo?", preguntó.

"Oh, no lo sé. India o Japón".

Ella se puso de pie y, mientras él permanecía sentado con la cabeza inclinada, la barbilla apoyada en las manos, la sintió cerniéndose cálida y fragantemente sobre él.

—¿En cuanto a eso? Pero me temo que no puedes, querida..." Dijo con voz temblorosa. —No, a menos que me lleves contigo. Y luego, mientras él guardaba silencio, ella prosiguió, en un tono tan claro y uniforme que cada sílaba resonaba como un pequeño martillo en su cerebro: —Es decir, si los médicos me dejan ir... pero me temo que no lo harán. Porque ya ves, Newland, desde esta mañana estoy seguro de algo que he estado anhelando y esperando tanto...

Él la miró con una mirada enfermiza, y ella se hundió, toda rocío y rosas, y escondió su rostro contra su rodilla.

—Oh, querida —dijo él, estrechándola contra él mientras su fría mano le acariciaba el pelo—.

Hubo una larga pausa, que los demonios internos llenaron con risas estridentes; entonces May se soltó de sus brazos y se levantó.

—¿No lo has adivinado...?

—Sí, yo; No. Es decir, por supuesto que esperaba...

Se miraron un instante y de nuevo callaron; luego, apartando los ojos de los de ella, preguntó bruscamente: —¿Se lo has contado a alguien más?

—Solo mamá y tu madre. Hizo una pausa y luego añadió apresuradamente, con la sangre subiéndole a la frente: —Es decir, y Ellen. Sabes que te dije que habíamos tenido una larga charla una tarde, y lo querida que era para mí.

—Ah... —dijo Archer, con el corazón parado—.

Sintió que su esposa lo observaba atentamente. —¿Te importó que se lo dijera primero, Newland?

"¿Mente? ¿Por qué debería hacerlo?" Hizo un último esfuerzo para recomponerse. "Pero eso fue hace quince días, ¿no? Pensé que habías dicho que no estabas seguro hasta hoy.

Su color ardía más profundamente, pero mantuvo su mirada. —No; Entonces no estaba seguro, pero le dije que sí. ¡Y ya ves que tenía razón!", exclamó, con sus ojos azules humedecidos por la victoria.

XXXIV.

Newland Archer estaba sentado en el escritorio de su biblioteca de la calle Treinta y nueve Este.

Acababa de regresar de una gran recepción oficial para la inauguración de las nuevas galerías del Museo Metropolitano, y el espectáculo de aquellos grandes espacios abarrotados con los despojos de los siglos, donde la multitud de la moda circulaba a través de una serie de tesoros catalogados científicamente, había presionado de repente un manantial oxidado de la memoria.

—Vaya, ésta solía ser una de las viejas habitaciones de Cesnola —oyó decir a alguien—; y al instante todo lo que le rodeaba desapareció, y se quedó sentado solo en un diván de cuero duro junto a un radiador, mientras una figura delgada con una larga capa de piel de foca se alejaba por la vista exigua del viejo Museo.

La visión había despertado una multitud de otras asociaciones, y se sentó a mirar con ojos nuevos la biblioteca que, durante más de treinta años, había sido el escenario de sus cavilaciones solitarias y de todas las confabulaciones familiares.

Era la habitación en la que habían sucedido la mayoría de las cosas reales de su vida. Allí su esposa, hacía casi veintiséis años, le había dado la noticia, con un circunloquio sonrojado que habría hecho sonreír a las jóvenes de la nueva generación; y allí su hijo mayor, Dallas, demasiado delicado para ser llevado a la iglesia en pleno invierno, había sido bautizado por su viejo amigo el obispo de Nueva York, el amplio y magnífico obispo insustituible, que durante tanto tiempo había sido el orgullo y el ornamento de su diócesis. Allí, Dallas se había tambaleado por el suelo gritando «Papá», mientras May y la enfermera se reían detrás de la puerta; allí su segunda hija, Mary (que se parecía tanto a su madre), había anunciado su compromiso con el más aburrido y confiable de los muchos hijos de Reggie Chivers; y allí Archer la había besado a través de su velo de novia antes de que bajaran al motor que los llevaría a la Iglesia de la Gracia, porque en un mundo donde todo lo demás se había tambaleado en sus cimientos, la «boda de la Iglesia de la Gracia» seguía siendo una institución inalterada.

Era en la biblioteca donde él y May siempre habían discutido sobre el futuro de los niños: los estudios de Dallas y su joven hermano Bill, la incurable indiferencia de Mary hacia los «logros» y su pasión por el deporte y la filantropía, y las vagas inclinaciones hacia el «arte» que finalmente habían llevado a la inquieta y curiosa Dallas a la oficina de un arquitecto neoyorquino en ascenso.

Los jóvenes de hoy en día se estaban emancipando de la ley y los negocios y emprendiendo todo tipo de cosas nuevas. Si no estaban absortos en la política estatal o en la reforma municipal, lo más probable era que se dedicaran a la arqueología centroamericana, a la arquitectura o a la ingeniería del paisaje; tomando un interés agudo y erudito en los edificios prerrevolucionarios de su propio país, estudiando y adaptando tipos georgianos, y protestando por el uso sin sentido de la palabra "colonial". Hoy en día nadie tenía casas "coloniales", excepto los millonarios tenderos de los suburbios.

Pero, sobre todo —a veces Archer lo decía por encima de todo— era en esa biblioteca donde el gobernador de Nueva York, al bajar de Albany una noche para cenar y pasar la noche, se había vuelto hacia su anfitrión y le había dicho, golpeando la mesa con el puño cerrado y rechinando las gafas: «¡Cuelguen al político profesional! Eres el tipo de hombre que el país quiere, Archer. Si alguna vez hay que limpiar el establo, los hombres como tú tienes que echar una mano en la limpieza.

—Hombres como tú... —¡cómo se había alegrado Archer al oír la frase! ¡Con cuánta alegría se había levantado a la llamada! Era un eco de la vieja súplica de Ned Winsett de arremangarse y meterse en el fango; pero pronunciada por un hombre que daba el ejemplo del gesto, y cuya llamada a seguirle era irresistible.

Archer, al mirar hacia atrás, no estaba seguro de que hombres como él fueran lo que su país necesitaba, al menos en el servicio activo al que Theodore Roosevelt había señalado; de hecho, había razones para pensar que no, porque después de un año en la Asamblea del Estado no había sido reelegido, y había regresado afortunadamente al oscuro pero útil trabajo municipal, y de ahí nuevamente a la redacción de artículos ocasionales en uno de los semanarios reformistas que estaban tratando de sacudir al país de su apatía. Era poco para mirar hacia atrás; Pero cuando recordaba lo que los jóvenes de su generación y de su grupo habían esperado —el estrecho surco de la creación de dinero, el deporte y la sociedad a los que se habían limitado su visión—, incluso su pequeña contribución al nuevo estado de cosas parecía contar, como cada ladrillo cuenta en un muro bien construido. Había hecho poco en la vida pública;

siempre sería por naturaleza un contemplativo y un diletante; pero había tenido cosas altas que contemplar, grandes cosas en las que deleitarse; y la amistad de un gran hombre para que sea su fuerza y orgullo.

Había sido, en resumen, lo que la gente empezaba a llamar "un buen ciudadano". En Nueva York, desde hacía muchos años, cada nuevo movimiento, filantrópico, municipal o artístico, había tenido en cuenta su opinión y quería su nombre. La gente decía: "Pregúntale a Archer" cuando se trataba de fundar la primera escuela para niños lisiados, reorganizar el Museo de Arte, fundar el Club Grolier, inaugurar la nueva Biblioteca o crear una nueva sociedad de música de cámara. Sus días estaban llenos, y estaban llenos decentemente. Suponía que era todo lo que un hombre debía pedir.

Algo que sabía que había pasado por alto: la flor de la vida. Pero ahora pensaba que era una cosa tan inalcanzable e improbable que haberse quejado habría sido como desesperarse porque no se había sacado el primer premio en una lotería. Había cien millones de boletos en SU lotería, y solo había un premio; Las ocasiones habían estado demasiado decididamente en su contra. Cuando pensaba en Ellen Olenska lo hacía de manera abstracta, serena, como si se pensara en una amada imaginaria en un libro o en un cuadro: se había convertido en la visión compuesta de todo lo que él se había perdido. Esa visión, por débil y tenue que fuera, le había impedido pensar en otras mujeres. Había sido lo que se llamaba un esposo fiel; y cuando May murió repentinamente, arrastrada por la neumonía infecciosa con la que había amamantado a su hijo menor, él la había llorado honestamente. Sus largos años juntos le habían demostrado que no importaba tanto si el matrimonio era un deber aburrido, siempre y cuando mantuviera la dignidad de un deber: a partir de ahí, se convirtió en una mera batalla de feos apetitos. Mirando a su alrededor, honró su propio pasado y lloró por él. Después de todo, había algo bueno en las viejas costumbres.

Sus ojos, al recorrer la habitación —revestida por Dallas con mezzotintas inglesas, armarios Chippendale, trozos de lámparas eléctricas azules y blancas y de pantallas agradables y agradablemente sombreadas— volvieron al viejo escritorio de Eastlake, que nunca había estado dispuesto a desterrar, y a su primera fotografía de mayo, que aún conservaba su lugar junto a su tintero.

Allí estaba ella, alta, de pechos redondos y esbelta, con su muselina almidonada y Livorno agitado, tal como la había visto bajo los naranjos del jardín de la Misión. Y como él la había visto aquel día, así se había quedado; nunca a la misma altura, pero nunca muy por debajo de ella: generosos, fieles, incansables; pero tan falto de imaginación, tan incapaz de crecer, que el mundo de su juventud se había desmoronado y se había reconstruido sin que ella se diera cuenta del cambio. Esta ceguera dura y brillante había mantenido su horizonte inmediato aparentemente inalterado. Su incapacidad para reconocer el cambio hizo que sus hijos le ocultaran sus puntos de vista como Archer ocultó los suyos; Había habido, desde el principio, una pretensión conjunta de igualdad, una especie de inocente hipocresía familiar, en la que padre e hijos habían colaborado inconscientemente. Y había muerto pensando que el mundo era un buen lugar, lleno de hogares amorosos y armoniosos como el suyo, y se había resignado a abandonarlo porque estaba convencida de que, pasara lo que pasara, Newland seguiría inculcando en Dallas los mismos principios y prejuicios que habían moldeado la vida de sus padres, y que Dallas a su vez (cuando Newland la siguiera) transmitiría la sagrada confianza al pequeño Bill. Y de María estaba segura como de sí misma. Así que, después de haber arrebatado a la pequeña Bill de la tumba y haber dado su vida en el esfuerzo, se fue contenta a su lugar en la bóveda de Archer en San Marcos, donde la señora Archer ya yacía a salvo de la aterradora «tendencia» de la que su nuera ni siquiera se había dado cuenta.

Frente al retrato de May había uno de su hija. Mary Chivers era tan alta y rubia como su madre, pero de cintura grande, pecho plano y ligeramente encorvada, como requería la moda alterada. Las poderosas hazañas atléticas de Mary Chivers no podrían haberse realizado con la cintura de veinte pulgadas que la banda azul de May Archer abarcaba tan fácilmente. Y la diferencia parecía simbólica; La vida de la madre había estado tan ceñida como su figura. María, que no era menos convencional ni más inteligente, sin embargo, llevaba una vida más amplia y tenía puntos de vista más tolerantes. También había cosas buenas en el nuevo orden.

El teléfono hizo clic y Archer, apartándose de las fotografías, descolgó el transmisor que tenía en el codo. ¡Qué lejos estaban de los días en que las piernas del mensajero abotonado de latón habían sido el único medio de comunicación rápida de Nueva York!

"Chicago te quiere".

Debía de estar muy lejos de Dallas, que había sido enviado a Chicago por su empresa para hablar sobre el plan del palacio de Lakeside que iban a construir para un joven millonario con ideas. La firma siempre enviaba a Dallas a hacer ese tipo de recados.

—Hola, papá, sí: Dallas. Le pregunto: ¿qué te parece que zarpes el miércoles? Mauritania: Sí, el próximo miércoles como siempre. Nuestro cliente quiere que mire algunos jardines italianos antes de instalar cualquier cosa, y me ha pedido que vaya en el próximo barco. Tengo que estar de vuelta el primero de junio... —la voz rompió en una risa alegre y consciente—, así que tenemos que parecer vivos. Le digo: Papá, quiero tu ayuda: ven".

Dallas parecía estar hablando en la habitación: la voz era tan cercana y natural como si hubiera estado descansando en su sillón favorito junto al fuego. Normalmente, el hecho no habría sorprendido a Archer, porque las llamadas de larga distancia se habían convertido en algo tan natural como la luz eléctrica y los viajes de cinco días por el Atlántico. Pero la risa lo sobresaltó; todavía parecía maravilloso que a través de todos esos kilómetros y kilómetros de campo —bosques, ríos, montañas, praderas, ciudades rugientes y millones de personas ocupadas e indiferentes— la risa de Dallas pudiera decir: «Por supuesto, pase lo que pase, tengo que volver con el primero, porque Fanny Beaufort y yo nos vamos a casar el quinto».

La voz comenzó de nuevo: "¿Pensarlo? No, señor: ni un minuto. Tienes que decir que sí ahora. ¿Por qué no, me gustaría saberlo? Si puede alegar una sola razón: No; Lo sabía. Entonces es un intento, ¿eh? Porque cuento con usted para llamar a la oficina de Cunard a primera hora de mañana; y será mejor que reserves un regreso en un barco desde Marsella. Digo, papá; Será nuestra última vez juntos, de esta manera... ¡Oh, qué bien! Sabía que lo harías.

Chicago sonó, y Archer se levantó y comenzó a pasearse de un lado a otro de la habitación.

Sería su última vez juntos de esta manera: el chico tenía razón. Tendrían muchos otros "momentos" después del matrimonio de Dallas, su padre estaba seguro; porque las dos eran camaradas natas, y Fanny Beaufort, pensara lo que se pensara de ella, no parecía dispuesta a interferir en su intimidad. Por el contrario, por lo que había visto de ella, pensó que ella estaría naturalmente incluida en él. Aun así, el cambio era cambio, y las diferencias eran diferencias, y por mucho que se sintiera atraído hacia su futura nuera, le resultaba tentador aprovechar esta última oportunidad de estar a solas con su hijo.

No había ninguna razón por la que no pudiera aprovecharla, excepto la profunda de que había perdido el hábito de viajar. A May no le había gustado mudarse, excepto por razones válidas, como llevar a los niños al mar o a las montañas: no podía imaginar otro motivo para dejar la casa de la calle Treinta y nueve o sus cómodos aposentos en casa de los Welland, en Newport. Después de que Dallas se graduara, había creído que era su deber viajar durante seis meses; y toda la familia había hecho la gira a la antigua usanza por Inglaterra, Suiza e Italia. Como su tiempo era limitado (nadie sabía por qué), habían omitido a Francia. Archer recordó la ira de Dallas cuando se le pidió que contemplara el Mont Blanc en lugar de Reims y Chartres. Pero Mary y Bill querían escalar montañas, y ya se habían abierto camino a través de las catedrales inglesas siguiendo la estela de Dallas; y May, siempre justa con sus hijos, había insistido en mantener el equilibrio entre sus inclinaciones atléticas y artísticas. De hecho, había propuesto a su marido que fuera a París durante quince días y se uniera a ellos en los lagos italianos después de que hubieran «hecho» Suiza; pero Archer se había negado. —Nos mantendremos unidos —dijo—; y el rostro de May se había iluminado al haber dado tan buen ejemplo a Dallas.

Desde su muerte, casi dos años antes, no había habido ninguna razón para que él continuara con la misma rutina. Sus hijos le habían instado a viajar: Mary Chivers estaba segura de que le haría bien ir al extranjero y «ver las galerías». El mismo misterio de tal cura la hizo confiar más en su eficacia. Pero Archer se había encontrado aferrado a la costumbre, a los recuerdos, a un repentino sobresalto que rehuía las cosas nuevas.

Ahora, al repasar su pasado, se dio cuenta de la profunda rutina en la que se había hundido. Lo peor de cumplir con el deber era que, aparentemente, lo incapacitaba a uno para hacer cualquier otra cosa. Al menos esa era la opinión que habían adoptado los hombres de su generación. Las tajantes divisiones entre lo correcto y lo incorrecto, lo honesto y lo deshonesto, lo respetable y lo contrario, habían dejado tan poco margen para lo imprevisto. Hay momentos en que la imaginación de un hombre, tan fácilmente sometida a lo que vive, se eleva de repente por encima de su nivel diario y examina los largos vericuetos del destino. Archer se quedó allí y se preguntó...

¿Qué quedaba del pequeño mundo en el que había crecido, y cuyas normas lo habían doblegado y atado? Recordó una profecía burlona del pobre Lawrence Lefferts, pronunciada años atrás en esa misma habitación: «Si las cosas siguen así, nuestros hijos se casarán con los bastardos de Beaufort».

Era justo lo que estaba haciendo el hijo mayor de Archer, el orgullo de su vida; y nadie se preguntaba ni reprendió. Incluso la tía Janey del niño, que todavía tenía el mismo aspecto que solía tener en su vejez juvenil, había sacado las esmeraldas y las perlas de su madre de su algodón rosado y se las había llevado con sus propias manos temblorosas a la futura esposa; y Fanny Beaufort, en vez de parecer decepcionada por no haber recibido un «conjunto» de un joyero de París, había exclamado ante su belleza anticuada, y había declarado que cuando los llevara se sentiría como una miniatura de Isabey.

Fanny Beaufort, que había aparecido en Nueva York a los dieciocho años, después de la muerte de sus padres, había conquistado su corazón tanto como Madame Olenska lo había ganado treinta años antes; Solo que en lugar de desconfiar y temer de ella, la sociedad la daba por sentada con alegría. Era guapa, divertida y realizada: ¿qué más quería nadie? Nadie era lo suficientemente estrecho de miras como para reprocharle los hechos medio olvidados del pasado de su padre y de su propio origen. Sólo las personas mayores recordaban un incidente tan oscuro en la vida comercial de Nueva York como el fracaso de Beaufort, o el hecho de que, después de la muerte de su esposa, se había casado discretamente con la famosa Fanny Ring, y había abandonado el país con su nueva esposa y una niña que heredó su belleza. Posteriormente se oyó hablar de él en Constantinopla, luego en Rusia; y una docena de años más tarde, los viajeros norteamericanos fueron agasajados por él en Buenos Aires, donde representaba a una gran agencia de seguros. Él y su esposa murieron allí en olor de prosperidad; y un día su hija huérfana había aparecido en Nueva York a cargo de la cuñada de May Archer, la señora Jack Welland, cuyo marido había sido nombrado tutor de la niña. El hecho la lanzó a una relación casi de primos con los hijos de Newland Archer, y nadie se sorprendió cuando se anunció el compromiso de Dallas.

Nada podía dar más cara a la medida de la distancia que el mundo había recorrido. La gente de hoy en día estaba demasiado ocupada —ocupada con reformas y "movimientos", con modas, fetiches y frivolidades— como para preocuparse mucho por sus vecinos. ¿Y de qué cuenta el pasado de nadie, en el inmenso caleidoscopio donde todos los átomos sociales giraban en el mismo plano?

Newland Archer, mirando por la ventana de su hotel la majestuosa alegría de las calles de París, sintió que su corazón latía con la confusión y el entusiasmo de la juventud.

Hacía mucho tiempo que se había hundido y encabritado bajo su chaleco cada vez más ancho, dejándole, al minuto siguiente, con el pecho vacío y las sienes calientes. Se preguntó si su hijo se comportaba así en presencia de la señorita Fanny Beaufort, y decidió que no. —Funciona igual de activamente, sin duda, pero el ritmo es diferente —reflexionó, recordando la fría compostura con la que el joven había anunciado su compromiso, y daba por sentado que su familia lo aprobaría.

"La diferencia es que estos jóvenes dan por sentado que van a conseguir lo que quieran, y que casi siempre damos por sentado que no debíamos hacerlo. Solo que, me pregunto, la cosa de la que uno está tan seguro de antemano: ¿puede hacer que el corazón de uno lata tan salvajemente?

Era el día siguiente a su llegada a París, y el sol primaveral sostenía a Archer en su ventana abierta, sobre la amplia perspectiva plateada de la plaza Vendôme. Una de las cosas que había estipulado —casi la única— cuando accedió a venir al extranjero con Dallas, era que, en París, no se le obligaría a ir a uno de los nuevos «palacios».

—Oh, está bien, por supuesto —asintió Dallas con buen humor—. —Te llevaré a algún lugar alegre y anticuado... —dicen los Bristol... —dejó a su padre sin palabras al oír que ahora se hablaba de la centenaria casa de reyes y emperadores como de una posada anticuada, a la que uno acudía por sus pintorescos inconvenientes y su persistente color local.

Archer había imaginado con bastante frecuencia, en los primeros años de impaciencia, la escena de su regreso a París; luego la visión personal se había desvanecido, y simplemente había tratado de ver la ciudad como el escenario de la vida de Madame Olenska. Sentado solo por la noche en su biblioteca, después de que la familia se hubiera acostado, había evocado el radiante estallido de la primavera por las avenidas de castaños de indias, las flores y estatuas de los jardines públicos, el olor de las lilas de los carros de flores, el majestuoso vaivén del río bajo los grandes puentes, y la vida de arte, estudio y placer que llenaba cada poderosa arteria hasta reventar. Ahora el espectáculo estaba ante él en todo su esplendor, y al contemplarlo se sentía tímido, anticuado, inadecuado: una mera mancha gris de hombre comparado con el despiadado y magnífico hombre que había soñado ser...

La mano de Dallas bajó alegremente sobre su hombro. "Hullo, padre: esto es algo así, ¿no?" Se quedaron un rato mirando en silencio, y luego el joven continuó: —A propósito, tengo un mensaje para usted: la condesa Olenska nos espera a los dos a las cinco y media.

Lo dijo con ligereza, descuidadamente, ya que podría haber dado cualquier dato casual, como la hora a la que el tren debía partir para Florencia la noche siguiente. Archer lo miró, y creyó ver en sus alegres ojos jóvenes un destello de la malicia de su bisabuela Mingott.

—Oh, ¿no te lo dije? Dallas lo persiguió. "Fanny me hizo jurar que haría tres cosas mientras estuviera en París: conseguirle la partitura de las últimas canciones de Debussy, ir al Grand-Guignol y ver a Madame Olenska. Usted sabe que se portó muy bien con Fanny cuando el señor Beaufort la envió de Buenos Aires a la Assomption. Fanny no tenía amigos en París, y Madame Olenska solía ser amable con ella y la paseaba de un lado a otro durante las vacaciones. Creo que era una gran amiga de la primera señora Beaufort. Y es nuestra prima, por supuesto. Así que la llamé esta mañana, antes de salir, y le dije que tú y yo estábamos aquí por dos días y queríamos verla.

Archer continuó mirándolo fijamente. – ¿Le dijiste que estaba aquí?

—Por supuesto, ¿por qué no? Las cejas de Dallas se levantaron caprichosamente. Luego, al no obtener respuesta, deslizó su brazo por el de su padre con una presión confidencial.

—Le pregunto, padre: ¿cómo era ella?

Archer sintió que su color subía bajo la mirada descarada de su hijo. "Vamos, reconócelo: tú y ella eran grandes amigas, ¿no es así? ¿No era ella de la manera más terriblemente encantadora?

"¿Encantador? No sé. Ella era diferente".

—¡Ah, ahí lo tienes! A eso es a lo que siempre se trata, ¿no? Cuando ella llega, ELLA ES DIFERENTE, y uno no sabe por qué. Es exactamente lo que siento por Fanny".

Su padre retrocedió un paso y le soltó el brazo. —¿Y Fanny? Pero, mi querido amigo, ¡eso espero! Solo que yo no veo...

"¡Échalo, papá, no seas prehistórico! ¿No fue, una vez, tu Fanny?

Dallas pertenecía en cuerpo y alma a la nueva generación. Era el primogénito de Newland y May Archer, pero nunca había sido posible inculcarle ni siquiera los rudimentos de la reserva. "¿De qué sirve hacer misterios? Solo hace que la gente quiera olfatearlos", siempre objetaba cuando se le ordenaba la discreción. Pero Archer, al mirarlo a los ojos, vio la luz filial bajo sus bromas.

—¿Mi Fanny?

"Bueno, la mujer por la que habrías dejado todo: solo que no lo hiciste", continuó su sorprendente hijo.

—No lo hice —repitió Archer con una especie de solemnidad—.

—No: ya ves, ya ves, querido viejo. Pero mamá dijo...

—¿Tu madre?

—Sí: el día antes de que muriera. Fue cuando me mandó a buscar a mí sola, ¿te acuerdas? Dijo que sabía que estábamos a salvo contigo, y que siempre lo estaríamos, porque una vez, cuando te lo pidió, renunciaste a lo que más querías.

Archer recibió esta extraña comunicación en silencio. Sus ojos permanecían fijos sin ver en la abarrotada plaza iluminada por el sol bajo la ventana. Al fin, dijo en voz baja: —Ella nunca me lo preguntó.

– No. Se me olvidaba. Nunca se preguntaron nada, ¿verdad? Y nunca se dijeron nada. Simplemente se sentaron y se miraron el uno al otro, y adivinaron lo que estaba sucediendo debajo. ¡Un manicomio de sordomudos, de hecho! Bueno, apoyo a tu generación por saber más sobre los pensamientos privados de los demás de lo que nosotros tenemos tiempo de averiguar sobre los nuestros.—Digo, papá —interrumpió Dallas—, ¿no estás enojado conmigo? Si es así, inventémoslo y vayamos a almorzar a Henri's. Después tengo que ir corriendo a Versalles.

Archer no acompañó a su hijo a Versalles. Prefería pasar la tarde en solitario deambulando por París. Tuvo que lidiar de repente con los remordimientos y los recuerdos sofocados de una vida inarticulada.

Al cabo de un rato no se arrepintió de la indiscreción de Dallas. Parecía que le quitaría una banda de hierro del corazón saber que, después de todo, alguien lo había adivinado y se había compadecedor... Y que así fuera su esposa lo conmovió indescriptiblemente. Dallas, a pesar de su afectuosa perspicacia, no lo habría entendido. Para el muchacho, sin duda, el episodio no fue más que un patético ejemplo de vana frustración, de fuerzas desperdiciadas. Pero, ¿realmente ya no existía? Durante mucho tiempo, Archer se sentó en un banco de los Campos Elíseos y se quedó pensativo, mientras pasaba la corriente de la vida...

A pocas calles, a pocas horas, esperaba Ellen Olenska. Nunca había vuelto con su marido, y cuando éste murió, algunos años antes, no había cambiado su forma de vivir. Ya no había nada que la mantuviera a ella y a Archer separados, y esa tarde él iba a verla.

Se levantó y caminó por la plaza de la Concordia y los jardines de las Tullerías hasta el Louvre. Ella le había dicho una vez que iba allí a menudo, y que a él le apetecía pasar el tiempo intermedio en un lugar donde pudiera pensar que tal vez había estado recientemente. Durante una hora o más, vagó de galería en galería a través del resplandor de la luz de la tarde, y uno a uno los cuadros le aparecieron en su esplendor medio olvidado, llenando su alma con los largos ecos de la belleza. Después de todo, su vida había estado demasiado hambrienta...

De pronto, ante un refulgente Tiziano, se encontró diciendo: «Pero yo sólo tengo cincuenta y siete años...», y luego se alejó. Para tales sueños de verano ya era demasiado tarde; pero seguramente no por una tranquila cosecha de amistad, de camaradería, en el bendito silencio de su cercanía.

Regresó al hotel, donde él y Dallas se encontrarían; y juntos volvieron a cruzar la plaza de la Concordia y el puente que conduce a la Cámara de Diputados.

Dallas, inconsciente de lo que pasaba por la mente de su padre, hablaba excitada y abundantemente de Versalles. Sólo había tenido una visión previa de ella, durante un viaje de vacaciones en el que había tratado de empacar todos los lugares de interés de los que se había visto privado cuando tuvo que ir con la familia a Suiza; Y el entusiasmo tumultuoso y la crítica arrogante tropezaban en sus labios.

A medida que Archer escuchaba, su sensación de ineptitud e inexpresividad aumentaba. El muchacho no era insensible, lo sabía; Pero tenía la facilidad y la confianza en sí mismo que le resultaban de mirar al destino no como un amo sino como un igual. "Eso es todo: se sienten iguales a las cosas, saben cómo hacerlo", reflexionó, pensando en su hijo como el portavoz de la nueva generación que había barrido todos los viejos hitos, y con ellos los postes de señalización y la señal de peligro.

De repente, Dallas se detuvo en seco y agarró el brazo de su padre. —Oh, por Júpiter —exclamó—.

Habían salido al gran espacio arbolado antes que los Inválidos. La cúpula de Mansart flotaba etéreamente por encima de los árboles en ciernes y de la larga fachada gris del edificio: atrayendo hacia sí todos los rayos de luz de la tarde, colgaba allí como el símbolo visible de la gloria de la raza.

Archer sabía que Madame Olenska vivía en una plaza cerca de una de las avenidas que parten de los Inválidos; Y se había imaginado el barrio como silencioso y casi a oscuras, olvidando el esplendor central que lo iluminaba. Ahora, por algún extraño proceso de asociación, esa luz dorada se convirtió para él en la iluminación penetrante en la que ella vivía. Durante casi treinta años, su vida, de la que él sabía tan extrañamente poco, se había desarrollado en esta rica atmósfera que ya le parecía demasiado densa y, sin embargo, demasiado estimulante para sus pulmones. Pensó en los teatros a los que debía haber ido, en los cuadros que debía haber mirado, en las sobrias y espléndidas casas viejas que debía haber frecuentado, en la gente con la que debía haber hablado, en el incesante movimiento de ideas, curiosidades, imágenes y asociaciones lanzadas por una raza intensamente social en un entorno de costumbres inmemoriales; y de pronto se acordó del joven francés que una vez le había dicho: «Ah, buena conversación, no hay nada igual, ¿verdad?»

Archer no había visto al señor Rivière, ni había oído hablar de él, desde hacía casi treinta años; y ese hecho daba la medida de su ignorancia de la existencia de Madame Olenska. Más de media vida los separaba, y ella había pasado el largo intervalo entre gente que él no conocía, en una sociedad que apenas adivinaba, en condiciones que nunca llegaría a comprender del todo. Durante ese tiempo había estado viviendo con el recuerdo juvenil que tenía de ella; pero, sin duda, había tenido otra compañía más tangible. Tal vez ella también había guardado su recuerdo de él como algo aparte; Pero si lo había hecho, debía de haber sido como una reliquia en una pequeña capilla a oscuras, donde no había tiempo para rezar todos los días...

Habían cruzado la plaza de los Inválidos y caminaban por una de las avenidas que flanqueaban el edificio. Al fin y al cabo, era un barrio tranquilo, a pesar de su esplendor y de su historia; y el hecho daba una idea de las riquezas a las que París tenía que recurrir, ya que escenas como ésta quedaban a merced de unos pocos e indiferentes.

El día se desvanecía en una suave neblina bañada por el sol, pinchada aquí y allá por una luz eléctrica amarilla, y los transeúntes eran raros en la pequeña plaza en la que habían doblado. Dallas se detuvo de nuevo y alzó la vista.

—Tiene que estar aquí —dijo, deslizando su brazo por el de su padre con un movimiento que no rehuía la timidez de Archer—; Y se quedaron juntos mirando la casa.

Era un edificio moderno, sin carácter distintivo, pero con muchas ventanas, y agradablemente balconizado en su amplia fachada de color crema. En uno de los balcones superiores, que colgaba muy por encima de las copas redondeadas de los castaños de indias de la plaza, los toldos seguían bajados, como si el sol acabara de abandonarlo.

—Me pregunto qué piso... Dallas conjeturó; y, dirigiéndose a la puerta cochera, metió la cabeza en la portería, y volvió a decir: -La quinta. Debe ser el de los toldos.

Archer permaneció inmóvil, mirando las ventanas superiores como si se hubiera alcanzado el final de su peregrinación.

—Digo, ya sabes, son casi las seis —le recordó al fin su hijo—.

El padre apartó la mirada hacia un banco vacío bajo los árboles.

"Creo que me quedaré sentado allí un momento", dijo.

"¿Por qué no estás bien?", exclamó su hijo.

"Oh, perfectamente. Pero me gustaría, por favor, que subieras sin mí.

Dallas se detuvo ante él, visiblemente desconcertado. —Pero yo digo, papá: ¿quieres decir que no vas a subir en absoluto?

—No lo sé —dijo Archer lentamente—.

"Si no lo haces, ella no lo entenderá".

—Vete, hijo mío; tal vez te siga.

Dallas le dedicó una larga mirada a través del crepúsculo.

—¿Pero qué demonios voy a decir?

—Mi querido amigo, ¿no sabes siempre qué decir? —replicó su padre con una sonrisa—.

—Muy bien. Diré que eres anticuado y prefieres subir los cinco pisos andando porque no te gustan los ascensores.

Su padre volvió a sonreír. "Di que soy anticuado: eso es suficiente".

Dallas volvió a mirarlo y luego, con un gesto de incredulidad, desapareció de la vista bajo la puerta abovedada.

Archer se sentó en el banco y siguió contemplando el balcón con toldo. Calculó el tiempo que tardaría su hijo en ser llevado en el ascensor hasta el quinto piso, tocar el timbre y ser admitido en el vestíbulo, y luego ser conducido al salón. Se imaginó a Dallas entrando en aquella habitación con su paso rápido y seguro y su sonrisa encantadora, y se preguntó si tenían razón las personas que decían que su hijo «se parecía a él».

Luego trató de ver a las personas que ya estaban en la habitación —porque probablemente a esa hora sociable habría más de una— y entre ellas una dama morena, pálida y morena, que levantaba la vista rápidamente, medio levantada, y extendía una mano larga y delgada con tres anillos en ella. Pensó que estaría sentada en un rincón del sofá cerca del fuego, con azaleas apoyadas detrás de ella sobre una mesa.

—Es más real para mí aquí que si subiera —se oyó decir de pronto—; Y el miedo de que la última sombra de la realidad perdiera su filo lo mantuvo aferrado a su asiento mientras los minutos se sucedían.

Permaneció largo rato sentado en el banco bajo el crepúsculo cada vez más espeso, sin apartar los ojos del balcón. Al fin, una luz brilló a través de las ventanas, y un momento después un criado salió al balcón, levantó los toldos y cerró los postigos.

Al oír eso, como si hubiera sido la señal que esperaba, Newland Archer se levantó lentamente y caminó solo de regreso a su hotel.

Una nota sobre el texto

La edad de la inocencia apareció por primera vez en cuatro grandes entregas en The Pictorial Review, de julio a octubre de 1920. Fue publicado ese mismo año en forma de libro por D. Appleton and Company en Nueva York y en Londres. Wharton realizó extensos cambios y revisiones de estilo, puntuación y ortografía entre la publicación en serie y la publicación del libro, y se realizaron más de treinta cambios posteriores después de que se hubiera agotado la segunda impresión de la edición del libro. Este texto autorizado es una reimpresión de la edición de Novelas de Edith Wharton de la Biblioteca de América, y se basa en la sexta impresión de la primera edición, que incorpora el último conjunto de revisiones extensas que son obviamente de autor.